城市土地利用与交通整合理论、方法和实践

钟绍鹏 隽海民 著

科 学 出 版 社

北 京

内 容 简 介

城市土地利用与城市交通是形成城市空间结构的两种基本活动,两者之间存在复杂的互动关系。城市土地利用模式是城市交通模式形成的基础,特定的城市土地利用模式可以导致某种相应的城市交通模式;反之,城市交通模式的变化也会影响城市土地利用模式。因此,协调土地利用模式与城市交通系统之间的关系,对促进城市健康、可持续发展具有重要意义。然而在实际规划中,土地利用规划和交通规划往往彼此割裂、分开进行,导致现有城市土地利用与交通往往不协调。为此,本书从基础理论、研究方法和实践应用三个方面逐步讨论土地利用与交通整合问题,为协调城市土地利用与交通提供理论依据和决策参考。

本书可作为交通工程、交通运输规划与管理、城市规划等专业的研究生和高年级本科生参考书,也可供政府交通管理和规划等部门的技术人员参考。

图书在版编目(CIP)数据

城市土地利用与交通整合理论、方法和实践/钟绍鹏,隽海民著. —北京:科学出版社,2018.5
ISBN 978-7-03-056704-8

Ⅰ. ①城⋯ Ⅱ. ①钟⋯ ②隽⋯ Ⅲ. ①城市土地–土地利用–研究–中国 ②城市规划–交通规划–研究–中国 Ⅳ. ①F299.23 ②TU984.191

中国版本图书馆 CIP 数据核字(2018)第 041904 号

责任编辑:张 震 杨慎欣 / 责任校对:王 瑞
责任印制:吴兆东 / 封面设计:无极书装

科学出版社出版
北京东黄城根北街 16 号
邮政编码:100717
http://www.sciencep.com

北京建宏印刷有限公司 印刷
科学出版社发行 各地新华书店经销
*
2018 年 5 月第 一 版 开本:720×1000 1/16
2019 年 3 月第二次印刷 印张:14
字数:282 000
定价:98.00 元
(如有印装质量问题,我社负责调换)

作者简介

钟绍鹏，男，大连理工大学交通运输学院副教授，交通工程实验室副主任，硕士生导师。研究方向包括土地利用和交通整合规划、逻辑驱动的多源交通数据分析、交通网络分析、交通运输规划与管理。于 2005 年 7 月获哈尔滨工业大学交通工程专业学士学位，并获哈尔滨工业大学优秀毕业论文奖。2010 年 11 月获东南大学交通规划与管理专业博士学位，在 2008 年 8 月~2010 年 3 月，以联合培养博士身份赴美国北卡罗来纳大学教堂山校区区域与城市规划系深造，2017 年 12 月以客座教授身份赴丹麦技术大学交通研究中心访学交流。

主持国家自然科学基金、教育部人文社会科学研究基金（2 项）、中国博士后科学基金、教育部博士点基金（新教师类）、辽宁省自然科学基金、中央高校基本科研业务费专项资金项目（人文社科科研专题重点项目）和工程实践项目 10 余项。

出版学术专著两部。在 *Transportation Research Part A*，*Journal of Transport Geography*，*Journal of Transportation Engineering-ASCE*，*IET Intelligent Transport Systems*，《系统工程理论与实践》《交通运输工程学报》《城市规划》等国际和国内交通领域权威期刊上发表论文 30 余篇，其中被 SCI 收录 6 篇、SSCI 收录 6 篇、EI 收录 14 篇。以第一作者身份发表大连理工大学认定 Top 期刊论文 4 篇（JCR Q1 论文 3 篇），其中 Top 1 期刊 1 篇，Top 2 期刊 2 篇，Top 4 期刊 1 篇，主要成果被中国高校之窗和大连理工大学官方网站转载报道。作为第一完成人申请国内外发明专利 8 项，获批国家授权发明专利 3 项，软件著作权 3 项。成果获全国优秀城乡规划设计奖三等奖，广东省优秀城乡规划设计奖二等奖，辽宁省哲学社会科学成果奖二等奖，辽宁省自然科学学术成果奖二等奖和三等奖，深圳市第十四届优秀城市规划设计奖一等奖。

隽海民，男，大连市城市规划设计研究院教授级高级工程师、注册城乡规划师，副院长。中国城市规划学会城市交通规划学术委员会委员、大连市规划委员会专家委员。

1999 年 3 月毕业于哈尔滨建筑大学，获交通运输规划与管理专业硕士学位，此后一直长期从事城乡规划设计与研究工作。在城市综合交通规划与设计、轨道交通系统规划、交通与土地利用协调发展、交通枢纽规划设计、交通发展战略、城市总体规划、基础设施规划等领域主持了大量的设计实践与理论研究工作。2012 年 3 月获哈尔滨工业大学交通运输规划与管理专业博士学位。

主持大连市科技计划项目 1 项、参加"十一五"国家科技支撑计划重点项目 1 项、参加国家自然科学基金项目 1 项。主持各类重大规划设计与研究项目 60 余项，其中获辽宁省优秀城市规划设计奖、辽宁省优秀工程勘察设计奖一等奖 6 项；发表各类学术论文 20 余篇，其中 EI 收录 3 篇。

前　言

城市不同性质的土地利用在空间中的彼此分离是产生交通需求的根源。而城市交通系统反过来又是影响城市土地利用的一个重要因素。城市交通与土地利用之间存在极为复杂的相互影响、制约关系，这种关系构成了土地利用、可达性、交通设施及交通需求之间的"螺旋式"互动机制。然而，我国许多城市都把土地利用规划和交通规划分开来做，主要原因是：第一，在行政管理和规划体制上，通常将两者分开处理。规划局（委）负责用地规划，而交通局（委）负责交通规划。第二，就业人员的教育背景也是不同的。土地利用规划是城市规划师及地理学者的事，交通规划是交通规划师（工程师）和经济学家的事。第三，在规划流程上，往往是先进行土地利用规划，而交通规划往往是配合土地利用规划。交通规划师的任务就是如何最大限度地在交通运输上配合土地利用的发展趋势。管理体制上、专业分工上、规划流程上的种种问题，导致现有的交通规划模型和方法往往被动地服务于既定的土地利用规划，缺少两者间的反馈机制，使现有的规划成果往往具有一定的局限性，造成现有城市土地利用与交通往往不协调。

为此，本书重点研究城市土地利用和交通之间的互动反馈关系，从基础理论、研究方法和实践应用三个方面逐步讨论土地利用与交通整合问题，为协调城市土地利用与交通提供理论依据和决策参考。与以往土地利用与交通互动反馈关系研究不同，本书不仅从理论上分析了土地利用与交通之间的互动反馈关系，还详细介绍了具体的研究分析模型及方法（工具），并运用这些模型和方法，从实践应用的角度，结合实际案例分析了如何才能更好地协调土地利用与交通之间的关系。

本书的完成得益于国家自然科学基金项目（编号：71701030）、教育部人文社会科学研究青年基金项目（编号：17YJCZH265）、中国博士后科学基金项目（编号：2016M601313）、辽宁省自然科学基金项目（编号：201602187）、中央高校基本科研业务费专项资金项目（人文社科科研专题重点项目）（编号：DUT16RW208）的资助。本书第 1 章和第 2 章由钟绍鹏和隽海民共同执笔完成，第 3 章和第 4 章以及第 6~8 章由钟绍鹏执笔完成，第 5 章由隽海民执笔完成。同时在本书的编写过程中，大连理工大学交通运输学院研究生俞博、本科生郭延泽也做出了贡献，谨此一并表示感谢。

  在成书过程中，本书借鉴引用了国内外部分有代表性的文献，在此向这些学者表示诚挚的感谢。由于作者学识有限，尽管在本书的成书过程中尽量做到严谨，但是书中难免会有认识不足之处，恳请各位专家、同仁和广大读者不吝指正。

钟绍鹏 隽海民

2018 年 1 月于丹麦

目　　录

前言

上篇　理　论　篇

第1章　城市土地利用与交通协调发展理论分析 ································· 3
  1.1　土地利用与交通互动反馈理论 ······································· 3
    1.1.1　土地利用对交通系统的影响 ································· 4
    1.1.2　交通系统对土地利用的影响 ································· 4
  1.2　土地利用开发模式影响因素 ··· 5
    1.2.1　城市土地利用开发强度 ····································· 5
    1.2.2　城市土地利用空间形态 ····································· 8
    1.2.3　城市土地利用功能组织 ···································· 10
  1.3　不同土地利用模式的交通适应性简析 ······························· 11
    1.3.1　开发强度的适应性 ·· 11
    1.3.2　空间形态的适应性 ·· 11
    1.3.3　功能组织的适应性 ·· 12
  1.4　土地利用与交通的协调发展 ······································· 12
    1.4.1　交通供给引导土地利用 ···································· 12
    1.4.2　交通需求与土地利用一体化 ································ 14
  参考文献 ·· 16

第2章　城市土地利用与交通互动关系实证分析 ································ 17
  2.1　土地利用与交通互动反馈关系 ····································· 17
    2.1.1　土地利用对交通系统的主导作用 ···························· 17
    2.1.2　交通系统对土地利用的反馈作用 ···························· 20
  2.2　新加坡——土地利用与交通一体化规划 ····························· 21
    2.2.1　新加坡土地利用与交通整合规划措施 ························ 22
    2.2.2　面向可达性而非机动性提升的轨道交通系统 ·················· 23
  2.3　哥本哈根——公共交通引导土地利用 ······························· 26

| | 2.3.1 | 手指形规划 | 26 |
| | 2.3.2 | 交通政策的支持 | 29 |

2.4 香港——土地混合利用及立体开发 ... 31
    2.4.1 土地的混合立体开发 ... 31
    2.4.2 香港城市土地利用与交通协调发展 ... 33

2.5 新宿——轨道交通与周边用地联合开发 ... 34
    2.5.1 轨道交通站点的立体开发 ... 34
    2.5.2 新宿商业与轨道交通联合开发经验总结 ... 37

参考文献 ... 38

中篇 方法篇

第3章 城市土地利用与交通一体化规划支持系统 ... 41
3.1 土地利用与交通一体化规划支持系统的必要性 ... 41
3.2 土地利用与交通一体化规划支持系统的作用 ... 42
    3.2.1 比选方案 ... 42
    3.2.2 评估实施效果 ... 43
3.3 土地利用与交通一体化规划支持系统研究进展 ... 43
3.4 土地利用与交通一体化规划支持系统未来发展趋势 ... 46

参考文献 ... 48

第4章 土地利用与交通整合模型——TRANUS ... 50
4.1 TRANUS 模型在国际上的应用 ... 50
4.2 项目基础数据的准备 ... 51
4.3 TRANUS 模型的基本操作 ... 52
    4.3.1 TRANUS 模型的结构 ... 52
    4.3.2 运行和调整基础方案 ... 72

参考文献 ... 86

下篇 应用篇

第5章 城市土地利用与交通协调发展应用研究 ... 89
5.1 既有土地开发状态下的交通解析 ... 89
    5.1.1 既有土地开发概况 ... 89
    5.1.2 交通特征解析 ... 95
    5.1.3 区域交通系统综合评价 ... 100

5.2 交通与土地利用协调发展研究和评价 ········· 109
　　5.2.1 各发展区区位特征分析 ········· 109
　　5.2.2 交通与土地利用协调发展研究 ········· 111
　　5.2.3 交通与土地利用协调发展评价 ········· 130
　　5.2.4 交通与土地利用协调发展的建议 ········· 132
参考文献 ········· 139

第6章 基于道路畅通可靠度的土地利用开发强度研究 ········· 140
6.1 问题的提出 ········· 140
6.2 畅通可靠度 ········· 142
　　6.2.1 畅通可靠度的定义 ········· 142
　　6.2.2 畅通可靠度的计算方法 ········· 142
　　6.2.3 畅通可靠度与饱和度的关系 ········· 142
6.3 土地开发强度的评估与优化 ········· 143
　　6.3.1 区域出行产生和吸引量的计算 ········· 144
　　6.3.2 土地开发方案的评估 ········· 145
　　6.3.3 土地开发方案的优化 ········· 146
6.4 案例分析 ········· 147
　　6.4.1 评估阶段 ········· 147
　　6.4.2 优化阶段 ········· 150
6.5 结论 ········· 152
参考文献 ········· 153

第7章 城市建成环境与道路拥挤收费的汽车尾气排放效应分析 ········· 154
7.1 问题的提出 ········· 154
7.2 已有研究的回顾与总结 ········· 155
7.3 案例研究 ········· 159
　　7.3.1 区域发展方案 ········· 159
　　7.3.2 数据来源 ········· 161
7.4 研究方法 ········· 162
　　7.4.1 江阴市整合模型的建立与校正 ········· 163
　　7.4.2 汽车尾气排放模型 ········· 169
　　7.4.3 多元回归分析 ········· 170
　　7.4.4 TAZ 分类：因子分析与聚类分析 ········· 171

7.5　结果和分析 ··· 174
　　　　7.5.1　建成环境独立要素的分析（回归分析结果） ························ 175
　　　　7.5.2　建成环境各要素组合分析（聚类分析结果） ························ 176
　　7.6　结论 ··· 179
　　参考文献 ··· 181
第8章　道路收费对潜在工作岗位可达性的影响——基于空间经济学视角 ······ 184
　　8.1　问题的提出 ··· 184
　　8.2　已有研究的回顾与总结 ··· 187
　　　　8.2.1　城市建成环境与出行行为 ··· 187
　　　　8.2.2　道路收费对工作岗位分布的影响 ································· 188
　　　　8.2.3　道路收费对PJA的影响 ·· 189
　　8.3　案例分析区域——江阴市 ··· 191
　　　　8.3.1　区域发展方案 ·· 191
　　　　8.3.2　道路收费方案 ·· 191
　　　　8.3.3　数据来源 ··· 192
　　8.4　研究方法 ·· 192
　　　　8.4.1　TRANUS模型 ·· 192
　　　　8.4.2　PJA指标 ·· 194
　　　　8.4.3　基础数据与建成环境基本因素的提取 ···························· 195
　　　　8.4.4　PJA的空间经济学模型 ·· 197
　　　　8.4.5　区分道路收费对PJA的影响 ······································ 197
　　8.5　结果和分析 ··· 199
　　　　8.5.1　PJA分析 ·· 199
　　　　8.5.2　空间经济学模型结果分析 ··· 202
　　　　8.5.3　聚类分析结果分析 ·· 204
　　8.6　结论 ··· 207
　　参考文献 ··· 210

| 上 篇 |

理 论 篇

第 1 章 城市土地利用与交通协调发展理论分析

城市土地利用与城市交通是形成城市空间结构的两种基本活动，两者之间存在复杂的互动关系。城市土地利用模式是城市交通模式形成的基础，特定的城市土地利用模式可以导致某种相应的城市交通模式；反之，城市交通模式的变化也会影响城市土地利用模式。因此协调土地利用模式与城市交通系统之间的关系，对促进城市健康、可持续发展具有重要意义。

1.1 土地利用与交通互动反馈理论

城市土地系统与交通网络系统是两个相互影响、相互联系的城市子系统，这种复杂的动态关系称为土地利用与交通整合互动关系（范炳全等，1999；曲大义等，1999；王辑宪，2001；陆化普，2006；Zhong et al.，2015）。土地利用模式（包括土地市场和家庭与公司的区位选择）影响交通模式（包括出行频率、目的地和出行方式），反之亦然（杨明等，2002）。两者之间的详细关系如图 1-1 所示。

从图 1-1 可知，有以下四种影响关系：①住宅、工业或商业等类型的土地利用

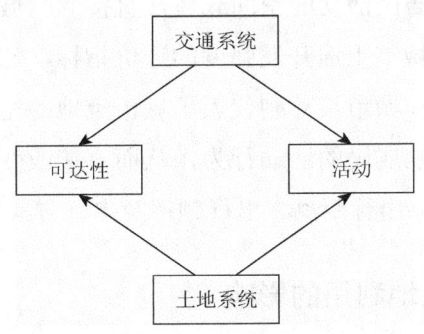

图 1-1 土地利用与交通系统的关系

分布将决定人们的居住、工作、购物、教育及娱乐等活动的选址；②人们空间上的活动分布需要通过克服活动地点位置之间的距离来实现；③交通网路的分布为人们出行的空间阻隔创造机会，并用可达性来进行评价其便捷性；④空间上的可达性分布将共同决定人们的选址决策。

1.1.1 土地利用对交通系统的影响

土地利用对交通系统的影响因素可以分为以下五个方面：居住密度、就业密度、邻域设计、区位选择及城市尺寸。其对交通系统的影响包括出行距离、出行频率及出行方式等（Garrett and Wachs，1996；俞博，2015），如图 1-2 所示。

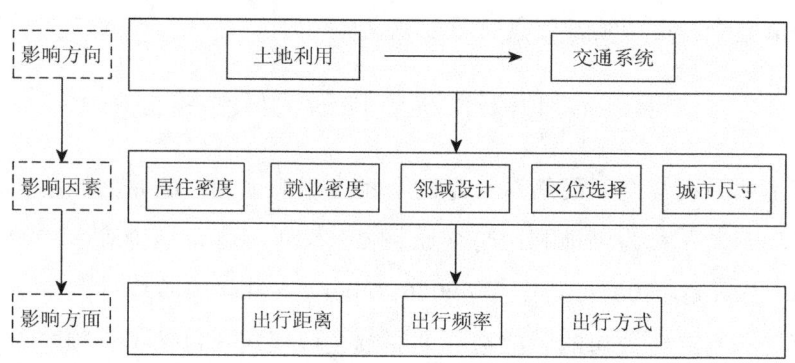

图 1-2 土地利用对交通系统的影响

城市土地作为城市居民活动的空间载体，直接影响城市交通需求系统。其中居住密度与就业密度是城市土地开发强度的评价指标，邻域设计更加突出土地多样性的大小，区位选择和城市尺寸则代表了城市土地的空间布局。这些土地利用性质的改变将显著地影响居民的活动行为，从而直接改变居民的出行模式特征。交通出行模式主要包括：出行距离、出行频率及出行方式等。

1.1.2 交通系统对土地利用的影响

交通系统对土地利用的影响因素主要是可达性。其对土地利用的影响包括城市形态、土地密度及区位选择三个方面,如图1-3所示。

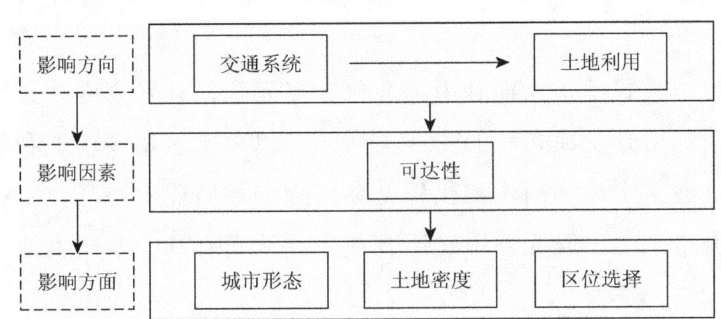

图1-3 交通系统对土地利用的影响

交通系统作为城市空间的骨架系统,代表城市的供应系统。交通技术的革新和交通网络系统的优化都会引起整体或局部区域的可达性的改变,这种变化将导致土地利用的功能和结构发生改变,使土地在空间上重新进行分布。变化的可达性将会从宏观和微观两个层面影响城市的发展,宏观上影响城市形态的变化,微观上影响不同土地利用的密度和区位选择。

1.2 土地利用开发模式影响因素

城市土地利用是指对城市的土地进行不同层次及功能的配置。城市土地利用是一个综合性概念,涉及城市各方面要素。根据城市土地利用各层次、各方面对交通系统的影响,确定城市土地利用开发模式的影响因素主要包括三个方面:城市土地利用开发强度、城市土地利用空间形态及城市土地利用功能组织。

1.2.1 城市土地利用开发强度

城市土地利用开发强度主要指城市建筑密度、建筑容积率和人口密度等指标,根据城市土地利用开发强度不同,可划分为高密度集中模式、低密度分散模式及折中模式三种类型。

1.2.1.1 高密度集中模式

高密度集中模式是指土地利用综合化、多元化、开发密度高、城市布局集中的城市土地利用开发模式，如图 1-4 所示。以高密度集中土地利用为特征的城市发展区，通常土地利用集约化程度高，除少数商业中心区、工业区、高级住宅区外，城市土地一般为多用途层叠使用，从而有利于节约土地，缩短出行距离。

图 1-4　高密度集中模式

1.2.1.2 低密度分散模式

低密度分散模式是指城市土地利用用途单一、开发密度低、城市布局分散的城市土地利用模式，如图 1-5 所示。以低密度分散土地利用为特征的城市通常具有多个中心，居住区、工作区、购物区等各自分离，整个城市向外围蔓延，用地分散，甚至形成跳跃性开发，土地浪费严重。

图 1-5　低密度分散模式

1.2.1.3　折中模式

折中模式对城市日常活动功能进行适当集中,并对功能集中点进行适当分散,通过对城市用地进行有机组织,缓解城市交通压力,如图 1-6 所示。土地利用趋于

图 1-6　折中模式

综合化、复合化，低密度建筑与高密度建筑穿插建设，高密度建筑多为商业、办公、公寓等多种综合功能建筑，低密度建筑多为居住、工业等单一功能建筑。

1.2.2 城市土地利用空间形态

城市土地利用空间布局有多种空间形态，主要包括两种类型：单中心模式与多中心模式。

1.2.2.1 单中心模式

单中心模式围绕中心区由内向外，各方向均衡增长，有一定的地域功能分区和功能区的联系，其空间结构发展表现为由内向外渐进扩散，同心圆圈层式发展。城市的发展表现为边缘区外向扩展的动态过程：工厂、校园、医院、集团住宅等单位起先行者的作用，而后公共建筑和一般住宅相继建设，与前者连成一片，原来的主城边缘区就逐渐演化成为城市核心区，工厂、学校和医院被挤到更远的郊外，形成新的主城边缘区。主城边缘区与城市中心区的交替运动，呈现出非常明显的年轮现象，并逐渐形成同心圆形态，如图1-7所示。

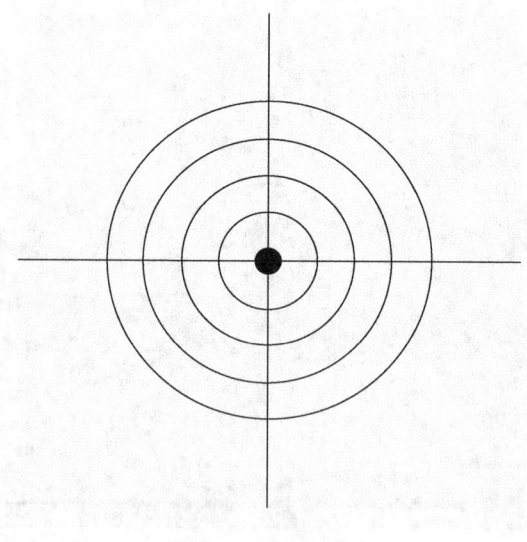

图1-7 单中心模式

1.2.2.2 多中心模式

多中心模式指在城市内部或城市化区域中，形成多个承担一定城市功能的分散分布又相对集聚的区域，每一个区域承担某种或几种突出的城市功能，具备满足日常生活需要的条件。每个区域都是一个相对独立的中心，各中心之间通过高效的交通系统相连接，保证它们之间的必要联系畅通无阻。多中心模式根据不同区域功能地位分为两类：一主多副型与多中心型的空间布局。

（1）一主多副型

一主多副型城市地区是由一个主要的核心地区和数个次级核心地区组成，如图 1-8 所示。

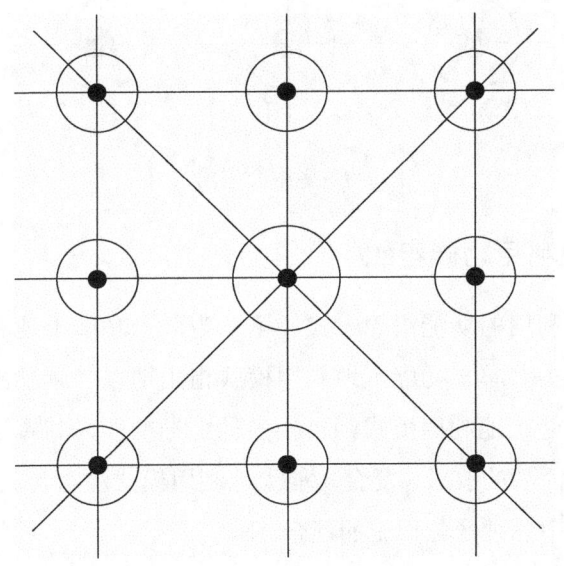

图 1-8　一主多副型模式

（2）多中心型

多中心型城市地区由于自然条件的原因，或地方有强烈的自治传统，形成区域内城市众多但中心城市规模不大的特点，如德国的鲁尔、荷兰的兰斯塔德等。多中心型城市地区中有一个中心在规模上或在重要性上占优势，多中心的概念并不排斥土地利用的同心圆模式存在，每个次中心都可以具有同心圆结构，如图 1-9 所示。

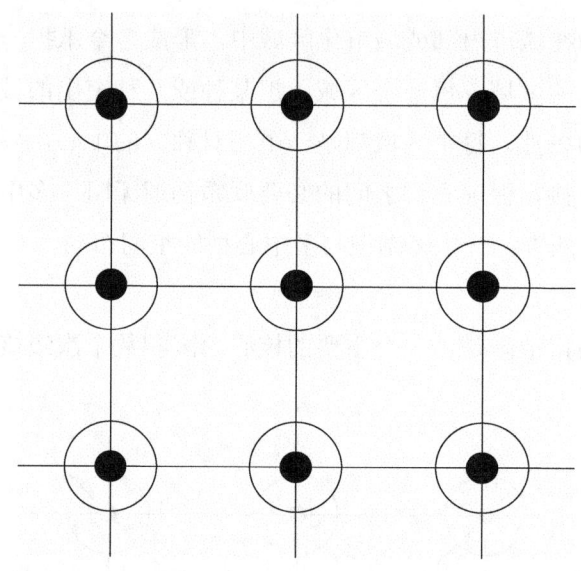

图 1-9　多中心型模式

1.2.3　城市土地利用功能组织

根据城市土地利用的功能组织方式，可分为单一功能土地利用模式与复合功能土地利用模式两类。单一功能土地利用模式指用地以一种功能为主导、其他功能为附属；复合功能土地利用模式则包含多种主导功能，其本质特征在于特定用地范围内不同区位活动的要求。复合功能土地利用模式注重各大功能类别的综合，而不包括同类功能中各种区位设施的混合。

1.2.3.1　单一功能土地利用模式

单一功能土地利用模式以 1993 年的《雅典宪章》为代表，根据城市功能分区原则，将城市按照居住、工作、休憩进行分区和平衡，建立三者之间的交通网络。每个分区土地利用功能单一，割裂了城市活动的有机联系，导致土地利用平面扩张，刺激了私人机动交通需求，这必须以充足的城市发展用地为前提，是实质的城市分散主义。

1.2.3.2 复合功能土地利用模式

复合功能土地利用模式,即土地的混合利用。在某一区域土地上,同时具有多种性质的用地结合在一起,发挥土地综合功能的一种用地模式,如住宅与商业、服务业、工业用地的混合利用等。复合功能土地利用模式通过加强各种主导功能、不同区位的综合性、平衡性,采用粗线条的指导原则,综合开发规划,加强城市间的有机整体性。

1.3 不同土地利用模式的交通适应性简析

1.3.1 开发强度的适应性

高强度土地利用会产生较大的交通需求,更有利于公共交通的发展。因为公共交通需要有一定的客流来支撑,大量的客流可以提高公交的运营效率。且公共交通运量大、成本低的特性又能满足高密度开发地区大量普通居民的出行需求,当土地开发的规模和密度达到一定程度后,道路公交方式已不能满足交通的需要,应发展轨道交通,以满足出行的需求。

低密度土地利用的分散性导致出行客流分散,出行距离较大,不利于公共交通模式的发展,而且缺少足够的乘客,公交难以得到政府在政策和财政上更大的支持,这使公交服务质量进一步下降,使更多的人转向私人交通。因此,低密度土地利用模式对小汽车交通方式具有较强的引导作用。

折中模式通过有意识加强城市用地的组织,减少道路交通量,缓解城市交通压力。

1.3.2 空间形态的适应性

当不同功能的土地利用在空间上的相互关系确定以后,由此而产生的交通出行量和空间分布特征就基本上确定了。

单中心土地分布模式，对城市外围大规模集中开发的居住社区或存在居住功能为主的卫星城的城市而言，早晚高峰期间将产生大量潮汐式交通流，会给有限的道路交通资源造成巨大的冲击。高峰时段的交通拥堵和其他时段客流的非均匀分布，既增加了交通成本，又降低了城市交通的效率。对于多中心空间结构，国内学者一般认为其具有分散交通量和缩短通勤时间的作用。

对国内多个城市的研究表明，随着城市规模的增长，单中心城市空间结构将导致小汽车出行时耗增加，多中心城市空间结构中的小汽车出行时耗基本趋于一个稳定值。而且随着城市规模的扩大，两者差异也将扩大。在同一规模水平下，多中心城市出行时耗较单中心城市短。

1.3.3 功能组织的适应性

不同的土地功能组织方式对城市交通的影响有显著的差异。城市土地功能组织的混合程度对城市交通具有很大的影响，其中比较明显的就是工作与居住分离造成高峰时段交通拥挤和非高峰时段运量不足的问题。相关研究表明，复合功能较单一功能具有明显地减少交通需求的优势。通过在一定的用地范围内提供多种区位设施，使居住地接近工作地点，提供就近活动的机会，有利于减少出行距离，鼓励近距离的步行、自行车等近距离交通方式的应用，促进出行结构更加合理。

1.4 土地利用与交通的协调发展

城市土地利用与交通之间的紧密联系决定了城市土地利用应与交通同步进行，通过将交通与土地利用规划的结合，可以实现交通与土地利用发展的双赢（杨励雅等，2006）。交通与土地利用协调发展主要分为两种类型：一是交通供给引导土地利用；二是交通需求与土地利用一体化。

1.4.1 交通供给引导土地利用

通过交通供给主动引导土地开发利用的土地开发模式主要包括步行邻里街

区、传统邻里街区及公共交通为导向的发展（transit oriented development，TOD）模式等。

步行邻里街区开发模式提倡在区域层面上，通过一个交通系统联系起住宅、零售、工作、办公、日常事务管理、娱乐、公园等相对独立且具有一定职能分工的活动区。活动区被控制在一定的规模内，其一般距离交通换乘点半径在400米以内，在一个公交系统内组织居民的生活，包括工作、居住、购物等。其提倡高密度开发、控制活动区范围，并提倡适度的功能分区，但这些分区之间需通过交通系统有机地整合在一起，分区内部以步行为主。

传统邻里街区开发模式以邻里街区为基础，强调社区建设的有机性，提倡适当高密度开发、控制街区范围（半径在400米以内），在规划与设计中注重分析人的活动和需求，通过土地利用的有机性组织减少交通出行距离与出行量。

TOD模式强调在区域层面上整合公共交通和土地利用的关系，使两者相辅相成，着重于如何最充分地利用公交，尤其是轨道交通提供的便利条件，对公交车站1/4英里[①]（或5~10分钟步行距离）的半径地区作精心设计开发，将区域建成为多功能、综合性、适宜步行、服务方便、设计紧凑的小社区（杨忠振和李大洲，2004）。既应有商店、办公楼、市民服务和娱乐设施，也应有多种形式可供选择的住宅。此类开发有助于城市区域从低密度的蔓延形态转换成为较理想的节点（车站）—交通走廊式发展形态。

TOD模式能有效地控制小汽车出行，使城市建立合理的出行结构，缓解能源、环境、土地紧缺等一系列问题，并能够缓解中心城区因小汽车出行量过大而产生的交通压力，进而保障中心城区交通系统的机动性，有利于维持一个强大的市中心。通过合理设计公共交通站点，鼓励人们更多地使用公共交通从而减少小汽车的使用，同时修建自行车车道和步行道，且站点临近多用途的核心商业区，可使公共交通站点成为一个多种功能的目的地，从而增强公共交通的吸引力。

---

① 1英里=1.609千米。

1.4.2 交通需求与土地利用一体化

交通需求管理（traffic demand management，TDM）是一种主动控制交通需求发生量，主动引导交通需求时空分布状态，主动寻找交通供需关系平衡点的交通管理理念与思路。在土地和空间资源日益紧缺的时代背景下，相比于传统以扩大道路供应追赶交通量增长的被动管理方法，TDM 的"三个主动"对缓解城市交通拥堵问题具有更为现实的指导意义。

根据 TDM 应用的不同层次，确定在不同层次中 TDM 应该实现的主要目标有：①通过减少产生出行的活动而减少总的出行量；②通过改变交通方式和高效地使用机动车来减少车辆交通；③将交通量在时间和空间上进行分散，从而达到减缓交通拥挤、减少堵塞、降低环境污染的目的。根据 TDM 不同的目标，其具体策略如图 1-10 所示。

新加坡通过将战略规划与 TDM 相结合的方式实现交通需求与土地利用一体化管理。通过制定长远的发展概念规划，将土地利用模式与交通系统密切结合，利用公交系统将若干区域中心与中央商务区（central business district，CBD）联系起来，有效地减少通勤出行距离和出行频率，使两者互相协调从而合理地组织空间布局。与此同时，加强 TDM，并通过政策手段，制定相应的交通-土地利用一体化政策，大大提高城市交通系统运营效率。

在有关城市土地利用对交通需求的影响方面，国内外已有不少的研究，大多针对城市开发密度（居住密度、就业密度和整体密度）、土地混合开发、城市空间结构及用地形态、邻里设计、社会经济因素等方面与交通需求，包括出行量、出行频率及出行方式等关系的研究。城市交通需求对城市土地利用影响的研究主要集中在对城市形态演化的影响和对城市土地利用结构的影响等方面。城市交通方式产生对交通设施的需求，影响交通设施的发展，也在很大程度上影响城市土地利用形态。此外，交通的产生、交通流和交通结点的分布是城市用地发展的重要因素，主要研究方向涉及轨道交通、城市干道与用地联合开发、城市交通对用地收益、用地置换的影响等。

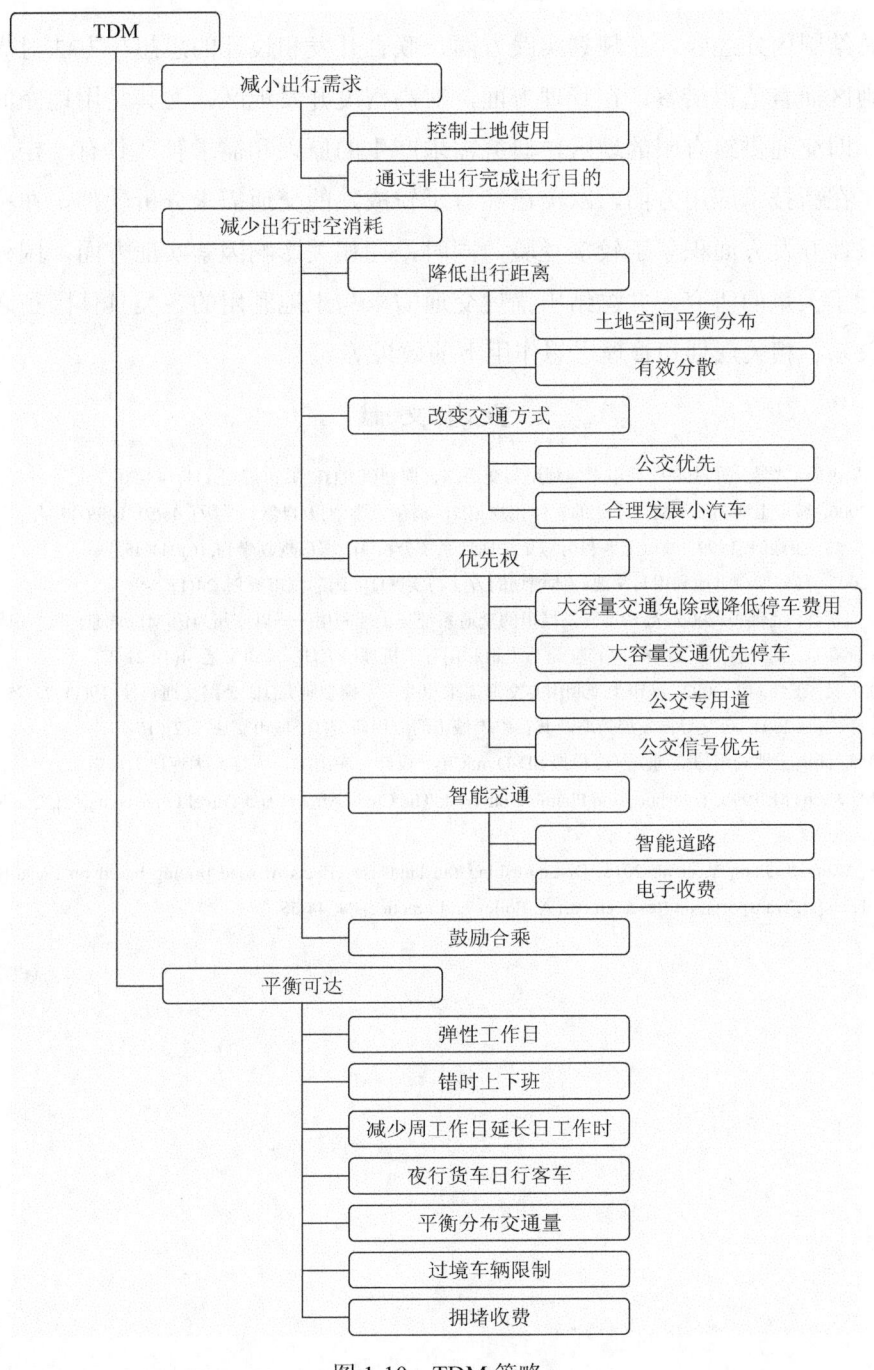

图 1-10　TDM 策略

总结国内外经验，在规划实践方面，联合开发和设计的思想与方法对高密度开发地区而言值得借鉴；在管理方面，对高密度开发地区，尤其是用地空间拓展有限，即交通供给有限的地区，研究需求产生的原因和需求管理具有一定的现实意义；在新技术应用方面，欧美已经有了较成熟的交通需求分析软件，在模型和相关软件开发方面积累了较多经验，同时，在相关影响因素实证方面，国外学者也进行了大量的研究，并总结出描述交通需求与土地利用的各类具体因子之间的作用关系、相关规划和管理思想作用下的效果等。

参 考 文 献

范炳全, 周溪召, 严凌, 等. 1999. 城市土地利用与交通综合规划研究[J]. 城市规划, (11): 48-50.
陆化普. 2006. 城市土地利用与交通系统的一体化规划[J]. 清华大学学报(自然科学版), 46(9): 1499-1504.
曲大义, 王炜, 王殿海. 1999. 城市土地利用与交通规划系统分析[J]. 城市规划学刊, (6): 44-45.
王辑宪. 2001. 国外城市土地利用与交通一体规划的方法与实践[J]. 国际城市规划, 24(1): 5-9.
阎小培, 周素红, 毛蒋兴. 2006. 高密度开发城市的交通系统与土地利用——以广州为例[M]. 北京: 科学出版社.
杨励雅, 邵春福, 刘智丽, 等. 2006. 城市交通与土地利用互动机理研究[J]. 城市交通, 4(4): 21-25.
杨明, 曲大义, 王炜, 等. 2002. 城市土地利用与交通需求相关关系模型研究[J]. 公路交通科技, 19(1): 72-75.
杨忠振, 李大洲. 2004. 公交导向发展策略及其在中国城市的应用研究[J]. 城市交通, 2(2): 15-18.
俞博. 2015. 面向土地利用与交通多尺度模拟 SD-DynaCity: 设计与应用[D]. 大连: 大连理工大学.
Garrett M, Wachs M. 1996. Transportation Planning on Trial: The Clean Air Act and Travel Forecasting[M]. London: Sage Publications.
Zhong S, Wang S, Jiang Y, et al. 2015. Distinguishing the land use effects of road pricing based on the urban form attributes[J]. Transportation Research Part A: Policy and Practice, 74: 44-58.

第 2 章　城市土地利用与交通互动关系实证分析

2.1　土地利用与交通互动反馈关系

2.1.1　土地利用对交通系统的主导作用

城市不同性质的土地利用在空间中的彼此分离是产生交通需求的根源（周素红和闫小培，2005；北京市城市规划设计研究院，2009）。城市土地利用的分布和开发强度直接影响交通需求的数量（频率）、出行距离和出行方式（葛亮等，2002；丁成日，2010；潘海啸，2010）。本节以南京市河西新区和大连市高新技术产业园区软件园为例说明土地利用对交通产生的影响。

2.1.1.1　南京市河西新区

河西新区位于南京市西南，北起三汊河，南接秦淮新河，西临长江夹江，东至外秦淮河、南河，总面积约为 94 平方千米，其中陆地面积为 56 平方千米，江心洲、潜洲及江面为 38 平方千米，如图 2-1 所示。2002 年年底南京市河西新区总体规划通过专家评审。作为老城区人口的重要疏散地，整个河西区域计划安排居住总人口约为 55 万人，且主要集中在北部和中部，由于北部地区现有居住密度较大，将把人口控制在 33 万人左右，原则上不再安排新居住用地，中部将依托地铁线优先安排居住用地。

根据 2002 年年底南京河西新城区总体规划，河西新区与外秦淮河（南河）以东地区有 24 条道路联通，其中滨江路、纬三路、纬七路和绕城公路为快速通道。同时，设有地铁 1 号线、地铁 2 号线、地铁 4 号线、地铁 6 号线、地铁 7

| 城市土地利用与交通整合理论、方法和实践 |

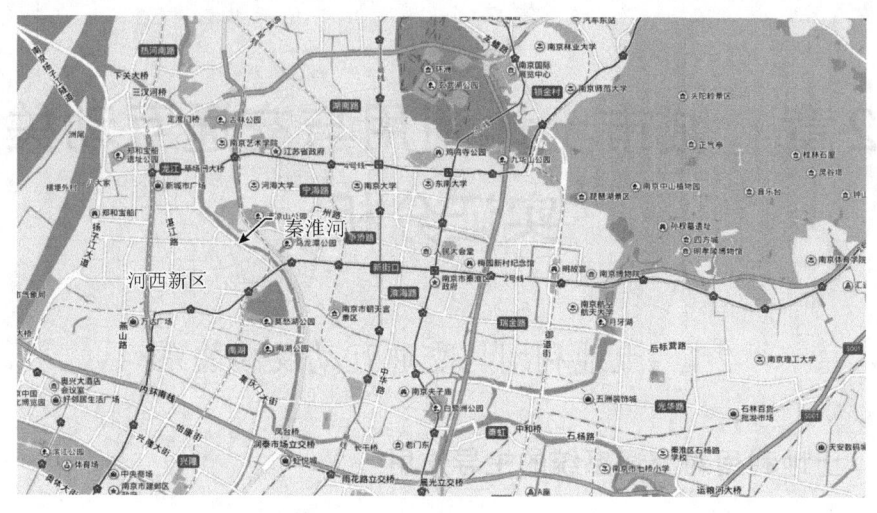

图 2-1 南京市河西新区

号线共 5 条轨道交通线路。从中心结构体系来看,河西新区又分为新区中心-地区中心-社区中心 3 级,新区中心和地区中心安排在主要交通走廊经四路沿线,社区中心结合服务半径和规划地铁站点,安排在生活性干道沿线。其中新区中心在纬八路以南、油棉路以北、经四路与纬九路沿线,集中商务金融设施、政府办公设施及具有区域服务功能的商业设施;3 个地区中心服务人口为 15 万人,分别设置在北部中保、江东门和南部地区,配套以图书馆、体育馆、地区医疗服务中心、大型超市等设施;8 个社区中心服务人口为 3 万~5 万人,分别设置在管子桥、清凉门、南湖、上新河、虹苑、兴隆、沙洲、双闸等地,主要配置小型便民设施。河西新区建筑以明快亮丽的浅色调为主。

由于南京市人口发展较快,河西新区人口迅速增长。更重要的是,由于河西新区大多以居住用地为主,缺少工作岗位,河西新区连接主城区的各座桥在早晚高峰期成为南京市最堵车的地带之一,如图 2-2 所示。究其原因是土地利用的规划决定了交通的分布和数量。由于河西新区土地利用规划不合理,区域内缺少工作岗位分布,河西新区具有显著的潮汐交通特性,每天早晨居住在河西新区的近百万市民需要跨过仅有的几座桥梁到主城区上班,而到晚上则需要回家,即便规划了 24 条道路和 5 条轨道交通连接河西新区与主城区,还是无法改变道路拥堵的问题。有学者也逐渐意识到，只有从土地利用规划上入手才能从根本上解决河西新区早晚高峰的交通拥堵问题。

图 2-2　南京市早高峰的潮汐交通

2.1.1.2　大连市高新技术产业园区软件园

软件园位于大连市高新技术产业园区，于 1998 年奠基，一期占地面积为 3 平方千米，二期位于旅顺南路软件产业带，是大连市高校科研文化聚集区的核心产业园区，如图 2-3 所示。目前大连市软件园已发展成为国内最具规模的信息技术外包、业务流程外包和知识流程外包产业基地和产学研一体的生态科技园区，成功地实现了软件企业和人才的高度聚集。

软件园给城市带来财富的同时也带来了严重的交通拥堵问题。由于软件园位于大连市西部区域（软件园二期），早晚高峰期连接大连市中心与软件园的几条主要干路［黄浦路、五一路、西南路、红凌路（西部通道）］具有明显的潮汐交通特征，即早高峰由东向西方向和晚高峰由西向东方向道路拥挤严重。产生这种现象的主要原因是土地利用规划的不合理。在软件园工作的员工很多居住在大连市中心区域，由于职住分离，早晚高峰产生了严重的潮汐交通问题。虽然大连市人民

| 城市土地利用与交通整合理论、方法和实践 |

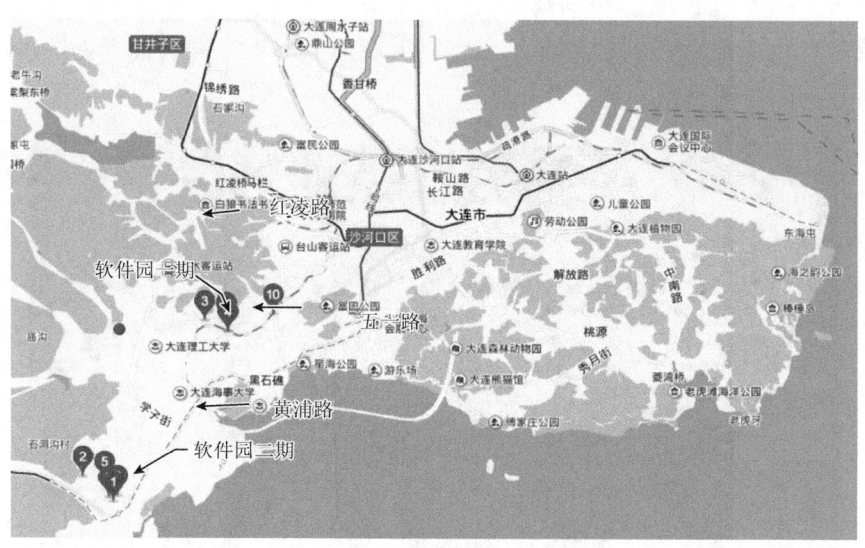

图 2-3　大连市软件园及周边道路网络

政府拓宽了红凌路、五一路等主要干路，但是由于潮汐交通需求远大于路网的容量限制，道路拥堵问题并没有得到有效解决。

2.1.2　交通系统对土地利用的反馈作用

　　城市交通系统反过来又是影响城市土地利用的一个重要因素（杨东援和韩皓，2001）。大型交通基础设施（如轨道交通、机场、高速公路）的开发、街道设计、公共交通等一系列交通要素又会反过来影响土地利用的开发（毛蒋兴和闫小培，2004）。

　　城市蔓延是指城市化地区失控扩展的现象，它使原来主要集中在中心区的城市活动扩散到城市外围，城市形态呈现出分散、低密度、区域功能单一和依赖汽车交通的特点（Speir and Stephenson，2002），如图 2-4 所示。美国是城市蔓延出现最早、最为典型的国家。早在 20 世纪 20~50 年代，美国迁往郊区的主要是收入较高、拥有私人汽车的白人中产阶级。到了 70 年代，随着经济的发展，私人汽车进一步普及，蓝领阶层等普通民众也有能力迁往近郊，早期迁往郊区的中产阶级则到更远的郊区寻觅新居，加剧了人口和城市空间的进一步扩张。到了 80 年代以后，不仅是居住区，新的工厂区、办公园区也纷纷迁往郊区。郊区工作岗位的增加又进一步促进城市人口及政府税收的外迁。

图 2-4　美国城市的蔓延发展

美国城市蔓延发展一方面是由于政府鼓励购房的政策（居民购房的贷款是免税的），另一方面是由于高速公路网络发达且使用成本低廉。美国的高速公路总里程超过 9.2 万千米，居世界第二位。而且这些高速公路大都是免费的，降低了用户的道路使用成本（相当于对居民进行了补贴），使居民以很低的成本就可以完成出行。高速公路的便捷与低定价刺激了更多的交通出行需求，同时加剧了城市蔓延。

2.2　新加坡——土地利用与交通一体化规划

根据 2015 年统计数据，新加坡国土面积约为 719 平方千米，人口约为 553 万人,人口密度高达每平方千米 7691 人,是世界上人口密度和经济密度最高的国家之一。作为高强度开发地区之一,新加坡是世界上交通系统最有效的城市之一,其成功归因于将土地利用与交通一体化规划和相应的交通管理措施结合起来(郭继孚等,2011)。新加坡在交通需求与土地利用关系的研究和实践方面的经验很值得借鉴,其空间发展模式展现了沿着交通走廊上的居住、服务与就业的平衡,尤其是它所实施的一系列公共政策。在实践方面,新加坡的战略规划编制注重交通与土地利用的相互协调,将城市发展结构与公共交通骨架密切配合,在城市具体用地布局中,控制市中心区停车场设置,将停车场在城市外围与公交系统紧密结合,沿交通干道多中心布局,取得较好的成效;在交通规划方面,同样密切配合战略规划的用地布局,提高公交系统的服务水平;在管理方面,制定限制私人小汽车、许可证制度等一系列 TDM 策略。

2.2.1 新加坡土地利用与交通整合规划措施

城市不同类型土地利用在空间中的分布决定了城市交通需求的产生点和吸引点,并影响交通系统的各项特征(出行方式、出行距离、出行频率等)。因此,城市规划、土地利用规划和交通规划之间密不可分。有效的土地利用规划能够确定城市各区域的功能及开发强度,从而有计划地引导未来的交通需求,这是确保交通系统可持续发展的基本措施。

新加坡政府通过整合土地利用规划与交通规划来管理城市交通需求。新加坡的城市规划由市区重建局(Urban Renewal Authority,URA)承担,而交通规划由陆路交通管理局(Land Transports Authority,LTA)负责。针对某一区域而言,首先由 URA 进行总体设计(包括交通在内),在此基础上,LTA 通过交通需求分析模型和软件,从交通容量和分布的角度,对未来城市总体进行评估和测试,并将结果反馈给 URA,使其完成或者重新修改城市总体设计。这种互动反馈机制在某种程度上满足了土地利用和交通之间的整合需求。然而,这种试错的方法在执行效率上却不尽如人意(本书第 6 章给出了逆向思维的方法,可以解决试错法效率低下问题）。尽管如此，这一措施还是可以从一定程度上缓解由于土地利用规划的不合理而产生的交通拥堵问题。

2.2.2 面向可达性而非机动性提升的轨道交通系统

机动性是指移动的难易，而可达性是指到达活动的难易（Levine and Garb，2002）。两者的区别在于，使出行者每千米的（一般）出行成本下降还是使出行者到达每个活动的（一般）成本下降。轨道交通作为交通运输系统的骨干，其影响区域主要分布在轨道交通站点周边及其沿线区域。而想要全面覆盖城市区域的话，就需要城市常规公交系统、出租车系统与轨道系统之间的相互协助。在这一联合运营的城市交通体系中，轨道交通起到主体作用，作为交通运输的骨干，轨道交通中的地铁系统负责连接新加坡城区内新城中心与城市发展中心；而轨道交通中的轻轨系统则作为地铁项目的扩展，负责将每一个主要的地铁站点与该区域内的商业区和居住区连接起来，并且把握好轻轨站点与相连的商业区和居住区之间的行人步行距离，最大不会超过 400 米；而城市公交系统和出租车系统则又作为整个轨道交通系统的补充，填充新加坡轨道交通网络所覆盖不到的区域，使生活在新加坡城区的每一个居民都能与轨道交通连接起来。总体而言，新加坡的轨道交通系统使居民的可达性提升，而不仅仅强调机动性的提升，很多发展经验值得我们学习。

2.2.2.1 轨道交通发展的城市交通层次性

针对自身地域空间狭小的特点，新加坡在进行土地资源的利用与空间整合的过程中，采用了宏观、中观、微观三个层次的引导策略。具体来说：宏观方面，以轨道交通为城市交通的主干，如图 2-5 所示，作为主城区与新开发城区之间主体连接，并且在周边形成一系列的交通连接空间体系；中观方面，在轨道交通站点周围土地区域上合理开发，使之逐渐变为规模合理的一个个以站点开始发散的功能明确城市化小城区；微观方面，在行人步行方面，加强步行空间的有效连接，保证行人步行出行不会受到公共交通和小汽车交通的影响，并且还能与之相适应，在同一区域内协调发展，为人们的出行带来方便。

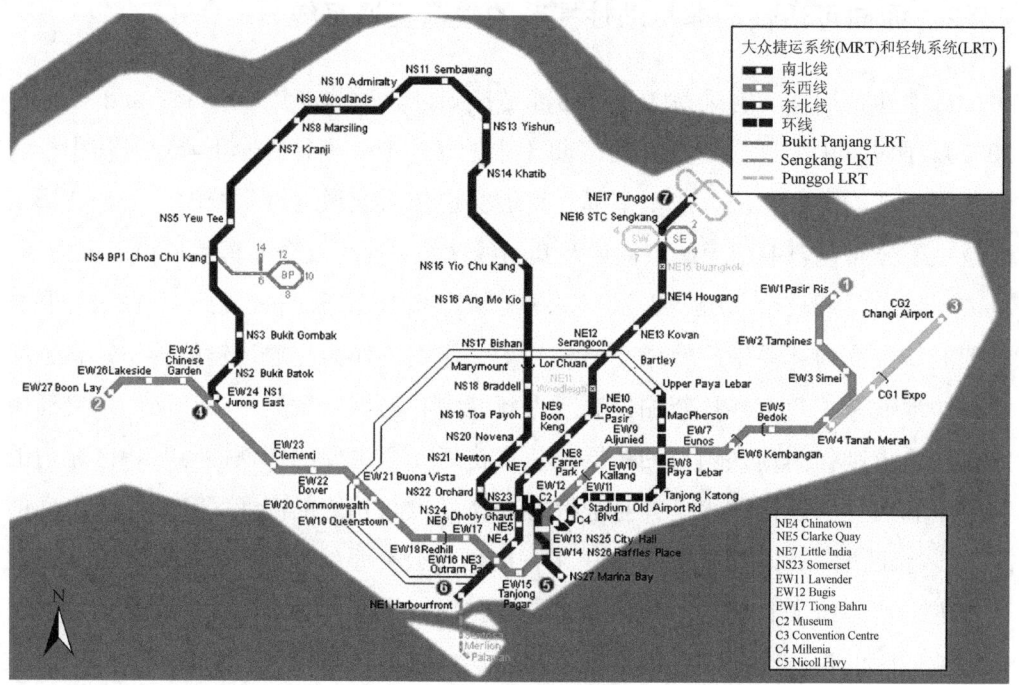

图 2-5　新加坡轨道交通系统

2.2.2.2　无缝换乘系统

新加坡在进行轨道交通与公共交通网络化发展模式的过程中，为提升轨道交通系统和常规公交系统的整体契合度，在地铁站点与公交巴士换乘站点之间通过交通换乘枢纽将其连接起来。这样修建交通换乘枢纽可以使两个交通系统的运营一体化，还可以将乘车购票的设施统一起来，方便需要换乘多种交通方式的居民出行，而且这种便民措施还可以鼓励人们多使用公共交通设施出行，减少城市内小汽车的使用率，降低新加坡交通拥堵状况。

交通换乘枢纽一般建于城市副中心及一些客流量巨大的地铁交汇站上。而作为一种有效地利用土地空间资源，且包含多种交通系统的开发模式，交通换乘枢纽承担了新加坡综合服务设施的任务。例如，在新加坡大巴窑新镇上，就建立着大巴窑交通换乘枢纽，这个换乘枢纽包含公交站点、地铁车站和各种办公及商业设施，如图 2-6 所示。整个大巴窑交通换乘枢纽整体大约有 1.7 万平方米的零售商业空间，在建筑设施的上层空间还提供了百货超市、餐饮服务和银行服务等，而往上则是办公区域，新加坡建设局（Building and Construction Authority，BCA）就在这里办公，并且在这里还有一系列的休闲娱乐设施供人们使用。而在换乘枢纽的地面层以下，则涵盖了 19 条公交线路的大巴窑的公交车换乘站及地铁站点。

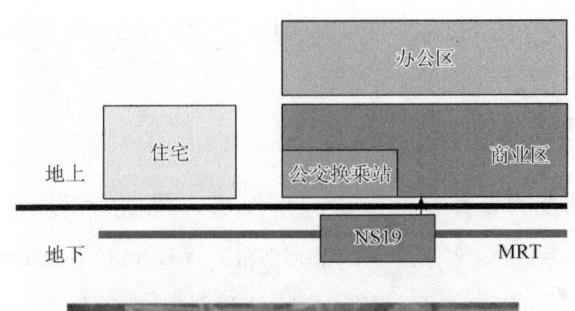

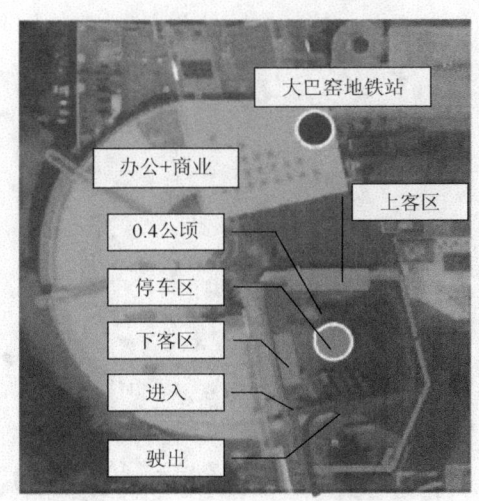

图 2-6　新加坡大巴窑换乘枢纽示例

资料来源：汪芳，2016

2.2.2.3 强化土地与交通的混合开发

新加坡人多地少，人口密度大的问题一直是新加坡发展途中的一道障碍。随着城市的发展，城市化进程的加快，耕地资源被征用及各种产业相互争夺用地的现象将会十分明显。但是在具体开发的过程中，新加坡有效地保护了未开发土地，在建设中充分利用并节约了现有用地。而在以轨道交通为主体的城市发展建设中，提高了轨道交通沿线土地空间的使用密度和混合程度；建立了完善的网络化交通运输体系，合理、有序地对土地进行开发。

2.3 哥本哈根——公共交通引导土地利用

2.3.1 手指形规划

哥本哈根是丹麦的首都，北欧最大的城市，坐落于丹麦西兰岛东部。哥本哈根曾被联合国人类住区规划署（United Nations Human Settlements Programme）评选为"最适合居住的城市"，并给予最佳设计城市的评价（图2-7）。

图2-7 哥本哈根

2017年，哥本哈根总面积约为97平方千米，城区人口约为67.7万人。哥本哈根的地铁系统自2002年开始运行，共有2条线路，22座车站，总长度达到184千米。由市中心引向各分中心的市郊铁路系统也十分发达，来往城市之间都可以乘坐火车。

早在1947年，哥本哈根就提出了著名的"手指形规划"，如图2-8所示，该规划规定城市开发要沿着几条狭窄的放射形走廊集中进行，走廊之间被森林、农田和开放绿地组成的绿色空间分隔。在以后的70年里，该规划得到了很好的执行。发达的轨道交通系统沿着这些走廊从中心城区向外辐射，沿线的土地开发与轨道交通的建设整合在一起，大多数公共建筑和高密度的住宅区集中在轨道交通车站周围，使新城的居民能够方便利用轨道交通出行。同时，在中心城区，公交系统与完善的行人和自行车设施相结合，共同维持并加强了中世纪（公元476年～公元1640年）风貌的中心城区的交通功能。作为欧洲人均收入最高的城市之一，哥本

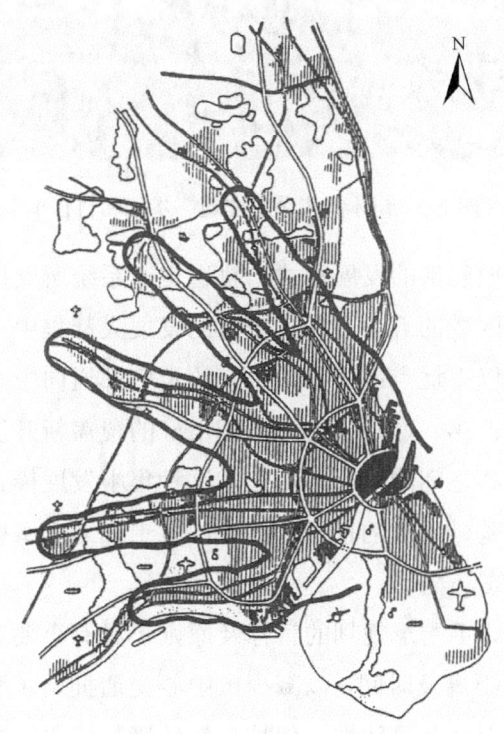

图2-8　哥本哈根公共交通引导土地利用形态示意图

哈根的人均汽车拥有率却很低，人们更多的是依靠公共交通、步行和自行车来完成出行（冯浚和徐康明，2006），如图 2-9 和图 2-10 所示。

图 2-9　哥本哈根公共交通、步行和自行车系统

哥本哈根采用放射形的发展模式，轨道交通系统所支撑的走廊从中心城区向外辐射，分别指向区域的五个方向，城市的发展大都集中在轨道交通车站附近。这样的发展模式有以下优点：第一，所有的走廊都通向中心城区，有利于维持一个强大的中心城区；第二，轨道交通系统很好的覆盖新开发地区，能方便地实现新开发地区与市中心之间的出行；第三，这种集中发展模式可以提高土地的利用效率，并节省大量基础设施的投资，同时，对走廊之间绿楔的保护也有利于维持一个良好的城市生态环境。

即使现在看来，手指形规划的目标及原则仍具有重要意义。当时的城市规划师提出要减少通勤距离及时间，以减少市中心交通拥堵，将商业与工业布设在离劳工较近的地方以保证其可达性；保护自然环境与建成区之间的平衡。这些目标在 1961 年哥本哈根城市规划修编时再次得到肯定，并补充："我们应该不仅仅只

| 第 2 章 城市土地利用与交通互动关系实证分析 |

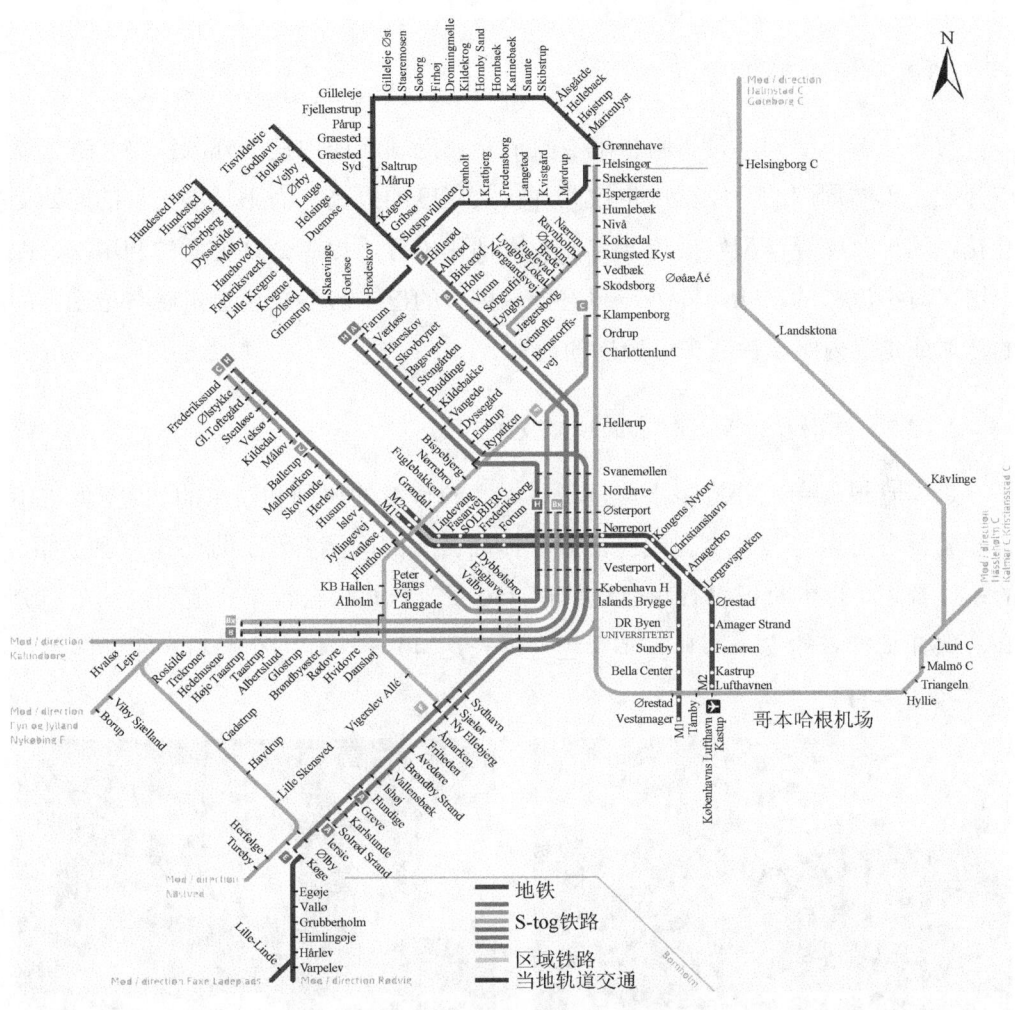

图 2-10 哥本哈根地铁和市郊铁路系统

考虑到提高交通设施服务质量或速度的提高，还应该考虑到缩短人们的通勤距离"，只有交通和土地利用规划相互协调才能达到这一目标。

2.3.2 交通政策的支持

为支持城市土地开发，交通规划等部门从交通投资、非机动车配合及价格杠杆等方面做了大量努力。

2.3.2.1 采用TOD模式

与其他城市不同，哥本哈根沿着轨道交通走廊（如地铁、郊区铁路）进行城市开发，车站周围的开发密度也被允许较大程度的提高，而不是漫无目的的四处开花，这种公交导向型发展模式方便非机动化出行，提高公共交通的利用率，减少居民对小汽车的依赖。此外，政府投入更多的巴士服务来连接走廊与走廊之间的新城或走廊内距离铁路车站较远的地方。

2.3.2.2 鼓励步行和骑行者的城市发展理念

哥本哈根倡导工业进步不应侵犯行人和骑行者的权利和需求的理念，促进步行和骑行者可以与公共交通无缝衔接，提高公交的间接客流。据英国《独立报》的统计数据，哥本哈根自行车轨道长达350千米，并将自行车轨道和机动车道分开，保证骑行者的安全；自行车绿色通道长达40千米，完全与机动车道隔离不交叉（图2-11）。

图2-11 鼓励步行和骑行的道路和公交设计

2.3.2.3 利用政策手段鼓励步行、骑行和公共交通并限制私人汽车出行

哥本哈根利用经济杠杆限制私人汽车出行，大大降低了私人汽车拥有率。主要包括两个方面：一方面实施较高的停车费用政策，另一方面实施严格的税收政策，提高购买私人汽车的门槛（北京市城市规划设计研究院，2009）。

2.4 香港——土地混合利用及立体开发

2.4.1 土地的混合立体开发

香港是世界上道路交通最繁忙的地区之一，截至 2014 年年底，香港总人口约为 726 万人，流动人口逾百万，土地面积只有 1104 平方千米，土地资源极其有限也极其宝贵，如图 2-12 所示。在用地如此紧张的城市环境下，香港政府及当地设计师已形成一种共识，即对土地的混合利用和立体开发，是城市发展及有效利用土地资源的良好方式之一。香港的建筑综合体，如金钟太古广场、香港又一城、香港国际金融中心（International Finance Centre）等，均是将城市中商业、办公、酒店、交通等其中三项以上功能的建筑组织在一起，并在各部分之间建立一种相互依存的能动关系，从而形成一组高效统一的建筑群体。它复合了更多的城市特征，是处于城市环境中相互作用的一组群体，它将不可避免地承担城市部分交通职能，与城市环境相互融合、相互作用。

图 2-12　香港土地的高密度开发

在香港，建筑空间与城市公共空间的界限已越来越模糊，城市建筑内容纳了更多的城市交通空间，如城市步行通道、城市休憩中庭、汽车停靠站、交通转换站等，各种空间要素组织成立体网络，供人们在其中穿梭与停留。建筑空间与城市交通空间的整合，在大大改善人们出行环境的同时，也增强了城市的活力和促进了城市、建筑、交通的综合发展。

一般而言，香港的城市交通空间在建筑内部是这样组织的：地下层——设地道连接地铁车站或停放汽车；地面层——组织公共交通换乘站及汽车通道，并且与地铁出入口毗邻，以实现同层换乘；地上二层——将城市空中步道联系成网络；屋顶平台——设计成城市花园或步行平台。地下、地面、地上通过自动扶梯及中庭空间联系成为一体，并与室外城市空间及周边建筑相互联结，如图 2-13 所示。

图 2-13　城市建筑与交通的空间整合

建筑综合体与城市交通的空间整合，本身即是有意识地将城市多种公交工具组织在综合体内部，形成综合换乘枢纽，达到零换乘的目的。零换乘是指使用建筑手段从空间上将各种交通站点立体地连接起来，使人们可以便捷地选择各种交通工具换乘，从而增加综合交通体系的运行效益，为整个区域带来更大的综合效益。

2.4.2 香港城市土地利用与交通协调发展

香港作为城市土地利用与交通协调发展的典范，有很多方面值得其他城市借鉴和参考。

2.4.2.1 城市规划、设计、土地利用和交通之间相互配合，实现零换乘交通模式

公共交通之间的换乘次数和换乘距离直接影响公交的服务水平和乘坐量。香港的以公交为导向的城市发展模式取得了巨大成功，公交分担率达到90%以上，很重要的原因是香港政府努力创造出公交零换乘的体制或措施。与国内很多地区城市规划先行，而后再考虑交通配套的发展模式不同，香港政府强调交通规划先行，以道路、公交网络所能承载的交通量作为规划土地利用强度的先决条件，避免土地的过度开发带来的交通拥堵问题（本书第6章将给出具体解决办法）。以此达到城市规划、设计、土地利用规划与交通规划相互配合、协调发展，为实现公交零换乘营造出必要的先决条件。

2.4.2.2 有利于轨道发展的集约化的土地利用开发模式

2010年，香港每平方千米人口密度高达32 000人。根据吉尼斯世界纪录大全的统计结果，香港的旺角地区是世界上人口密度最大的地方，平均每平方千米的人口达到13万人，如图2-14所示。究其原因是集约化的土地利用开发模式。土地资源是香港特区政府发展经济的最大资本。在有限的土地资源条件下，香港特区政府采取集约化的土地利用开发模式，并不会随便扩展，确保每一块土地的价值

得到最大化利用。为能够更好地利用土地,香港规划署制定了以轨道交通沿线土地为核心的发展模式,以减轻居民对道路或小汽车交通的依赖,并努力提高轨道交通网络的效率。2014 年,香港共有 9 条运营的地铁线路,日均载客量约为 426 万人次,占公共运输总载客量的 35%(黄良会,2014)。总之,集约化的土地利用开发模式有利于大运量轨道交通的发展,反过来,大运量轨道交通也为集约化的土地开发模式提供交通支持。

图 2-14　香港人口密集区

2.5　新宿——轨道交通与周边用地联合开发

2.5.1　轨道交通站点的立体开发

新宿是日本东京都内 23 个特别区之一,也是东京都乃至于整个日本最著名的繁华商业区。新宿位于东京都区内中央偏西的地带,距离银座 8 千米,繁华程度仅次于银座和浅草上野,如图 2-15 所示。

第 2 章 城市土地利用与交通互动关系实证分析

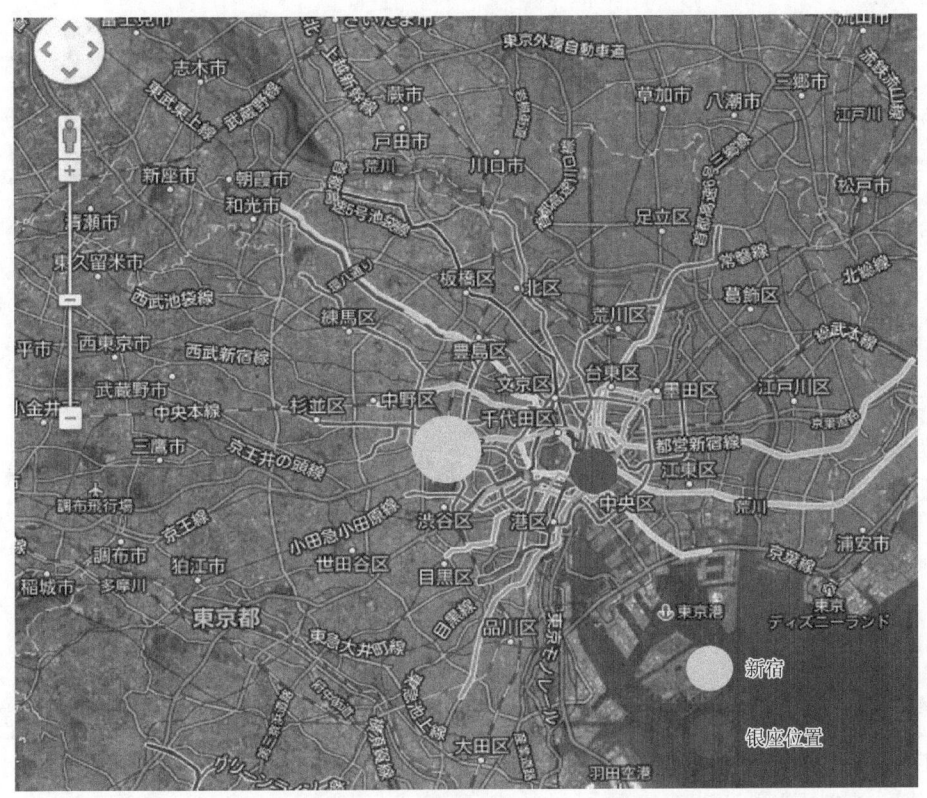

图 2-15 新宿的区位

1958 年下半年，东京都政府提出建设副都心（即新宿、涩谷、池袋）的设想，并首先从新宿着手。经过近 30 年的规划建设，新宿副都心已经在东京都的西部形成。商业、办公及写字楼建筑面积为 200 多万平方米，并形成东京都的一大景观——超高层建筑群，其中不乏百米以上的摩天大楼。新宿副都心的经济、行政、商业、文化、信息等部门云集于商务区，金融保险业、不动产业、零售批发业、服务业成为新宿的主要行业，人口就业构成已接近东京都中心三区。

轨道交通是新宿主要的对外公交类型。区内的新宿车站是东京都区西侧最重要的站点之一，如图 2-16 所示。JR（Japan Railway，日本国有铁道）山手线、JR 中央本线、JR 总武线、京王电铁股份有限公司及小田急电铁的总部都位于新宿车站。很多往来东京都的长途巴士也多以新宿作为起终站。

图 2-16　新宿车站

新宿 CBD 的道路交通系统主要以新宿轨道站点为核心，大体呈放射形布置，CBD 的主要商务建设分布在巨大的扇面内。在靠近车站的区域，道路间距较小，更适合于出行者步行通过；而在距离车站较远的超高层建筑区域，道路交通规划建设采用了立体化的车行系统，东西向与南北向车道标高差 7 米，并且人车分流。该道路交通规划建设与原有的电车山手线新宿车站紧密结合，将地铁、公交、公共停车与步行系统有机统一，组成一个良好的换乘体系。

在步行系统的设计中，地上地下进行了通盘考虑。由于使用轨道交通出行者的数量巨大，使区域内对步行环境和网络可达性的要求非常高。CBD 结合轨道站点建设了发达的地下步行交通网络，使用公共交通方式的出行者能够非常方便地步行到达办公地点。

值得一提的是东京都很多主要的轨道线路都分成一般、快速、特快等不同等级的列车，相当于我国的大站车和普通车的分类。这样的列车运营方式大大降低了长距离的轨道交通出行需要的时间，使在这里的工作者也能够接受在较远的地方居住。

轨道交通站点的立体开发是新宿车站的主要特点之一。城市内轨道线、高速路普遍采用架空或入地的方式。地上为铁路（高铁）、高速路；地面为人行、车行，不设置快速交通、轨道交通；地下一层为人行通道、商业街；地下二层为地铁、停车场，如图 2-17 所示。

图 2-17 轨道交通站点的立体开发

2.5.2 新宿商业与轨道交通联合开发经验总结

第一，地铁站与各类交通设施、上盖物业结合较好。地铁是交通系统的主轴，地铁与公共汽车站点、火车站点、居民区、就业区等高效衔接，从而使地铁拥有非常可观的客源，形成了巨大的地铁商业区，市场潜力巨大，大大促进了地铁商业网点的发展。

第二，重视地铁与其周边地块的统一规划、联动开发。新宿从地铁发展伊始，就重视地铁与其周边地块的统一规划、联动开发，通过地铁发展带来的土地升值，开发房地产、商业物业，建设地铁商业设施，弥补地铁门票收益的不足。

第三，重视地铁商业区的培育。新宿地铁商业开发，充分利用大规模的地铁人流，围绕地铁站点，高密度地布局商业网点，从而使地铁站点成为一个个繁华的商业区。地铁商业区是由一个个商业节点所组成的商业轴带。

<h2 style="text-align:center">参 考 文 献</h2>

北京市城市规划设计研究院. 2009. 城市土地使用与交通协调发展[M]. 北京：中国建筑工业出版社.
丁成日. 2010. 城市空间结构和用地模式对城市交通的影响[J]. 城市交通, 8(5): 28-35.
冯浚, 徐康明. 2006. 哥本哈根 TOD 模式研究[J]. 城市交通, 4(2): 41-46.
葛亮, 王炜, 陈学武. 2002. 结合土地利用再谈城市交通可持续发展[J]. 土木工程与管理学报, 19(3): 33-36.
郭继孚, 刘莹, 余柳. 2011. 对中国大城市交通拥堵问题的认识[J]. 城市交通, 9(2): 8-14.
黄良会. 2014. 香港公交都市剖析[M]. 北京：中国建筑工业出版社.
毛蒋兴, 闫小培. 2004. 国外城市交通系统与土地利用互动关系研究[J]. 城市规划, 28(7): 64-69.
潘海啸. 2010. 面向低碳的城市空间结构——城市交通与土地使用的新模式[J]. 城市发展研究, 17(1): 40-45.
汪芳. 2016. 新加坡城市交通与土地的互动研究[C]. 深圳：中国城市交通规划年会.
杨东援, 韩皓. 2001. 道路交通规划建设与城市形态演变关系分析——以东京道路为例[J]. 城市规划学刊, (4): 47-50.
周素红, 闫小培. 2005. 广州城市空间结构与交通需求关系[J]. 地理学报, 60(1): 131-142.
Levine J, Garb Y. 2002. Congestion pricing's conditional promise: Promotion of accessibility or mobility？[J]. Transport Policy, 9(3): 179-188.
Speir C, Stephenson K. 2002. Does sprawl cost us all?: Isolating the effects of housing patterns on public water and sewer costs[J]. Journal of the American Planning Association, 68(1): 56-70.

|中篇|

方法篇

目次

第3章 城市土地利用与交通一体化规划支持系统

3.1 土地利用与交通一体化规划支持系统的必要性

城市作为一个具有强大生命力的有机体，它的发展犹如其他生命体一样随着时间在不断变迁。城市人口的增长及城市经济水平的提高驱动着城市的发展，这其中包括了垂直和蔓延两个方向的发展（Stevens，2005）。垂直发展是指城市土地的高强度、高容量开发，它是城市集中主义和聚集效应的必然产物。蔓延发展是指城市化地区失控扩展与蔓延的现象，随着城市活动无序地向外扩展，城市形态呈现出分散、低密度、区域功能单一和依赖汽车交通的特点。蔓延发展对城市的健康有序发展造成多方面的阻碍，包括：城市中心区的逐渐衰败、公共服务设施利用的水平降低、城市交通拥堵的加剧、生态与人文环境的破坏、农地及耕地的流失。为有效地遏制蔓延发展，近年来出现了"精明增长"（smart growth）、"增长管理"（growth management）、"填充式开发"（infill development）、"城市增长边界"（urban growth boundary）及"新城市主义"等众多理论与思潮。基于这些先进的城市发展理念，城市的管理者一直在尝试采用不同的城市规划方案与政策对城市的蔓延发展进行有效地治理。

城市规划作为政府引导和控制城市发展的重要工具，决定着未来城市的性质、规模及发展方向（龙瀛等，2011）。但未来的发展是不确定的，在无法完全了解城市演变发展的所有动力机制的前提下，城市规划的实施与规划方案、战略目标的脱离就成为必然现象。为改变这一现状并提高规划的有效性，评估就显得至关重要（宋彦和陈燕萍，2012）。规划评估是能确保城市规划有效实施的必要环节，规划参与者（决策者、规划师、普通公众）从自身价值观出发，通过城市规划评估对不同规划方案做出预测和评价，公平地评述不同规划方案的优缺点，为比选及改善现有方案提供依据（郭垚和陈雯，2012）。因此，在承认现实不确定性的基础上，探索用于城市规划评估的规划支持系统具有重要的现实意义。

为科学有效地模拟城市现象，城市规划师利用城市模型作为科学管理和规划城市系统的重要工具。所谓城市模型，就是将城市系统进行抽象和概念化，用数学公式来表达城市各种空间的现象变化，从而为城市规划方案的制定和城市政策的实施提供科学的依据（刘伦等，2014）。城市模型研究的发展脉络从某种意义上代表了人们对城市内在规律的认识和探究的发展进程，不同阶段的城市模型都能体现当前的城市研究者对城市的认知程度与技术实力。因此利用先进的城市发展理论构建城市模型，来应对城市日益增长的不确定性和复杂性是十分有必要的。

3.2 土地利用与交通一体化规划支持系统的作用

3.2.1 比选方案

构建基于土地利用与交通一体化模型（或称为土地利用与交通整合模型），探求土地利用与交通系统的空间互动关系，对评估与比选不同城市规划方案，实现城市土地利用与交通的协调发展具有现实意义。在城市不断扩展演变的过程当中，城市土地利用与交通系统总是存在一定关系：城市土地是城市各种经济、社会活动的空间载体，各类不同性质的土地在城市内的分布决定了人们日常活动的地点。人们的日常活动地点在城市空间中的分离，要求交通系统帮助人们克服距离上的障碍，实现不同目的的出行，因此城市土地是城市交通需求的根源；同样，交通系统作为城市活动的"血管"也深刻影响着城市的土地利用，在交通系统的影响下城市空间形态不断改变，分布在不同城市空间的土地根据自身交通可达性大小呈现出不同的土地布局与土地价格。因此，可以说交通因素是影响城市空间扩展的重要因素，而且随着实施时间的推移、城市空间的扩展，土地利用与交通系统对城市规划方案实施过程及效果的影响也是动态变化的（俞博和钟绍鹏，

2014)。在互动过程中,所产生的土地空间布局、交通能耗、交通拥堵状况作为城市规划的重要评估指标,深刻影响着城市的发展。因此,只有从土地利用与交通系统互动影响的前提下出发,才能更全面地、细致地对不同城市规划方案进行评估与比选。

3.2.2 评估实施效果

构建基于土地利用与交通一体化模型,探求土地利用与交通系统的空间互动关系,对评估城市规划实施效果,预测土地与交通政策影响具有重要作用。规划与评估是两个相互影响、相互作用的过程:随着规划方案的实施,规划因素以外的其他因素,如社会、经济因素会对实施效果产生一定影响,而这些因素在规划方案评估的初期是较难预测的,这就容易造成规划方案难以达到规划初期的理念和社会的预期,削弱城市规划在整个城市进程中的积极作用。因此在现有实施效果下城市规划师与城市管理者需要进行规划方案的进一步评估,制定土地利用政策与交通政策来改善当前城市的无序扩张与交通拥堵。通过对土地利用与交通一体化的分析可以很好地模拟规划与评估之间循环进行、反复更新的过程。因此,通过加强土地利用与交通系统的互动研究,对城市规划与评估及相关政策实施影响有着指导意义。

3.3 土地利用与交通一体化规划支持系统研究进展

土地利用与交通整合模型的研究由来已久(赵童,2000)。从20世纪50年代中期,一些学者就开始进行基于区位特征分析的土地模型的理论研究,包括芝加哥学派提出的同心圆理论、扇形理论等。随着计算机技术的出现与推广,土地利用与交通整合模型的理论开始真正进入规划实践层面,大量的整合模型涌现出来。按照模型所依据的原理可以把这些模型分为以下三种类型:①基于空间作用/重力模型的土地利用与交通整合模型;②基于经济学的模型;③基于微观模拟的模型。典型的土地利用与交通整合模型的基本信息及特征见表3-1。

表 3-1 土地利用与交通整合模型研究成果概要

模型	论文作者（发表年份）	模型类型	模型简介	特征描述
CUFM	Landis（1994）	③	由加州大学伯克利分校开发的加利福尼亚未来城市模型	第一个利用地理信息系统（geographic information system, GIS）平台分析、描述不同地块发展潜力；采用自下而上的人口增长预测
DELTA	Simmonds（1999）	②	由剑桥大学开发的土地利用/经济模型包	人口变化微观模拟；考虑地块质量的土地/房地产市场模型
ILUTE	Salvini 和 Miller（2005）	③	由加拿大学者开发的土地利用、交通及环境整合模型系统	综合的城市系统微观模拟模型；可以准确描述城市变化的时间因素；考虑家庭成员之间相互影响的基于活动的出行模型；非平衡模型框架
IRPUD	Wegener（1982）	①	由多特蒙德工业大学的 Wegener 开发的多特蒙德区域模型	包含 7 个独立的子模型；土地利用微观模拟；不同的子模型使用不同的空间尺度；区别任意出行和固定出行
ITLUP	Putman（2007）	①	由 Putman 基于 Lowry-Garin 模型框架开发的整合 DEAM 居住地点模型及 EMPAL 工作模型的交通和土地利用软件包	第一个完整的整合模型软件包；改进的参数校准技术；多出行方式网络模型；活动分配过程中考虑拥挤作用
LILT	Mackett（1983）	①	由利兹大学的 Mackett 研发的利兹土地利用/交通整合模型	使用可达性函数；车辆所有权子模型；可以处理毁坏、可变占有率和空置率的土地利用模型
MEPLAN	Echenique 等（1990）	②	由 Echenique 等开发的整合模型包	加入了带经济评估模块的空间投入-产出模型；可以预测商业出行产生；将出行作为一种派生需求
METROSIM	Anas 和 Arnott（1994）	②	由 Anas 和 Arnott 开发的纽约土地利用与交通微观经济模型	加入商业房地产市场模型；加入动态住宅市场模型
MUSSA	Martinez（1992）	②	由 Martinez 开发的圣地亚哥市五阶段土地利用交通模型	将竞租理论（bid-rent theory）与土地和房地产市场结合；在出行模型中考虑详细的公交网络；更为丰富的家庭类别
PECAS	Hunt 和 Abraham（2003）	②	由加拿大卡尔加里大学的 Hunt 和 Abraham 开发的产生、交换和消耗分配系统	具有地块水平下的土地开发微观模拟的区域经济模型；可以处理基于活动的出行模型
TRANUS	de la Barra 等（1984）	②	由 de la Barra 等开发的交通和土地利用模型	使用开发供给模型模拟开发商的不同选择；整合出行方式和出行路径选择的交通模型
URBANSIM	Waddell 等（2003）	③	由 Waddell 等开发的住宅和公司地点选择微观经济模型	整合了人口演变微观模拟和土地利用开发的土地利用模型；地块水平的土地利用模型；丰富的家庭类别；非平衡模型框架；开放源代码的软件包，便于开发和使用
MARS	Pfaffenbichler 等（2010）	①	由 Pfaffenbichler 等开发的基于系统动力学理论的宏观模型	利用 Vensim 建立系统动力学模型，包括土地、交通、环境、政策等模块；主要用于宏观高层次的战略分析
SLEUTH	Silva 和 Clarke（2002）	③	由 Silva 和 Clarke 开发的基于元胞自动机模型的微观模型	将土地利用划分为方格栅格元胞，根据转换规则定义元胞状态转换规则

基于空间作用/重力模型的土地利用与交通整合模型的研发最早可追溯到 1964 年，其中 Lowry 模型是第一个具有标志性意义的模型（Lowry，1964）。Lowry 模型利用古典经济学理论，模拟城市的基本行为，包括基础部门就业、服务部门就业和家庭部门行为的空间分布，从定量的角度表达土地利用之间的相互作用。这类模型具有较强的综合性，将所有城市行为划分为三大类，获取数据和模型校正较为容易。但模型只是对城市行为的简单描述，缺乏理论依据；而且模型是静态模型，不能模拟城市的动态演变。针对该模型的缺陷，一些学者在之后的 50 余年中对其进行了改进和发展。其中具有代表性的包括：Wegener（1982）提出的 IRPUD 模型，Putman（2007）提出的 ITLUP 模型，Mackett（1983）开发的 LILT 模型，Pfaffenbichler 等（2010）提出的 MARS 模型。其中 MARS 模型较为特殊，该模型利用 Vensim 进行系统动力学理论的建模，通过简单明了的系统因果关系图和流程图，帮助决策者进行快速地建模和使用。因此，MARS 适合于更加宏观和战略性的土地利用与交通整合理论分析。

随着随机效用理论、离散选择理论等经济学模型的出现，一些城市规划及交通规划的研究者开始研究基于经济学模型来模拟离散的区位分布与出行行为。基于经济学的土地利用与交通整合模型可以细分为两类：区域经济模型和土地市场模型。其中 de la Barra 等（1984）开发的 TRANUS 模型作为区域经济模型的代表之一在全世界范围内已经有广泛应用，该模型以随机效用理论、竞租理论和空间投入–产出模型为理论基础，包括活动选址、出行产生、交通分布、方式划分及交通分配 5 个子模型。模型的一大特点是相对先进的多式联运路径的选择和分配，这大大优于传统的私人/公共交通工具的均衡分配。除 TRANUS 模型外，区域经济模型还包括 Echenique 等（1990）开发的 MEPLAN 模型，Hunt 和 Abraham（2003）开发的 PECAS 模型等。土地市场模型区别于大多数基于经济计量理论的土地利用与交通整合模型，它将住宅、商业和房地产等核心市场与交通模型连接成一个整体模型结构，包括 DELTA、METROSIM、MUSSA 等模型。

微观模型是近期发展较快的研究领域，这类系统利用元胞自动机（cellular

automaton)、基于活动出行（activity-based）、多智能体（multi-agent system）等微观理论与方法，可以有效地模拟土地利用与交通系统中决策个体的微观行为。其中应用较为广泛的有 MASTER、SLEUTH、CLUE-S 等模型。MASTER 模型是英国 Mackett（1990）开发的考虑人口增长和家庭结构变化的模型。SLEUTH 模型是 Silva 和 Clarke（2002）开发的一种利用元胞自动机原理模拟城市变迁的模型，它可以仿真非城市土地利用（农田、森林）转变成城市土地利用（城市居住、商业、工业用地）的过程。

国内关于土地利用与交通整合模型的开发研究起步较晚。其中，赵丽元（2011）利用元胞自动机模型构建土地利用仿真软件 LandSim 并与交通模型 FSUTMS 构成耦合模型。Su 等（2014）利用 Uplan 和 EMME 软件进行土地交通反馈模拟。张宇等（2012）在 Cube 软件的基础上进行二次开发，实现交通土地整合模型一体化的流程及反馈关系。Yu 等（2017）使用空间线性规划方法估计区域空间使用系数，并将其应用于土地利用与交通整合模型。

总体而言，国内对土地利用与交通整合模型的研究主要是利用现有模型进行耦合和模拟，集成式的模型研究相对较少。俞博和钟绍鹏（2014）利用非规则元胞自动机模型构建土地利用模型，并结合多出行方式的四阶段交通模型，在 ArcGIS Engine10 平台下开发了土地交通一体化的规划支持系统 SD-DynaCity。值得说明的是 SD-DynaCity 是一种集成模型，采用的是非规则元胞自动机模型，使其可以模拟实际的非规则地块活动（俞博，2015）。

此外，国内部分学者已开始利用土地利用与交通整合模型进行土地利用与交通规划方案和政策模拟，指导城市土地利用与交通协调发展。例如，Zhong 等（2015a，2015b）、Zhong 和 Bushell（2017a，2017b）利用 TRANUS 模型研究不同情景方案下江阴市的土地利用、交通及环境的未来发展状态，并给出了合理建议。

3.4 土地利用与交通一体化规划支持系统未来发展趋势

分析相关模型发展的历史脉络可知（图 3-1），基于空间作用/重力模型的土地交通整合模型缺乏坚实的理论基础，无法从科学的角度说明城市土地与交通演变的内在机理，因此该类模型主要的发展时期在1960~1980年。在引入经济理论后，研究人员尝试着开发基于市场经济原理的模型来全面地模拟城市运行。这类模型较前一类模型更加科学，但仍然是宏观的静态模型，无法模拟微观的个体出行行为和土地分配。同时，土地利用与交通之间的关系本身很复杂，仅仅以目前的经济理论还远不能实现整个城市系统的真实模拟。近年来，自下而上的微观模型发展迅速，这些精细化的模型能够动态地描述土地利用与交通系统中决策个体的微观行为。

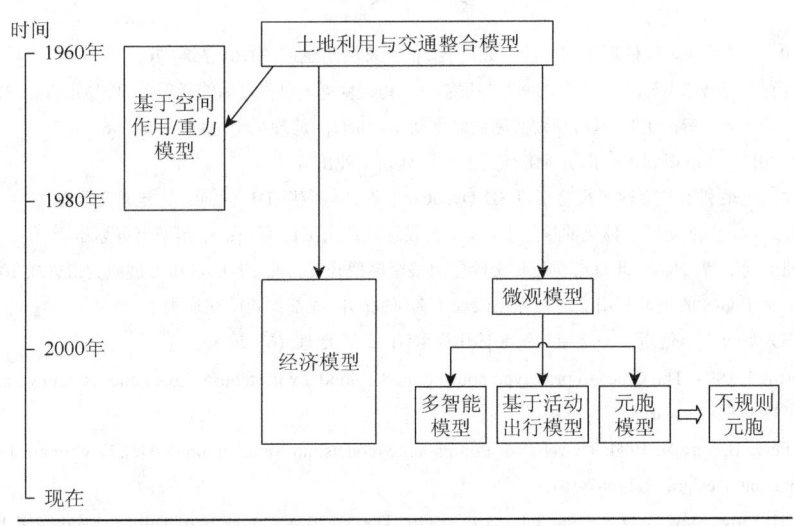

图 3-1　土地利用与交通整合模型发展脉络

资料来源：Iacono et al.，2008

通过对现阶段土地利用与交通整合模型的综合分析研究，未来土地利用与交通整合模型的研究趋势可能将主要集中在以下几个方面：

首先，宏观模拟与微观模拟结合的多尺度模型。宏观和微观模型分别从不同尺度对城市土地与城市交通两大系统进行分析和研究，自上而下的宏观模型更加注重从战略性方面对不同方案与政策进行模拟，而自下而上的微观模型主要从地块和个体尺度的角度出发。因此，将宏观模型生成的集计结果用于微观模型的分配之中,构建兼具系统角度与个体角度、宏观与微观特征的模型更加符合城市的一般发展规律和以人为本的城市规划思想。

其次,基于特定的演变规则构建模型。由于城市土地利用与交通系统互动关系和外界环境的复杂性,要构建能完全模拟城市运行的市场经济模型在现阶段是较为困难的。考虑到城市发展政策是对我国的规划编制和城市发展影响最大的因素,构建基于规则的模型,对不同的情景规划进行分析和预测是十分必要的。

参 考 文 献

郭垚, 陈雯. 2012. 区域规划评估理论与方法研究进展[J]. 地理科学进展, 31(6): 768-776.

刘伦, 龙瀛, 麦克·巴蒂. 2014. 城市模型的回顾与展望——访谈麦克·巴蒂之后的新思考[J]. 城市规划, 38(8): 63-70.

龙瀛, 韩昊英, 谷一桢, 等. 2011. 城市规划实施的时空动态评价[J]. 地理科学进展, 30(8): 967-977.

宋彦, 陈燕萍. 2012. 城市规划评估指引[M]. 北京: 中国建筑工业出版社.

俞博. 2015. 面向土地利用与交通多尺度模拟 SD-DynaCity: 设计与应用[D]. 大连: 大连理工大学.

俞博, 钟绍鹏. 2014. 土地交通一体化的规划支持系统: 设计及应用[C]. 海口: 中国城市规划年会.

张宇, 郑猛, 张晓东, 等. 2012. 北京市交通与土地使用整合模型开发与应用[J]. 城市发展研究, 19(2): 108-115.

赵丽元. 2011. 基于 GIS 的土地利用交通一体化微观仿真研究[D]. 成都: 西南交通大学.

赵童. 2000. 国外城市土地使用——交通系统一体化模型[J]. 经济地理, (6): 79-83.

Anas A, Arnott R J. 1994. The Chicago prototype housing market model with tenure choice and its policy applications[J]. Journal of Housing Research, 5(1): 23.

de la Barra T, Pérez B, Vera N. 1984. TRANUS-J: Putting large models into small computers[J]. Environment and Planning B: Planning and Design, 11(1): 87-101.

Echenique M H, Flowerdew A D J, Hunt J D, et al. 1990. The MEPLAN models of Bilbao, Leeds and Dortmund[J]. Transport Reviews, 10(4): 309-322.

Hunt J D, Abraham J E. 2003. Design and application of the PECAS land use modelling system[C]. Sendai: Paper Presented at the 8th Computers in Urban Planning and Urban Management.

Iacono M, Levinson D, El-Geneidy A. 2008. Models of transportation and land use change: A guide to the territory[J]. Journal of Planning Literature, 22(4): 323-340.

Landis J D. 1994. The California urban futures model: A new generation of metropolitan simulation models[J]. Environment and Planning B: Planning and Design, 21(4): 399-420.

Lowry I S. 1964. A model of metropolis[M]. Santa Monica: Rand Corporation.

Mackett R L. 1983. The Leeds integrated land-use transport model(LILT)[R]. Transport and Road Research Laboratory, Crowthorne, UK.

Mackett R L. 1990. Comparative analysis of modelling land-use transport interaction at the micro and macro levels[J]. Environment and Planning A, 22(4): 459-475.

Martinez F J. 1992. The bid-choice land-use model: An integrated economic framework[J]. Environment and Planning A, 24(6): 871-885.

Pfaffenbichler P, Emberger G, Shepherd S. 2010. A system dynamics approach to land use transport interaction modelling: The strategic model MARS and its application[J]. System Dynamics Review, 26(3): 262-282.

Putman S H. 2007. Integrated Urban Models: Policy Analysis of Transportation and Land Use[M]. London: Routledge.

Salvini P, Miller E J. 2005. ILUTE: An operational prototype of a comprehensive microsimulation model of urban systems[J]. Networks and Spatial Economics, 5(2): 217-234.

Silva E A, Clarke K C. 2002. Calibration of the SLEUTH urban growth model for Lisbon and Porto, Portugal[J]. Computers, Environment and Urban Systems, 26(6): 525-552.

Simmonds D C. 1999. The design of the DELTA land-use modelling package[J]. Environment and Planning B: Planning and Design, 26(5): 665-684.

Stevens D. 2005. Integration of an irregular cellular automata approach and geographic information systems for high-resolution modelling of urban growth[D]. Vancouver: Simon Fraser University.

Su H, Wu J H, Tan Y, et al. 2014. A land use and transportation integration method for land use allocation and transportation strategies in China[J]. Transportation Research Part A: Policy and Practice, 69: 329-353.

Waddell P, Borning A, Noth M, et al. 2003. Microsimulation of urban development and location choices: Design and implementation of UrbanSim[J]. Networks and Spatial Economics, 3(1): 43-67.

Wegener M. 1982. Modeling urban decline: A multilevel economic-demographic model for the Dortmund region[J]. International Regional Science Review, 7(2): 217-241.

Yu B, Zhong M, Hunt J, et al. 2017. A spatial linear programming method for estimating zonal space use coefficients and its application for intergrated land use transport modeling[C]. Washington: Presented in the Transportation Research Board 96th Annual Meeting.

Zhong S, Bushell M. 2017a. Built environment and potential job accessibility effects of road pricing: A spatial econometric perspective[J]. Journal of Transport Geography, 60: 98-109.

Zhong S, Bushell M. 2017b. Impact of the built environment on the vehicle emission effects of road pricing policies: A simulation case study [J]. Transportation Research Part A: Policy and Practice, 103: 235-249.

Zhong S, Wang S, Jiang Y, et al. 2015a. Distinguishing the land use effects of road pricing based on the urban form attributes[J]. Transportation Research Part A: Policy and Practice, 74: 44-58.

Zhong S, Wang S, Jiang Y, et al. 2015b. Combined effects of road pricing and rail transit on land use, Transportation Systems, and Vehicle Emissions[C]. Dalian：Paper Presented in the Fifth International Conference on Transportation Engineering.

第4章 土地利用与交通整合模型——TRANUS

目前，国内在土地利用与交通整合模型方面的探索刚刚开始，北京市、深圳市和南京市等城市的规划部门正在尝试引入国外一些成熟的城市空间模型（如UrbanSim 模型、TRANUS 模型）。TRANUS 模型相比于其他土地利用与交通整合模型/软件在功能全面性、理论基础和建模技术上有一定的优势，也是应用范围最广的整合软件之一。本章首先介绍 TRANUS 模型在国际上的应用情况。其次，基于我国江阴市的实际项目介绍 TRANUS 模型所需数据和基本使用方法。

4.1 TRANUS 模型在国际上的应用

TRANUS 模型是一个典型的土地利用与交通整合模型（de la Barra et al., 1984）。TRANUS 模型系统既可以作为土地利用和交通项目及政策的整合模型，又可以单独使用其中的交通模型，特别是对短期交通项目影响评估。TRANUS 模型可以模拟各种活动在空间中的位置、土地利用、房地产市场及交通系统。它适用于城市或区域尺度范围，包括城市、区域、州、省、国家甚至由许多国家组成的大区域。它可以模拟城市或区域中不同类型的项目和政策所产生的影响，并从经济、财政和环境的角度评价这些不同影响。TRANUS 模型可以评估不同的交通项目和政策对活动的地点和土地利用产生的影响（Zhong et al., 2015），同样也可以评估不同城市政策或住宅计划对交通系统产生的影响。需要强调的是 TRANUS 模型系统既可以模拟人的活动也可以描述物的活动，以及公交和小汽车，也可以模拟同一交通网络中不同类型车辆彼此竞争道路空间。目前，TRANUS 模型已经在全球许多国家和地区的土地利用和交通项目中得到了应用（de la Barra, 1989; Bandeira et al., 2011; 宋彦等, 2014;

Zhong et al., 2015；Yuan et al., 2017；Zhong and Bushell, 2017a, 2017b), 表 4-1 介绍了 TRANUS 模型在部分城市中的应用实例。

表 4-1 TRANUS 模型在各城市中的具体应用实例

城市名称	项目名称	研究目的
江阴市（中国）	江阴市土地利用与交通整合规划（2014~2020 年）	分析最新制定的城市总体规划对区域未来产生的影响；模拟不同的土地利用和交通政策对区域土地利用、交通和环境产生的影响
厦门市（中国）	紧凑发展对高密度城市空气质量的影响（2010~2020 年）	模拟分析不同城市发展模式（紧凑发展模式和趋势发展模式）对高密度城市空气质量产生的影响
夏洛特（美国）	先进的区域空间发展、出行行为与尾气排放预测模型系统（2007~2010 年）	模拟土地利用、交通设施、经济活动、出行行为及车辆替代技术的变化对未来城市环境（尾气排放）的影响；确定区域发展类型是否对汽车尾气空间特性和排放量有重要的影响
墨西哥城（墨西哥）	公共交通走廊 Eje8（2003~2004 年）	通过大量的实地调研，分析并确定 Eje8 交通走廊的现状问题；评估各备选方案，选择交通走廊中的最佳公交专线的布局；根据多个票价和运营备选方案，估计交通走廊上的期望交通需求；交通走廊的经济和财务评价和基于尾气排放的环境评估
巴塞罗那—拉克鲁斯港（委内瑞拉）	巴塞罗那—拉克鲁斯港总体交通规划（2002~2003 年）	建立社会经济和交通数据库；分析研究区域，确定道路、交通和城市发展存在的问题；制定道路、交通短期项目，包括基础设计和详细的工程设计；中期（5 年）和长期（10 年）交通设施规划，包括基础设计和成本估计
斯温顿（英国）	土地利用与交通整合模型——城市政策的能源和环境评估（1998 年）	开发土地利用与交通整合模型，从能源使用和环境的角度评估城市各项政策；以斯温顿为例说明该模型的作用，探究城市可持续发展政策；基于能源使用和废气的排放估计各项政策对于活动、建筑、土地利用和交通的影响和作用
巴尔的摩市（美国）	巴尔的摩市土地利用与交通整合模型（1998 年）	建立交通系统、活动地点和房地产市场的详细模型；预测城市未来的交通和土地利用的发展情况

4.2 项目基础数据的准备

作为土地利用与交通整合模型，TRANUS 模型需要大量的数据支撑。一般来说这些数据包括区域经济、人口、交通系统数据。此外，还包括描述商品和服务需求（包括劳动力和土地）及交通服务需求的行为参数（Zhong and Bushell，2017b）。

1）区域经济和人口数据：区域投入-产出数据、现状和预测年各小区的人口和工作数。

2）土地利用数据：现状土地使用情况（工业用地、商业用地、住宅等）。

3）交通系统由需求和供给两方面组成，为此，TRANUS 模型将交通系统供给分为两类：道路物理供给和运营商供给。交通系统的物理供给由交通网络（路段和节点）组成。运营商供给使用道路物理供给提供的各种设施为用户提供交通服务。TRANUS 模型可以模拟的运营商包括单用户车辆、高占有率车辆、快速公交（bus rapid transit，BRT）、常规公交、小型公交、乡村公交、地铁、轨道交通、停车换乘设施（park & ride，P & R）、自行车和步行等。表 4-2 给出了按照道路物理供给和运营商供给划分的交通系统供给端所需数据。除交通供给端数据以外，还需要现状年的交通数据，包括道路网络上各路段的交通流量、各主要交通方式的分担率。

4）行为参数数据：不同用户（时间价值高低划分）需要的单位住宅用地量、不同经济部门需要的用地量、外生交通量数据。

表 4-2 交通系统供给端所需数据

项目	所需数据
道路物理供给	所有交通方式的交通网络数据和道路信息数据：包括类型、通行能力、各运营商的自由流速度、长度、各运营商的可能收费、与距离有关各运营商的运行成本、道路管理者收费、固定和边际运营费；停车换乘设施
运营商供给	运营商数据包括：运营时间、票价（对公交而言）、运营成本、平均等待时间、容量、平均占有率、各线路信息（对公交而言）

4.3　TRANUS 模型的基本操作

4.3.1　TRANUS 模型的结构

一般而言，模型开发的第一个步骤是模型设计，即定义模型的主要组成部分，包括模型的研究区域，确定各组成部分之间的关系等。首先，定义土地利用模型中的主要部门和各部门之间的关系。其次，给出建筑类型和土地市场的结构。最后，定义交通系统的主要组成部分，包括需求分类、出行方式、路段类别和其他组成部分。

4.3.1.1 定义项目

打开项目数据库有两种方法：一种方法为启动 TRANUS 模型用户交互界面点选 File→Open，另一种方法为使用 Windows Explorer 找到 xxx.tuz 并双击它（xxx 代表项目的名称，本例中项目名称为 Jiangyin）。一旦数据库打开后，将会出现类似于图 4-1 所示的窗口。关于交互界面的详细介绍请参阅相应的 TRANUS 模型手册。在窗口的最上部可以看到许多菜单、按钮和颜色调色板。右侧的大窗口是网络视图，左侧为方案树。

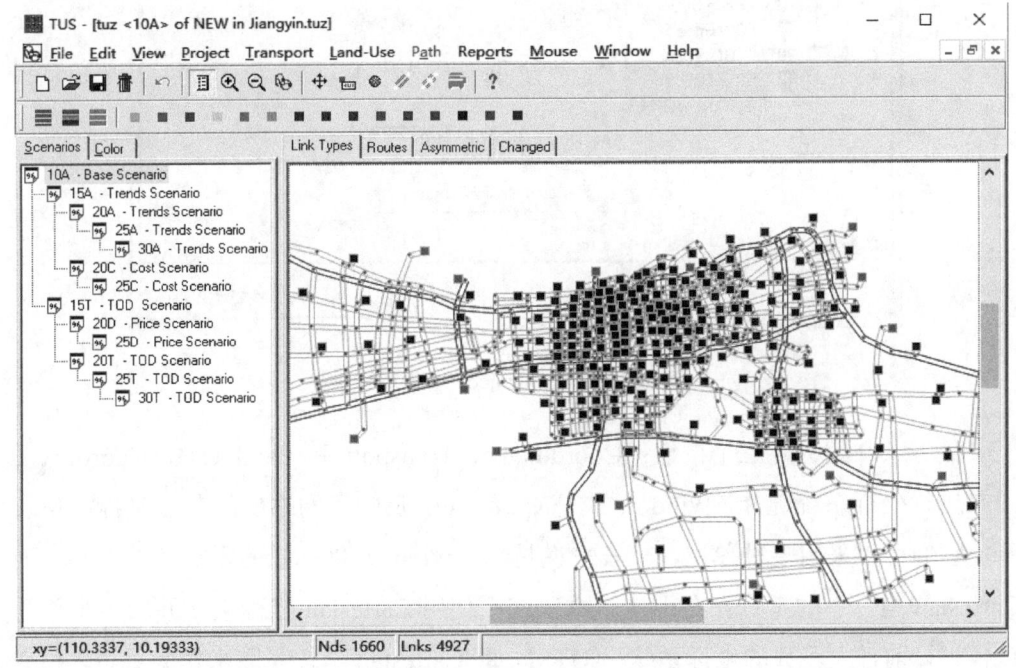

图 4-1 TRANUS 模型交互界面主窗口

需要说明的是，当该项目开启时我们得到的是特定的网络视图，不同的区域分配不同的颜色，并具有其他的一些预先设定因素。因为 Jiangyin.tuz 文件由另一个较小的文件 Jiangyin.ini 与之对应并决定它的特性。

菜单 Project→Options 显示了一个项目的一般特性，如图 4-2 所示。需要给项目一个具有三个字符码的名字，本例中为 NEW。这个名字非常重要，它决定了数据库中所有文件的名字。

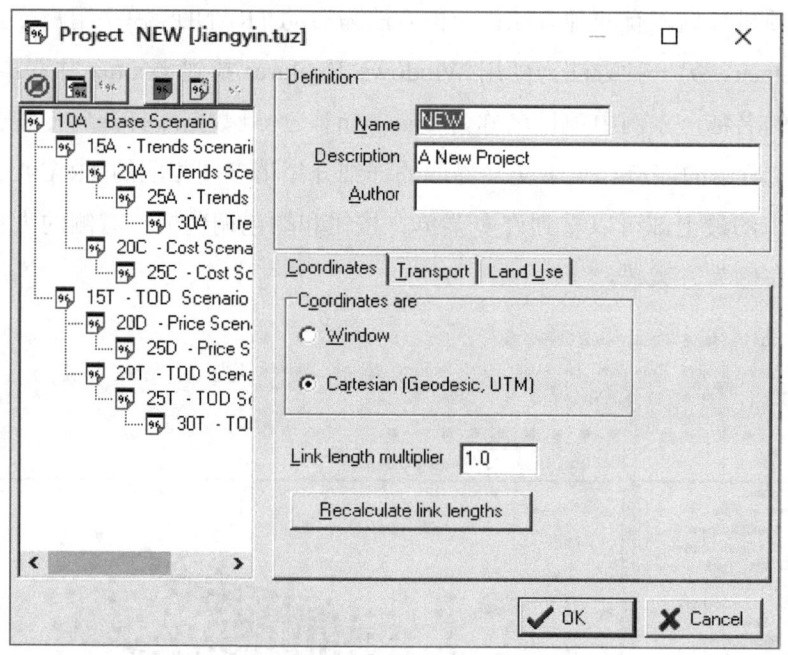

图 4-2　菜单 Project→Options

接下来介绍另外三个按钮：Coordinates、Transport 和 Land Use。Coordinates 用来进行坐标系统选择，Window 或是 Cartesian，反映了网络中的节点坐标如何表示。它们可以采用多种单位，一般来说是米。Window 坐标系的零点在左上角，而 Cartesian 坐标系的零点在左下角。本研究中使用 Cartesian 坐标系，并取千米作为单位。目前，大多数的坐标系统为 UTM，即 Cartesian 坐标系取米作为单位。Link length multiplier 的作用是根据坐标系中的相应节点，计算交通网络中的路段长度

(假设为直线)。可以看出,路段长度单位为千米,因为坐标系中取千米为单位,转换因子设置为 1。按钮 Recalculate link lengths 触发时,网络中所有路段的长度将被重新计算。另外两个按钮 Transport 和 Land Use 将在 4.3.2.1 节作介绍。

4.3.1.2 土地利用模型的定义

（1）研究区域划分

首先需要确定研究区域的范围并进行分区。在 TRANUS 模型中,小区不依赖于方案。所有方案的小区数量必须相同,如果增加或删除一个方案中的小区,TRANUS 模型会自动修正其他方案中的小区数。在 TRANUS 模型交互界面中,由菜单 Project→Zones 可以得到小区列表,如图 4-3 所示。内部小区分配一个黑色的方框,外部小区分配一个红色的方框。双击列表中的任意一个小区可以得到每个小区相应的数据。

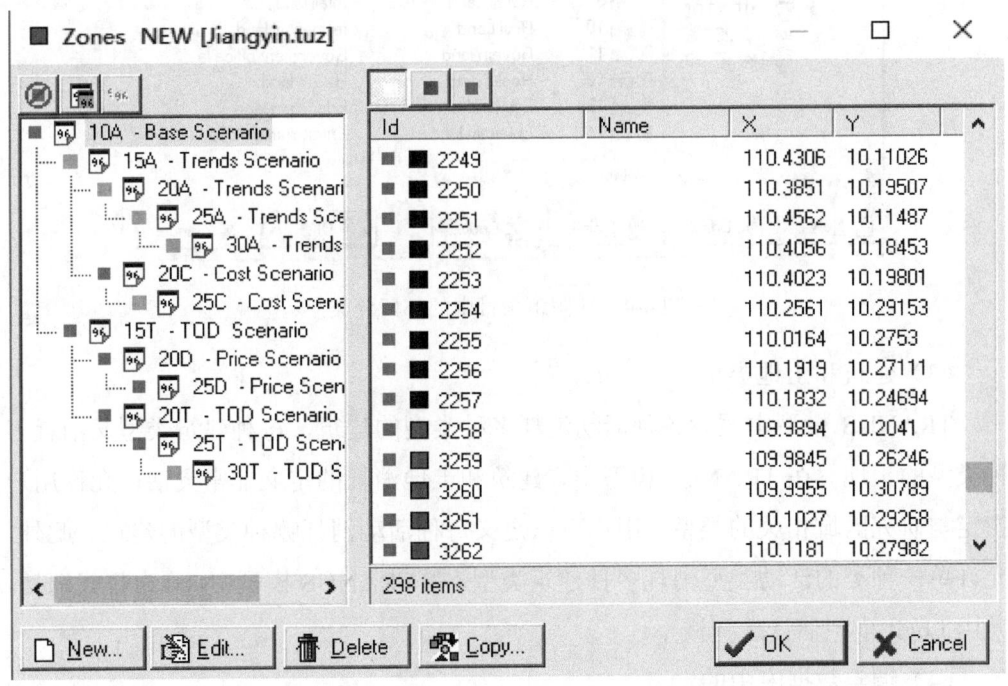

图 4-3　菜单 Project→Zones 所示小区列表

（2）各种活动

江阴市的城市经济分为两种部门：工作部门和家庭部门。工作部门又分为外生活动和诱增活动两种类型。假设外生活动依赖于外部元素，而诱增活动全部是由研究区域内的其他活动产生。在 TRANUS 模型中，所有部门既有外生活动的生产又有诱增活动的生产。本研究中的部门列表如图 4-4 所示。

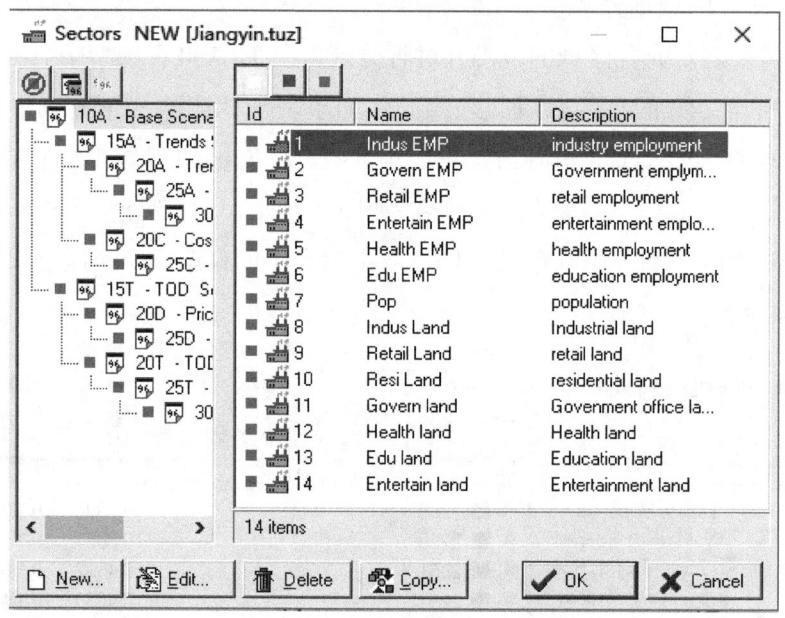

图 4-4　江阴市项目中的部门分类

（3）建筑和土地类型

TRANUS 模型中假设各种活动消耗多种类型的建筑，每种建筑类型又消耗多种类型的土地。在 TRANUS 模型中，建筑和土地消耗的定义非常灵活，允许用户指定与研究区域相关的类型。用户可以定义每种活动消耗哪种类型的建筑。此外，允许单一种类的活动类型消耗多种建筑类型，在 TRANUS 模型中，称为替代消耗，并由 Logit 模型估计选择概率。

（4）调整数据库中的定义

由 Land Use→Sectors 可以得到如图 4-4 所示的部门列表。双击列表中的任意一个部门（或 Ctrl + E）可以打开相应的部门数据窗口，包括编码名称（code name）、描述（description）和弹性（elasticity）等。存在三种类型的部门：外生、诱增可转移和诱增非转移。

外生部门是指所有产品不会被其他部门消耗，其弹性值为零，因为没有部门消耗它，不需运输任何商品，即不产生交通流量。诱增可转移部门具有大于零的弹性值。诱增非转移部门不能移动，虽然这些部门由其他部门消耗，但是其弹性值也为零，不产生交通流量。

4.3.1.3 土地利用与交通交互界面

在土地利用模型中定义了外生活动和诱增活动。假设没有其他的活动消耗外生活动，因此，模型不产生交通流量。交通流量反映了消耗和生产活动之间的函数关系。在城市当中，交通流量通常表示由其他活动产生的某一种活动的数量（工作或住宅）。例如，外生部门中的一个工作会消耗一定数量的某一种类住宅。

建筑物和土地部门是不可移动的。在投入-产出术语中表示这些部门必须在其产生地被消耗。根据图 4-4 中的部门定义，下面的部门由其他部门消耗，因此，这些部门产生交通流量：Retail EMP，Entertain EMP，Health EMP，Edu EMP，Pop，Indus Land，Retail Land，Resi Land，Govern land，Edu land，Entertain land。

这些交通流量作为土地利用模型的输出结果以起讫点（origin-destination，O-D）矩阵的形式给出。交通模型使用这些 O-D 矩阵产生实际的不同类型或交通类别（transport categories）的出行。一般来说，土地利用模型中的每一个交通流都会产生一种交通类别。例如，住宅由所有类型的工作部门消耗。因此，每一个住宅类别的工作交通流都会产生一个 O-D 矩阵，并由交通模型转化、生成工作出行。

TRANUS 模型中可以采用多种方法将社会经济流转化为交通类别。不同的社会经济流可以按照不同的比例合并成单一的交通类别，或是将一种社会经济流划分为几个交通类别。在江阴市项目中包含两种交通类别，分别为工作出行和服务出行，如图 4-5 所示。

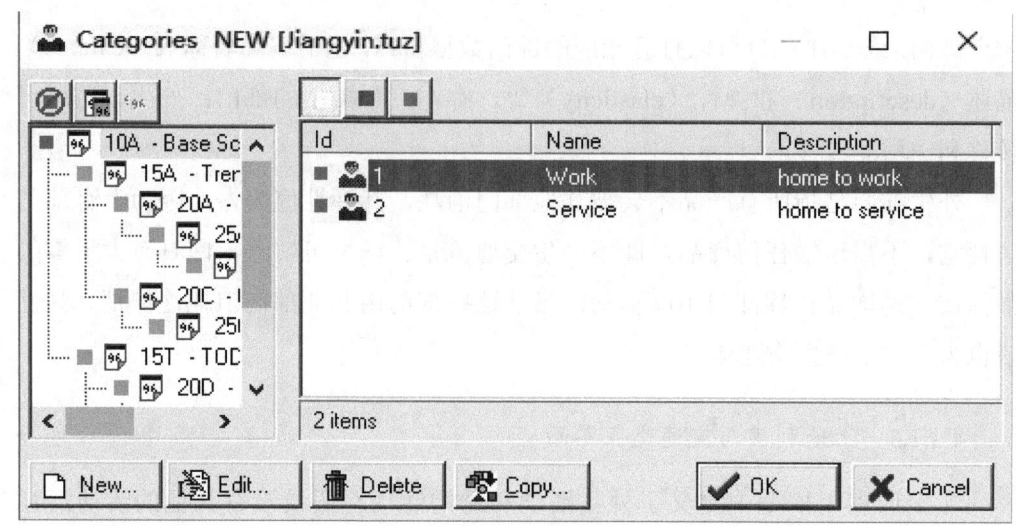

图 4-5 江阴市项目中的交通类别

将社会经济流转化为交通类别后,在土地利用与交通交互过程中还需要进行其他的转化。其中最重要的是时间单位的转化。在土地利用模型中,基本时间单位是月,如建筑和土地的租金等。而对交通模型来说,一般取天作为基本时间单位。这两个时间单位之间的关系可以由 Time Factor 命令调整,接下来做详细的介绍。

在 TRANUS 模型中,点击 Land Use→Inter-Sectors→Categories,如图 4-6 所示。需要说明的是,在定义这些关系之前,首先需要定义经济部门和交通类别。对每一个土地利用交通关系,需要额外指定一些参数,这些参数包括以下几种。

类别(Type):在模型中存在两种类型的交通流:0 表示正常,1 表示通勤(详细的信息请参阅 TRANUS 模型手册)。

时间因子(Time Factor):定义土地利用模型和交通模型之间时间尺度的关系。本研究中土地利用模型和交通模型中分别取月和日作为时间单位。一个月中有 31 天,考虑服务行业每周休息一天,因此取时间因子为 27。

流量因子(Volume Factor):这个因子主要用来描述货物流。

生产/消费流(Flow to Production/Consumer):由于土地利用模型中无方向流,

我们需要通过 Flow to Production/Consumer 设定生产地到消费地及消费地到生产地之间的经济流的比例。

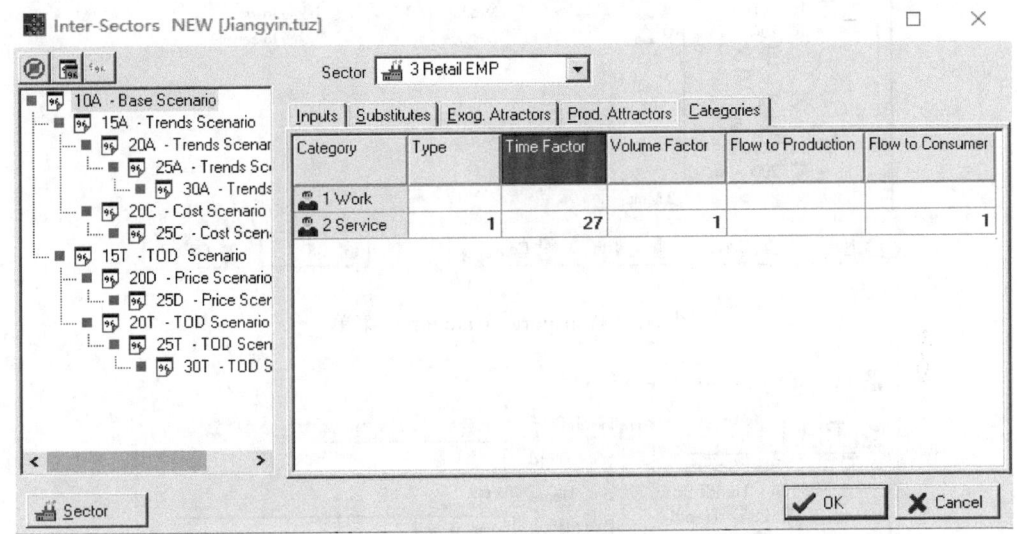

图 4-6　经济部门产生的交通类别

4.3.1.4　定义交通模型

定义交通模型包括两个主要方面：需求和供给。供给又可以划分为物理供给和运营供给两大类。物理供给包括道路、铁路、地铁、轻轨、站点等。运营供给由一系列提供特定交通服务的实体组成，包括公交公司、地铁运营商、P&R 等。此外，行人和小汽车也被看作是运营供给的一部分。

（1）需求分类

在前一节中我们介绍过需求分类。交通类别由 Transport→Categories 窗口定义，如图 4-7 所示。双击列表中的任意类别可以得到相应的数据，如图 4-8 所示。

（2）物理供给

交通系统的物理供给由路段和节点组成的交通网络构成。运营供给使用这些物理供给为用户提供交通服务。在 TRANUS 模型中，小区作为一类特殊的节点（出行的 O-D）被称为质心。

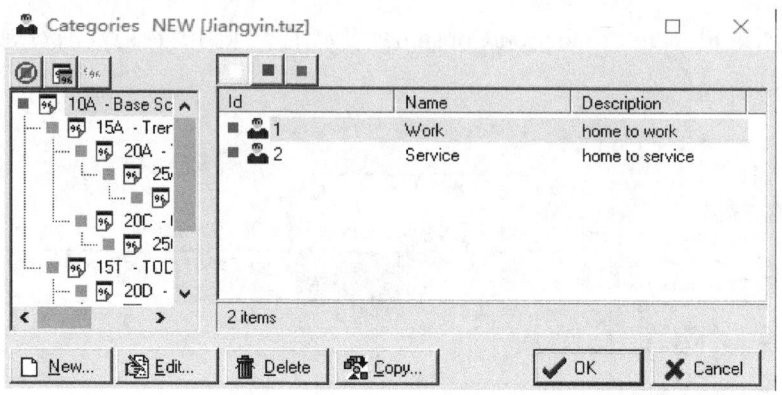

图 4-7　Transport→Categories 菜单

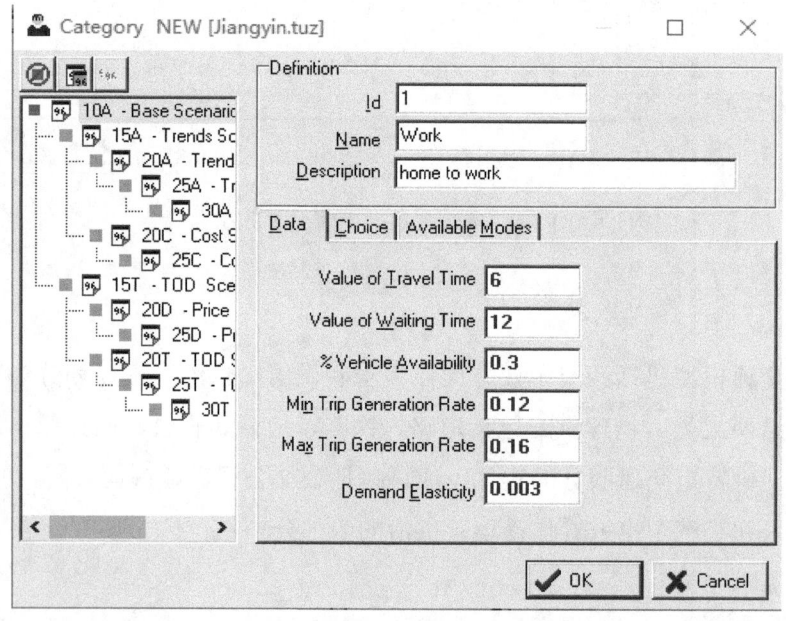

图 4-8　Transport→Categories 菜单→类别 1 Work

网络中的每一条路段具有一系列的属性，包括距离、通行能力、各运营商的自由流速度、距离相关的运营费、拥挤收费和其他收费等。TRANUS 模型的交通模型中使用路段类型（Link Type）的概念以简化每条路段属性的输入过程。对某些路段共同的属性可以仅输入一次。

由 Transport→Link Types 窗口可以得到路段类型窗口，如图 4-9 所示。双击列表中的任意一种路段类型可以得到相应的数据，如图 4-10 所示。每种路段类型必须有一个管理者（administrator）与之对应。管理者是管理道路网络的一种实体。管理者支付道路设施的维护费用，并向用户征收设施的使用费，这些费用包括拥挤费、机场费、停车费等。由 Transport→Administrators 窗口可以得到管理者列表，如图 4-11 所示。本研究中仅有单一的管理者——政府。

（3）运营供给

TRANUS 模型中的运营供给分为三个等级：出行模式、运营商和路径。多条路径可能归属于同一个运营商，多个运营商可能形成一种出行模式。不同的交通需求种类可以使用一个或多个出行模式，由用户指定。

TRANUS 模型允许典型的小汽车-公交车组合出行方式，在本研究中还测试了单一交通模式——步行。在现实生活中，出行者可以自由地组合出行方式。例如，用户可以步行到公交车站，然后乘坐公交车到地铁站，再乘坐地铁，最后步行到目的地。这个方式允许小汽车-公交车组合出行方式，用户可以驾驶小汽车到 P&R，

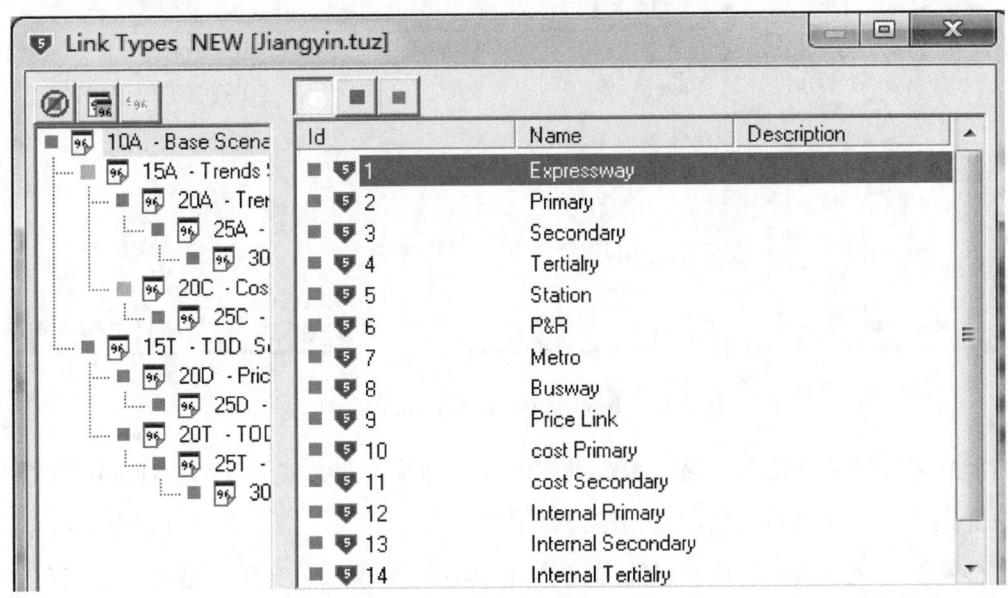

图 4-9　Transport→Link Types 菜单

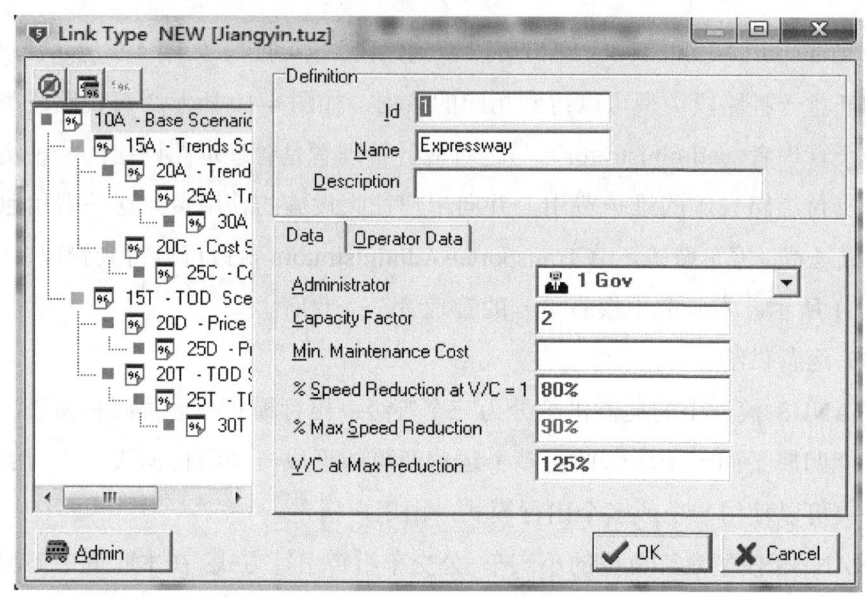

图 4-10　Transport→Link Types 菜单→Expressway

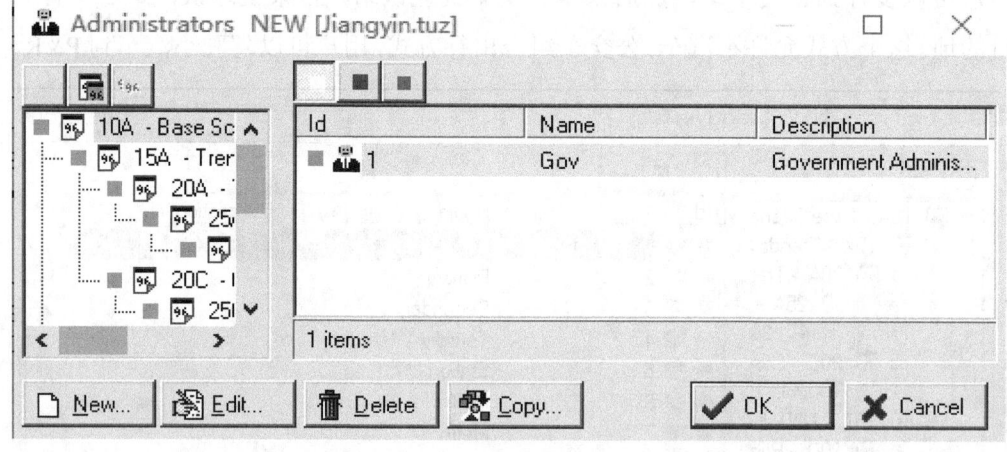

图 4-11　Transport→Administrators 窗口

随后乘坐地铁或公交车，最后步行到目的地。理论上，方式划分和交通分配可以整合完成。需要说明的是，有些组合是被禁止的。例如，禁止用户直接由小汽车出行换乘公交车出行。用户仅能通过 P&R 由小汽车换乘公交车。这表示小汽车-公交车组合模式仅在 P&R 存在的地方才可行。

TRANUS 模型中存在四种运营商类型：正常、公交、具有固定线路的公交、非机动车。正常类型是指运营商可以自由地在网络中运行，如小汽车或卡车。公交类型也允许运营商自由地在网络中运行，但是需要收取费用，且具有等待时间，如出租车。具有固定线路的公交类型是指运营商使用特定的公交线路，如轻轨或地铁。在江阴市中，定义如表 4-3 的运营商。

表 4-3 交通系统中运营商类别

运营商	类型
小汽车	正常
自行车	非机动车
步行	非机动车
公交车	具有固定线路的公交
P&R	正常
地铁	具有固定线路的公交
BRT	具有固定线路的公交

本研究中定义了三种类型的公交：常规公交、BRT 和地铁。这样的分类是十分有必要的，因为这两种出行方式为用户提供不同的服务，具有不同的行驶速度、票价等。本研究中仅研究单一的非机动车出行方式——步行。图 4-12 给出了本研究中不同运营方式之间允许或禁止的组合情况。其中，INF 表示不允许两方式之间组合，0 表示两方式之间的换乘费用为零。

	1 Walk	2 Bike	3 Bus	4 Car	5 Metro	6 Brt	7 P&R
1 Walk	0	INF	1	INF	3	1	0
2 Bike	INF	0	INF	INF	3	1	0
3 Bus	0	INF	0	INF	3	1	0
4 Car	INF	INF	INF	0	INF	INF	1
5 Metro	0	0	1	INF	0	1	0
6 Brt	0	0	1	INF	3	0	0
7 P&R	0	0	1	0	3	1	0

图 4-12 不同运营（出行）方式之间的组合情况

最后，需要对每一个运营方式组合和路段类型定义自由流速度。对同一个路段类型，公交车比小汽车行驶速度低。通过定义其行驶速度为零，禁止某些运营方式在某些类型的路段上运行。例如，小汽车不能在地铁线路上运行。

通过 Transport→Modes 菜单定义出行模式，本研究中仅考虑旅客出行模式。

由 Transport→Operators 菜单定义和修改运营商，如图 4-13 所示。每一个图标对应每一种运营商：红色的小车表示正常，蓝色的公交车表示公交（包括有/无固定运行线路），步行的行人表示非机动车。双击列表中的任意一个运营商，可以看到相应的基本参数，如图 4-14 所示。给每一个运营商一个名字和描述，并分配一种出行模式（本研究中为旅客出行）和类型。本例中给出的小汽车出行，占有率设为 1.5，表示平均每辆车上乘坐 1.5 人。时间因子表示某一运营商的营运小时数。固定等待时间（fixed waiting time）采用十进制的小时数表示，本例中为 0 小时，表示小汽车无需等待时间。

Transport→Transfer 菜单用来指定不同运营方式之间的组合情况及可行的整体票价，如图 4-12 所示。前面已经说明，INF 表示禁止两种方式之间组合，如由运营商 2 Bike 到运营商 1 Walk。0 表示在两个出行方式之间的换乘费用为零，如由运营商 3 Bus 到运营商 1 Walk，说明当用户下了公交车步行时不需要支付任何费用。无论用户是由步行还是从其他公交车登上另一辆公交车，必须支付 1 元，BRT 为 1 元，地铁则为 3 元。

4.3.1.5 土地利用数据

定义完土地利用模型和交通模型后，接下来需要给定生产数据和部门之间的需求函数。

（1）生产数据

需要对每一个部门和小区指定土地利用生产数据，通过 Land Use→Economic Data 菜单完成，如图 4-15 所示。根据不同部门的自然属性，需要采用不同的方式输入数据，如图 4-15～图 4-17 所示，讨论了 3 种不同的情况。

第 4 章 土地利用与交通整合模型——TRANUS

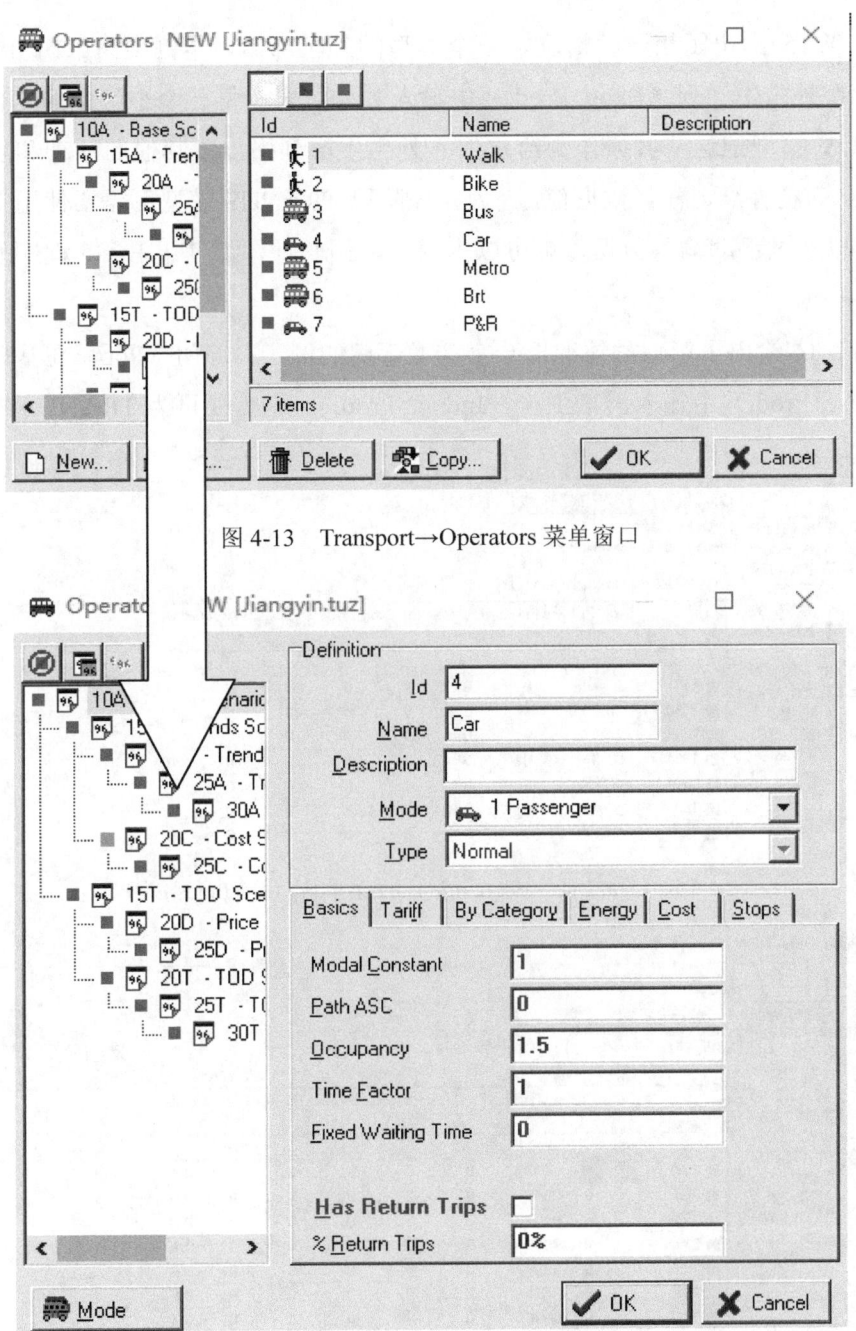

图 4-13 Transport→Operators 菜单窗口

图 4-14 Transport→Operators 菜单窗口→Car

图 4-15 给出了第一种情况，一个典型的外生部门，本例中为部门 1 Indus EMP。在外生生产列（Exog. Prod.）中输入数据，表示每一个小区中的工作数。TRANUS 模型把这些数据作为给定值。外生生产列引出了其他的活动和土地。Atractor 列没有给定任何数据值，因为在该阶段 TRANUS 模型不需要使用该数据值。可以通过手动输入数据，也可以由其他应用软件，如使用 Excel 程序复制粘贴这些数据。

图 4-16 给出了第二种情况，一个诱增部门的例子：部门 7 Pop。在基础生产列（Base Prod.）中输入诱增生产（Induc. Prod.）。不需要再为 TRANUS 模型输

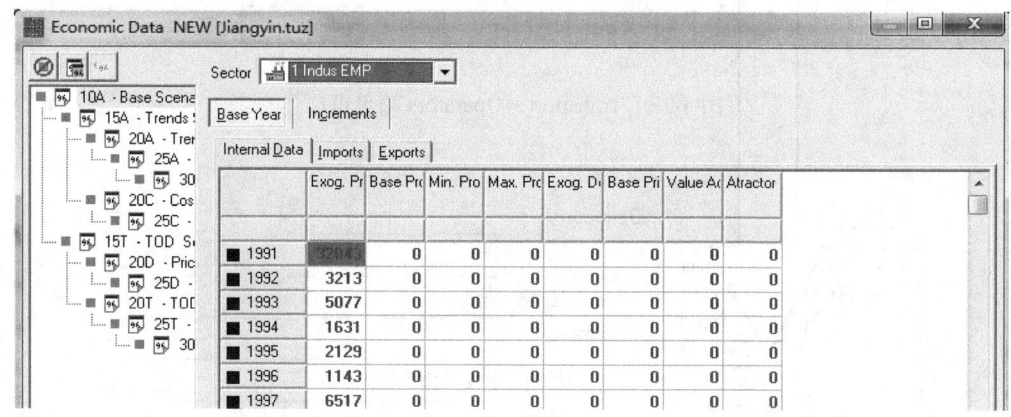

图 4-15　Land Use→Economic Data 菜单窗口→1 Indus EMP

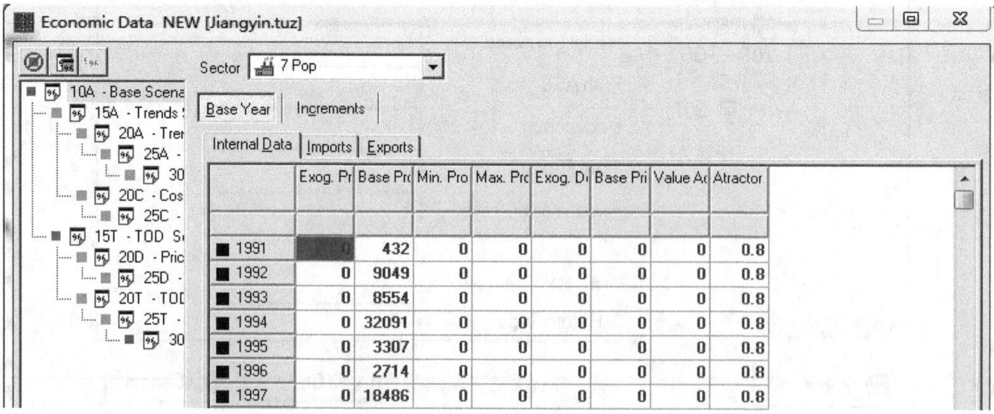

图 4-16　Land Use→Economic Data 菜单窗口→7 Pop

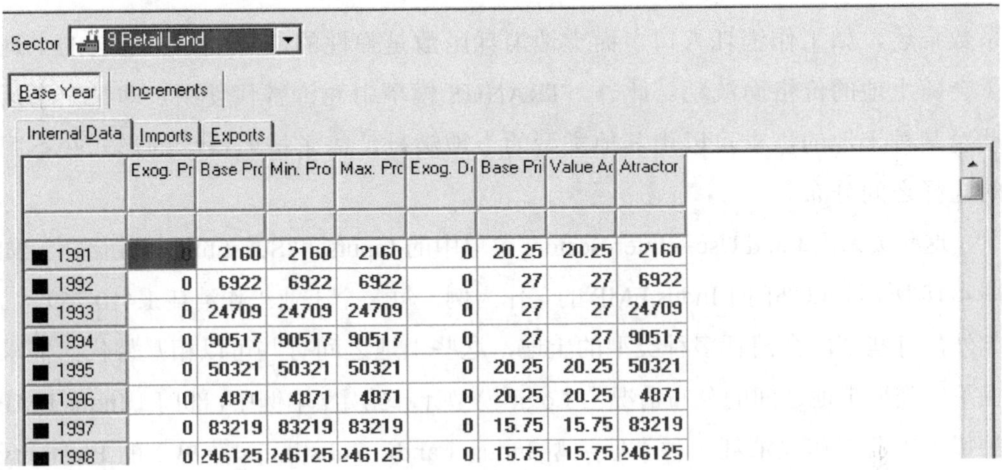

	Exog. Pr	Base Pro	Min. Pro	Max. Pro	Exog. D	Base Pri	Value Ac	Atractor
1991	0	2160	2160	2160	0	20.25	20.25	2160
1992	0	6922	6922	6922	0	27	27	6922
1993	0	24709	24709	24709	0	27	27	24709
1994	0	90517	90517	90517	0	27	27	90517
1995	0	50321	50321	50321	0	20.25	20.25	50321
1996	0	4871	4871	4871	0	20.25	20.25	4871
1997	0	83219	83219	83219	0	15.75	15.75	83219
1998	0	246125	246125	246125	0	15.75	15.75	246125

图 4-17　Land Use→Economic Data 菜单窗口→9 Retail Land

入该数据，因为 TRANUS 模型必须重新生成该信息。TRANUS 模型会以这个数据作为目标，尽可能地接近这个预先设定的合理值。在本例中，如果小区中存在生产，Atractor 列中的数值设置为 0.8；否则设置为 0。模型使用 Atractor 列来模拟诱增生产。

图 4-17 给出了第三种情况，部门 9 Retail Land。这个部门也是一个诱增部门。因此，生产必须输入到基础生产列中。与人口的例子一样，模型以这个数据作为目标，尽可能地接近这个值。将数据复制到 Atractor 列，使模型达到一个较好的模拟结果。同样，将这个数据复制到最小生产列（Min. Prod.）和最大生产列（Max. Prod.）中。在基础年，模型不会使用这个信息，而是将这个信息传递到下一个周期，作为下一个周期的约束。在 Base Price 和 Value Added 两列中均指定土地的价格。模型会给出一个由 Value Added 列数值开始的土地价格。严格来说，这些值非零。

（2）部门之间的需求函数

外生生产（Exog. Prod.）将会消耗诱增生产。在本例中工业（Indus EMP）的工作会消耗人口，人口又消耗零售商品、教育和其他诱增工作，所有这些部门又消耗不同类型的土地。这些关系中有些是非弹性的，即采用一个固定值或系数描述，如工作消耗人口。而土地消耗函数是弹性的，每个部门消耗的土地量会随土地的价格而波动。此外，TRANUS 模型中允许替代使用，即某一个活动对某种土地的需求可以由其他类型的土地满足，需求按照概率的形式在不同的选择之间分布。

这些关系由 Land Use→Inter-Sectors 菜单中的 Inputs 和 Substitutes 按钮给出，如图 4-18 所示。以部门 1 Indus EMP 的工作为例，每一个工业工作消耗 1.410 769 人。此外，有些部门会消耗多种类型的土地，这些土地之间有些可以相互替代，需求在不同类型土地之间的分布情况由 Logit 模型计算给定。本例中，部门 1 Indus EMP 的每个工业工作仅消耗一种土地类型 Indus Land。Substitutes 菜单下的 Elasticity（惩罚值）可以是任意正数，它们的累加值不需要等于 1。

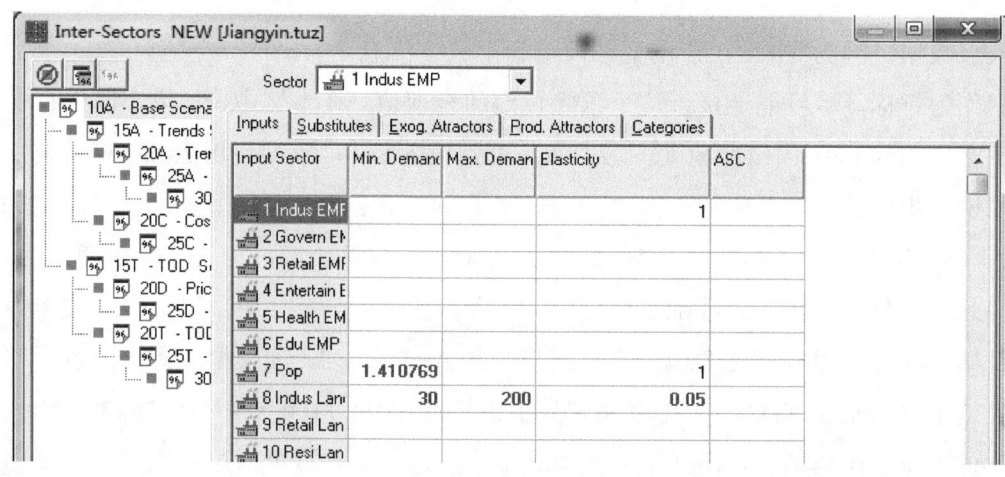

图 4-18　Land Use→Inter-Sectors 窗口菜单

4.3.1.6　交通数据

交通网络由节点和有向路段组成。节点由 Transport→Nodes 菜单定义，如图 4-19 所示。每一个节点具有一个 Id、Name、描述和 X、Y 坐标。如 4.3.1.1 节所述，本研究中使用 Cartesian 坐标系，并取千米作为单位。与小区类似，节点也不依赖于方案。如果移动或删除一个节点，它将对所有方案有效。没有被路段使用的节点称为未使用节点。在节点列表中如果一个节点被使用，则用绿色的方框表示；如果一个节点未被使用，则用灰色的圆点表示。可以手动将节点数据输入到数据库。实际应用中，节点列表可能相当庞大，节点数量可能多达成千上万个。这些数据也可以由 GIS 数据库自动得到。通过 Project→Import Network 命令，提供了一个简便的方法导入具有坐标的节点列表。

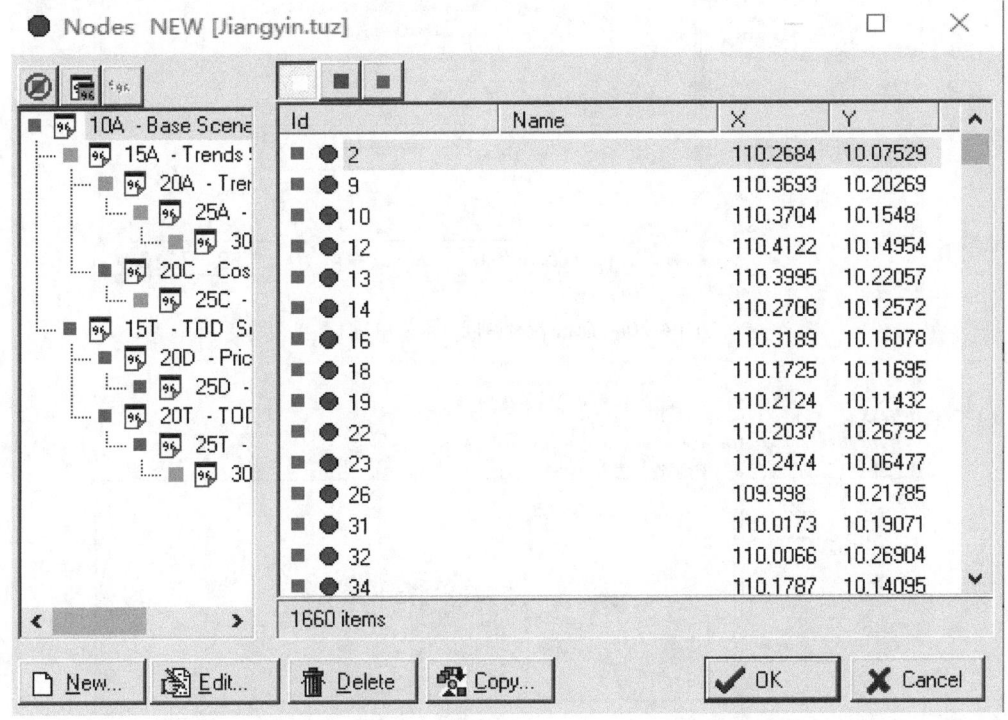

图 4-19　Transport→Nodes 菜单窗口

节点由路段连接。路段列表由 Transport→Links 菜单显示，如图 4-20 所示。双击列表中的任意一条路段可以显示路段的属性。本例中路段类型为"2 Primary"路段长度为 1.61 千米，通行能力为 3600 标准车/小时。

图 4-21 中的网络视图显示了所有的路段，且不同类型的路段具有不同的颜色。为得到这样的视图，需要确定 Link Types 按钮处于被选中的状态。每条路段的粗细与该路段的通行能力成正比，该尺度可以由 View→Options 菜单调整。

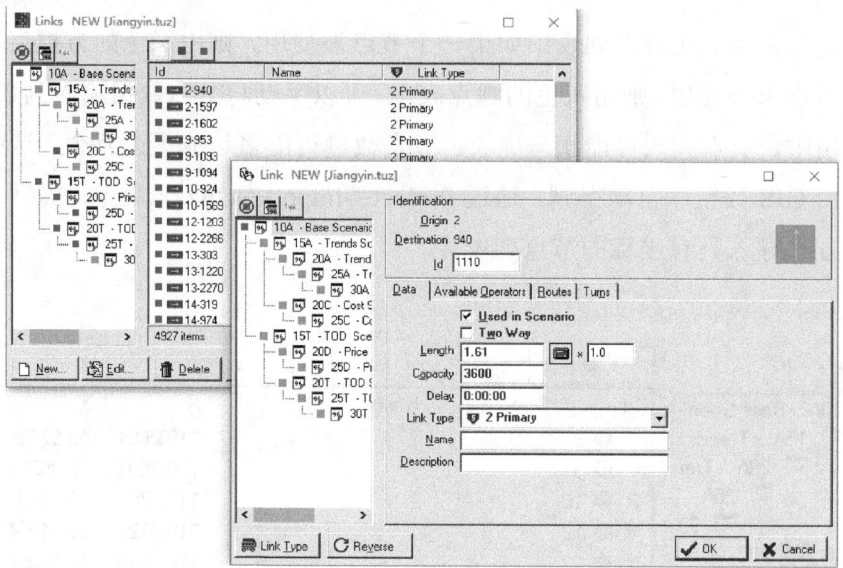

图 4-20　Transport→Links 菜单窗口

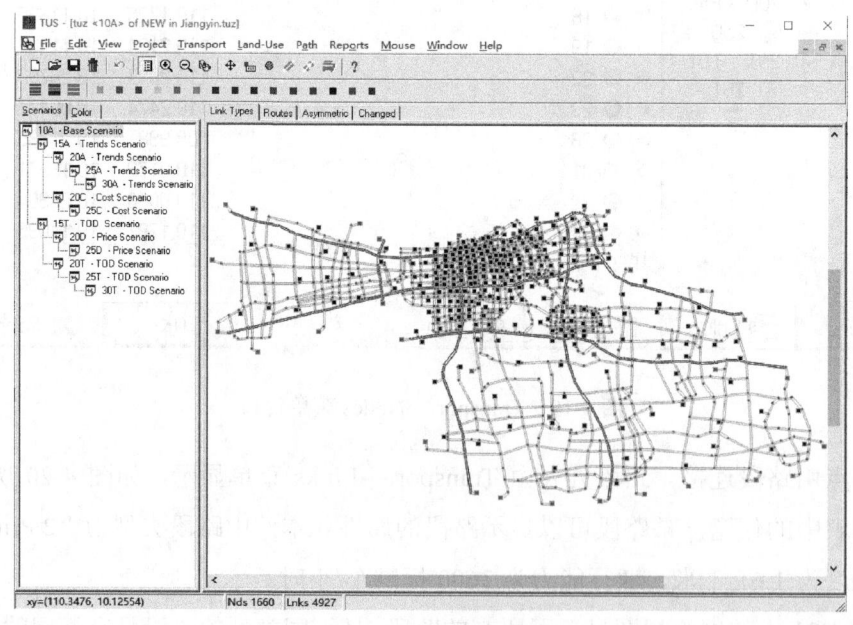

图 4-21　网络视图

选择 Transport→Link Types 菜单并选中 Operator Data 按钮，可以看到每一类

第4章 土地利用与交通整合模型——TRANUS

型路段上的各运营商的属性,如图 4-22 所示。第一列为最大运行速度,也称为自由流速度。速度为零,表示该运营商不能在该类型路段上运行,如 P&R 和 BRT 等。Charges 列为收费项。惩罚因子(Penaliz.)乘以沿该类型路段行驶的所有用户的时间价值,得到惩罚成本。距离成本(Distance Cost)表示车辆行驶每单位距离的运行成本。标准车数量(Equiv. Vehicles)是一个参数,乘以该路段上的车辆数,得到该路段上的标准车数量,文献中也称为 PCU(passenger car units)。例如,本例中一辆公交车相当于两辆标准车。在路径搜索过程中,重叠因子(Overlap Factor)乘以时间价值。边际维护成本(Marg. Maint. Cost)在本研究中不涉及。

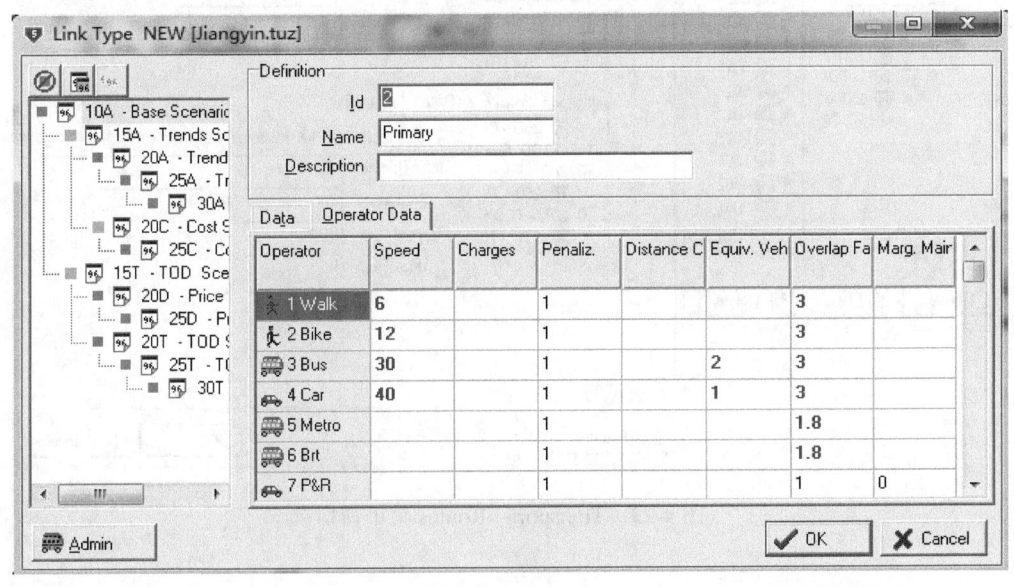

图 4-22　Transport→Link Type 菜单下的 Operator Data

最后,由 Transport→Routes 菜单定义公共交通运营线路,如图 4-23 所示。本研究中一共有 42 条公交线路。需要说明的是,如果线路前面有一个绿色(浅色)的方框,表示该线路在此周期方案中得到应用;如果线路前面没有方框,表示该线路暂时没有被使用;如果线路前面有一个红色(深色)的方框,表示该线路在此周期方案中被使用,但是程序认为这个线路中存在可疑的地方,需要进行错误检查。选中其中的一条线路,可以得到相应的数据窗口,本例中为线路 101。它属于运营商 3 Bus，每小时的发车频率为 30。如果该线路在此周期方案中被使用，则 Used 框中勾选对号。如果一条公交线路遵循用户已知的时间表运行，用户仅需要最小的等待时间，则 Follows Schedule 框中勾选对号。

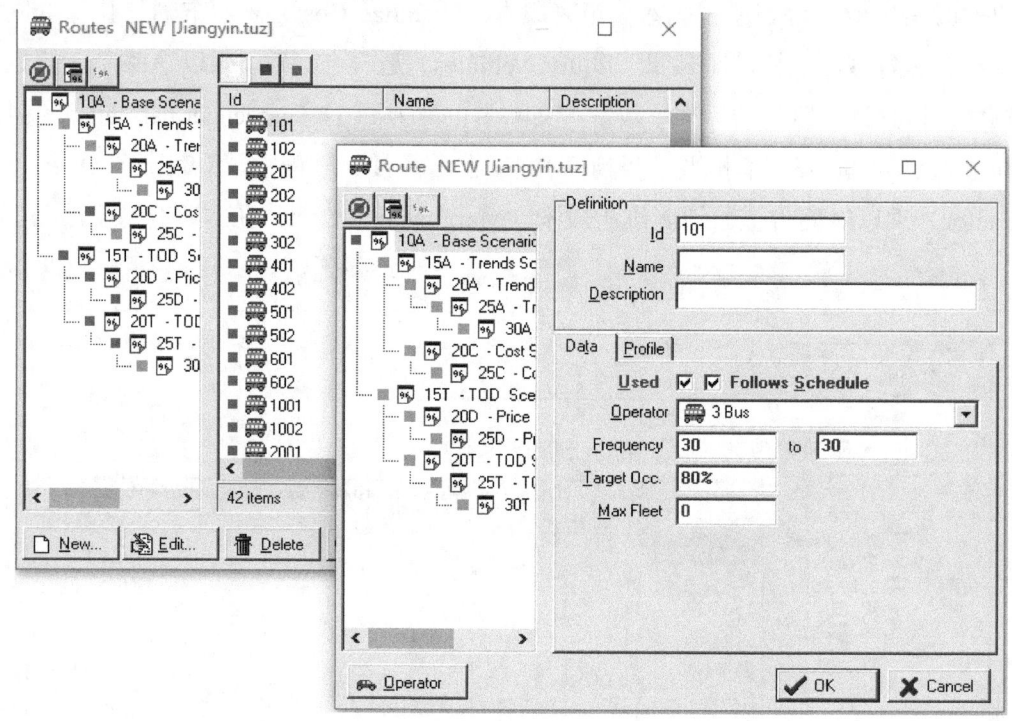

图 4-23　Transport→Routes 菜单窗口

4.3.2　运行和调整基础方案

本节将介绍基础方案的运行、运行结果报告及如何调整基础方案。本研究中取基础年为 2010 年，设置三字符代码为 10A。

4.3.2.1　运行基础方案

TRANUS 模型的交互界面中提供了一个指定的菜单运行模型程序。当一个或多个程序运行时，交互界面会自动执行下面的三种功能：①在项目文件夹中创建一个文件夹保存所有与方案相关的数据（本例中文件夹为10A）；②生成一系列数据文件，大多数数据在方案文件夹中，少部分数据在项目文件夹中；③运行相关的程序，在方案文件夹中生成一系列运行结果文件。

在运行程序前，首先需要在Project→Project Options菜单中设定一些参数，如图4-24和图4-25所示。本例中，不论是否收敛，设置交通模型最多运行500次。收敛目标设置为0.01，平滑因子（Smoothing Factor）为1。平滑因子的作用是将每次循环得到的结果与前次循环的结果加权平均，其默认值为1。路径相似因子（Route Similarity Factor）用来寻找与目标路径相似的路径，见View→Similar Routes命令。

不论是否收敛，设置土地利用模型最多运行500次。收敛目标为0.02，平滑因子为1。小区因子（Zone Factor）是指每一个小区的内部成本和负效用各自所占的比例。

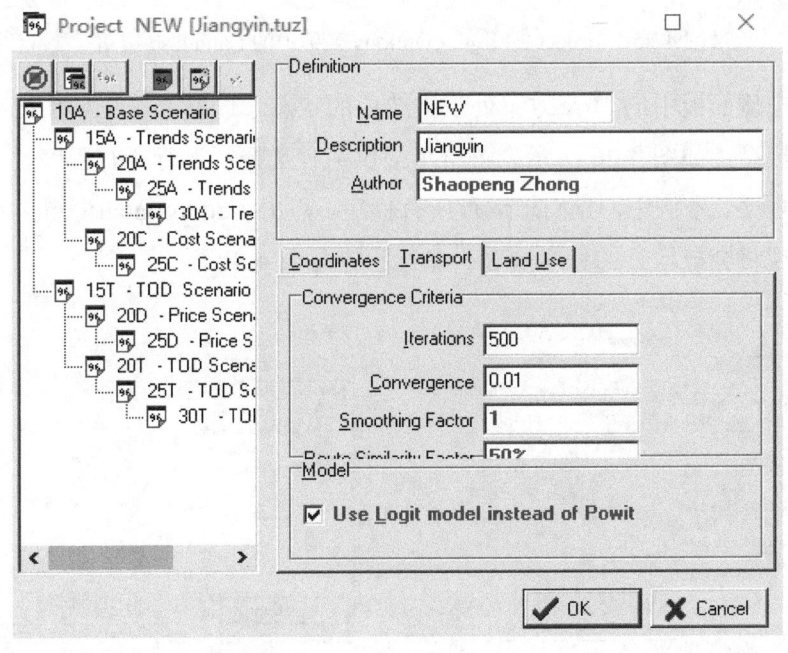

图4-24　Project→Project Options菜单中的Transport按钮

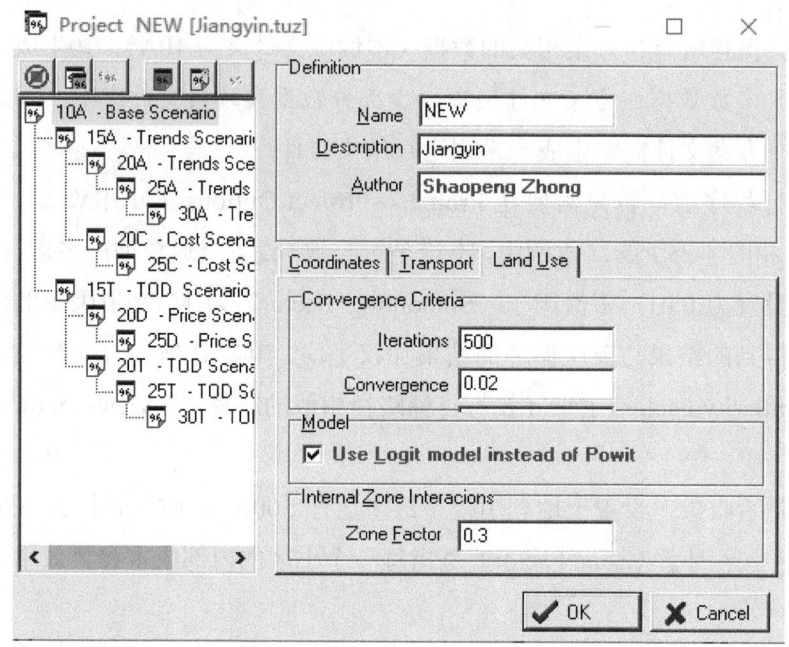

图 4-25　Project→Project Options 菜单中的 Land Use 按钮

确认左侧面板中的 10A 方案处于被选中的状态。选择 Project→Run 菜单运行基础方案模型，如图 4-26 所示。菜单里提供两种选择：运行所有程序，或是运行部分备选程序。本例中，我们想运行所有程序，点击 Add to Batch 按钮，在右侧面板中会出现将会被运行的程序列表。备选程序见表 4-4。

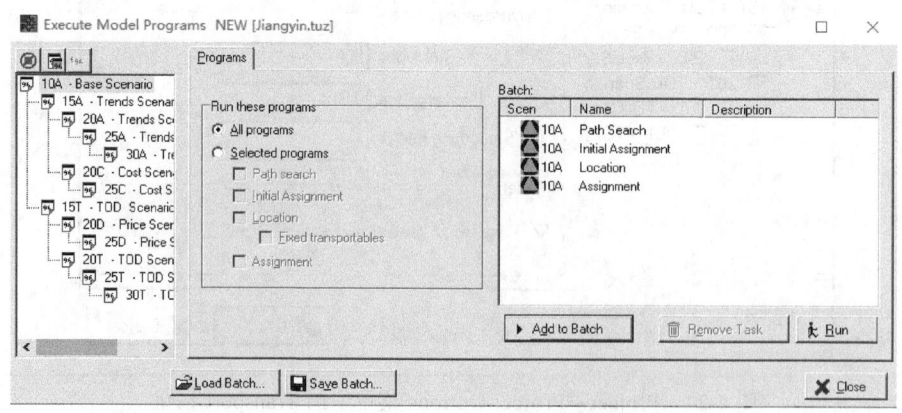

图 4-26　Project→Run 菜单窗口

第 4 章 土地利用与交通整合模型——TRANUS

表 4-4　Project→Run 菜单中运行程序名称和说明

程序名称	说明
Path Search	运行程序 PASOS，多模式路径搜索程序
Initial Assignment	运行一次 TRANS 程序（交通分配模型），然后运行 COST 程序（成本调整程序）
Location	运行 LCAL 程序（基础年方案土地利用模型），然后运行 FLUJ 程序（流量调整程序）
Assignment	运行完整的 TRANS 程序，然后运行 COST 程序

选择好需要运行的程序后，单击 Run 按钮开始运行程序，随后会跳出一个黑色的窗口，显示程序的运行状态。该窗口会提示错误或警告信息。一旦所有的程序运行结束，用户可以从屏幕中选择信息进行保存，使用 Ctrl + C 命令保存，使用 Ctrl + V 命令粘贴。一般来说 Location（土地利用）程序运行速度最快，Path Search 和 Assignment（交通分配）程序运行速度较慢。

PASOS 程序将会显示如下信息，如图 4-27 所示。

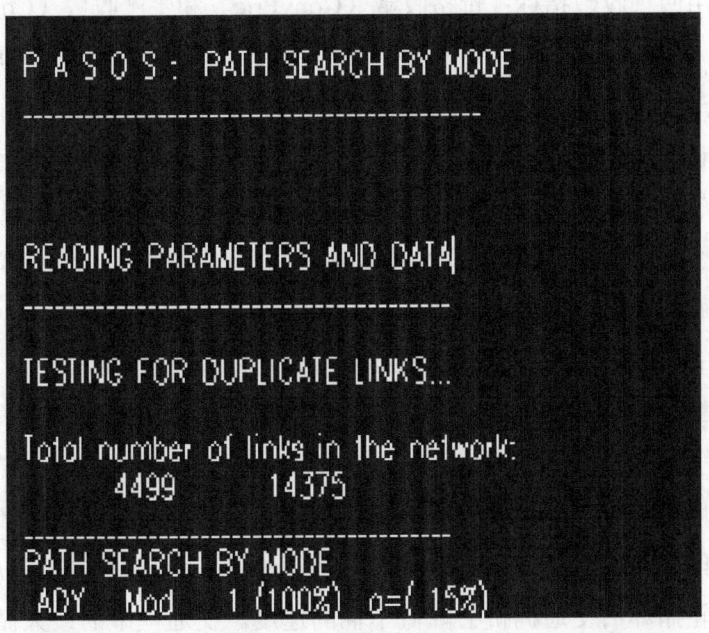

图 4-27　PASOS 程序信息

程序提示在基础年方案的交通网络中找到 4499 条路段，由公交线路和其他运营方式组成的多模式交通网络中共有 14 375 条路段。ADY 表示构建对偶网络（Dual Network）的进程。

初始分配（Initial Assignment）部分包含的信息很少，仅仅是一个进程报告。

位置选择（Location）部分包含较多的信息，每一次循环对应一个表格。以部门为单位检查模型是否收敛。图 4-28 为一个典型的位置选择报告。

Convergence indicators

Sector	ConvPric	Zon	ConvProd	Zon	ExogProd	InducProd
1 Indus EM	1.000000	1991	0.000000	0	853153.	0.
2 Govern E	1.000000	1991	0.000000	0	37905.	0.
3 Retail E	1.000000	1991	0.000000	0	0.	0.
4 Entertai	1.000000	1991	0.000000	0	0.	0.
5 Health E	1.000000	1991	0.000000	0	0.	0.

图 4-28　位置选择报告

模型采用两种收敛指标：价格收敛（ConvPric）和生产收敛（ConvProd）。以部门 1 Indus EMP 为例，价格收敛值为 1.00。生产收敛没有变化，因为部门 1 Indus EMP 是一个外生部门，生产不会变化。另外两列显示了累计到本次循环为止的外生产量和诱增生产量。部门 1 Indus EMP 为外生部门，仅有外生生产量，为 853 153 个工作。如果消息的最后显示“Last iteration without convergence”，说明在程序运行了最大次数后（500 次）仍然没有收敛。前面介绍了如何调整土地利用模型的最大循环次数，如图 4-25 所示。

接下来的流量转化过程由程序 FLUJ 完成，并显示一个进程报告。

交通分配（Assignment）部分也会给出每次循环的计算结果，如图 4-29 所示。

交通模型使用两种收敛指标：流量和速度，同土地利用模型一样，交通模型也是显示最坏的结果，即两次循环结果变化最大的路段。第一次循环后不可能评估流量的变化，因为没有前一轮流量的数据作比较。第一轮循环后速度可以比较，因为在第一轮循环后交通拥挤会降低车辆的速度。交通模型的最大循环次数和收敛指标等参数的调整方法如图 4-24 所示。

第 4 章 土地利用与交通整合模型——TRANUS

Iter	Categ	Origin	ConvObj	ConvFlows	Worst	ConvSpeed	Worst
1	2	298	0.0100000 F	1.00000 (	9 953) V	0.34111 (	1683 811)
2	2	298	0.0100000 F	0.66998 (	1542 983) V	0.37478 (	1683 811)
3	2	298	0.0100000 F	0.56751 (	1542 983) V	0.26074 (	1683 811)
4	2	298	0.0100000 F	0.39214 (	1542 983) V	0.08141 (	1540 811)
5	2	298	0.0100000 F	0.21588 (	983 1542) V	0.09670 (	1362 797)
6	2	298	0.0100000 F	0.08574 (	983 1542) V	0.04837 (	1408 1409)
7	2	298	0.0100000 F	0.04694 (	1520 1270) V	0.01865 (	1091 531)
8	2	298	0.0100000 F	0.03093 (	1520 1270) V	0.01194 (	1683 811)
9	2	298	0.0100000 F	0.01550 (	1345 1028) V	0.00915 (	1683 811)
10	2	298	0.0100000 F	0.00679 (	1350 1352) V	0.00314 (	1540 811)
11	2	298	0.0100000 F	0.00443 (	192 1683) V	0.00117 (	1540 811)

图 4-29　交通模型运行结果

注意，土地利用模型需要使用交通模型中的初始分配得到交通成本和负效用（基于自由流速度）。土地利用模型运行结束后，根据土地利用模型提供的经济流数据，运行交通分配模型，得到新的拥挤（congested）交通成本和负效用。因为这些值会影响活动和土地利用的位置，必须重新运行 Location 和 Assignment。由 Project→Run 菜单，选择指定的程序重新运行，如图 4-30 所示。选择 Selected programs 按钮，只需要勾选 Location 和 Assignment 两项，因为本次运行不用再运行 Path search 或 Initial Assignment。值得注意的是，如果运行 Initial Assignment 则相当于从起点开始重新运行程序。

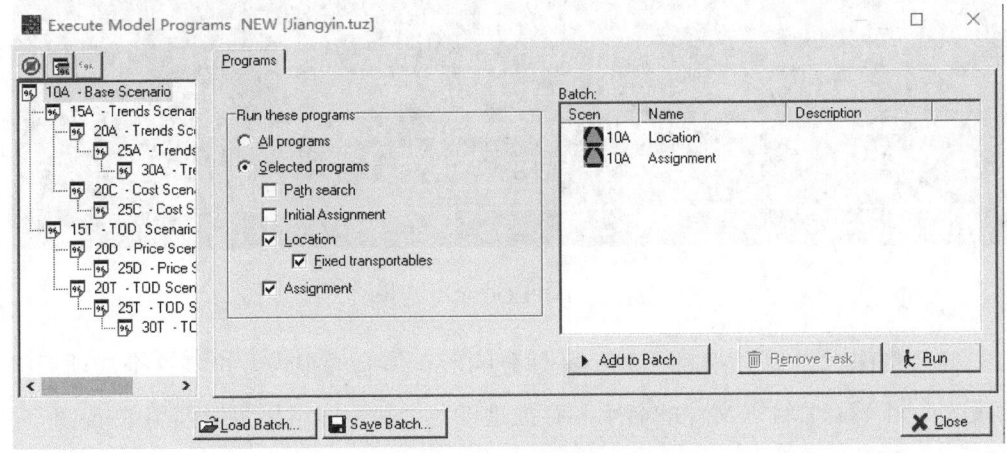

图 4-30　通过 Project→Run 菜单执行额外的运行

理论上说，土地利用和交通模型应该运行很多次才能达到平衡状态。没有简单的方法使两者达到平衡。实际应用中，一般运行几次程序循环，模型就可以达到收敛状态。在运行完所有的循环后，接下来的步骤是对运行结果进行检验。模型运行的是否合理？数据是否满足目标？接下来我们将解决这些问题。

4.3.2.2 土地利用结果

有很多程序可以将模型的运行结果转化为可读的表格形式。对于土地利用结果，主要的程序为 IMPLOC。交互界面中的运行菜单不能直接运行这个程序，需要借助操作系统中的命令窗口（commands window）辅助完成，即 Windows 开始菜单中的程序→附件→命令提示符。

首先，需要将命令窗口放到项目的工作文件夹中。使用命令 cd 在文件夹之间转换，运行 IMPLOC。程序会询问用户哪个方案是用户需要的。下面的窗口显示了七个选项的菜单，如图 4-31 所示。

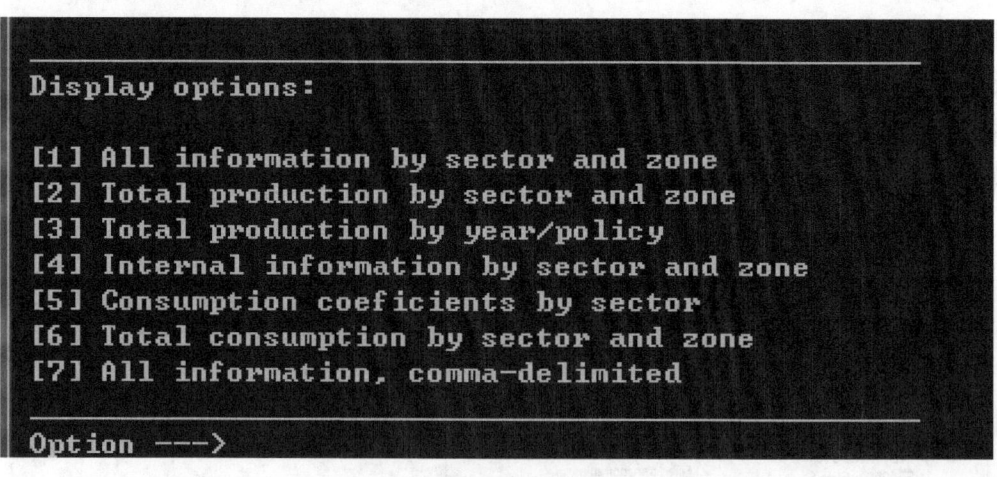

图 4-31 IMPLOC 命令选择项

选项[1]将会生成按照部门和小区划分的所有信息的报告。选择这个选项后得到另外一个窗口，输入文件的名字和存放地即可，其生成结果可以使用 Excel 程序打开，如图 4-32 所示。

第 4 章 土地利用与交通整合模型——TRANUS

```
 7  Area     Policy       Date/time simulation
 8  NEW      10A          25- 2-2014      15:36    ITER     46
 9  ----------------------------------------------------------------
10  Sect   1 Indus EMP
11  ----------------------------------------------------------------
12  Zone      TotProd  TotDem   ProdCost  Price     Supply    Stock  Unstock  Adjust%
13  1991      32043        0    3156.003  3156.003  9.00E+09    0       0      0.00%
14  1992       3213        0    3580.679  3580.679  9.00E+09    0       0      0.00%
15  1993       5077        0    3576.594  3576.594  9.00E+09    0       0      0.00%
16  1994       1631        0    3557.568  3557.568  9.00E+09    0       0      0.00%
17  1995       2129        0    3158.662  3158.662  9.00E+09    0       0      0.00%
18  1996       1143        0    3114.702  3114.702  9.00E+09    0       0      0.00%
19  1997       6517        0    2808.928  2808.928  9.00E+09    0       0      0.00%
20  1998      15128        0    2775.867  2775.867  9.00E+09    0       0      0.00%
21  1999      16924        0    2888.262  2888.262  9.00E+09    0       0      0.00%
22  2000       8399        0    3146.095  3146.095  9.00E+09    0       0      0.00%
```

图 4-32　Excel 程序中显示的土地利用结果——外生部门

结果文件中的数字包含十进制的小数点，请确认 Excel 程序也采用相同的设置（如果不是，可以使用 Windows 中的空置面板设置十进制的小数点）。文件包含一个题头，并遵循一个部门一个表从部门 1 Indus EMP 逐一列出。图 4-32 中各列数据的说明见表 4-5。

表 4-5　土地利用结果名称及说明

名称	说明
Zone	每行指代的小区编号
TotProd	生产总量，可能的外生和诱增生产量之和
TotDem	总需求量，可能的外生和诱增需求量之和
ProdCost	生产成本
Price	价格
Adjust%	价格调整因子

本例中部门 1 Indus EMP 是外生部门，即所有的生产都是外生的，没有其他的部门消耗它。因此，TotDem 列中的数值始终为零。部门 1 Indus EMP 是一个非限制部门，因此生产成本和价格两列中的数值应该基本相同。生产成本和价格两列中的数值在投入-产出过程中由模型计算给出。价格调整因子乘以价格应该接近模拟的诱增生产值。作为一个外生部门，不需要做调整。

其次，图4-33给出了诱增可转移部门3 Retail EMP的结果。因为该部门的生产由其他部门消耗，TotProd和TotDem两列中均有数值。例如，小区1991中产生了约81个工作职位，该小区中的零售贸易工作职位需求量约为88个。部门3 Retail EMP是一个诱增可转移部门，在小区1991中产生的81个工作职位可以由本小区和其他小区共同消耗。部门3 Retail EMP也是一个非限制部门，因此生产成本和价格两列中的数值应该基本相同。

	Zone	TotProd	TotDem	ProdCost	Price	Supply	Stock	Unstock	Adjust%
622	Sect 3 Retail EMP								
623	---------								
625	1991	80.83327	87.83542	2515.072	2515.072	9.00E+09	0	0	-54.60%
626	1992	259.6722	1841.71	2729.509	2729.509	9.00E+09	0	0	-49.40%
627	1993	925.9325	1744.45	2726.33	2726.33	9.00E+09	0	0	-49.30%
628	1994	3387.385	6510.781	2708.822	2708.822	9.00E+09	0	0	-53.90%
629	1995	1884.961	673.3488	2516.944	2516.944	9.00E+09	0	0	-49.70%
630	1996	182.6488	549.4653	2472.596	2472.596	9.00E+09	0	0	-54.20%
631	1997	3114.116	3754.688	2307.745	2307.745	9.00E+09	0	0	-56.30%
632	1998	9193.634	3392.773	2275.86	2275.86	9.00E+09	0	0	-60.80%
633	1999	0	0	1965.545	1965.545	9.00E+09	0	0	0.00%
634	2000	3564.546	4840.082	2504.568	2504.568	9.00E+09	0	0	-52.40%

图4-33 Excel程序中显示的土地利用结果——诱增可转移部门

最后，图4-34给出了一个诱增非转移部门8 Indus Land的结果。和诱增可转移部门的主要不同之处为，TotProd和TotDem两列中的数值必须相同，因为土地资源必须在同一地点生产和使用。虽然部门8 Indus Land是一个有约束部门，生产成本和价格两列中的数值在基础年方案中必须相同，而对未来年方案这两列的数值可能完全不同。

	Zone	TotProd	TotDem	ProdCost	Price	Supply	Stock	Unstock	Adjust%
2152	Sect 8 Indus Land								
2153	---------								
2155	1991	4678005	4678005	8.1	8.1	4681711	0	0	-5.70%
2156	1992	467222.8	467222.8	10.8	10.8	469474	0	0	-28.50%
2157	1993	738192.5	738192.5	10.8	10.8	741743	0	0	-28.50%
2158	1994	237117.6	237117.6	10.8	10.8	238256	0	0	-28.50%
2159	1995	310794.8	310794.8	8.1	8.1	311040	0	0	-5.60%
2160	1996	166874.5	166874.5	8.1	8.1	167007	0	0	-5.70%
2161	1997	954526.2	954526.2	6.3	6.3	952191	0	0	20.30%
2162	1998	2215797	2215797	6.3	6.3	2210377	0	0	20.30%
2163	1999	2478739	2478739	6.3	6.3	2472673	0	0	20.30%
2164	2000	1226199	1226199	8.1	8.1	1227171	0	0	-5.70%

图4-34 Excel程序中显示的土地利用结果——诱增非转移部门

4.3.2.3 交通结果

可以采用两种方法得到交通结果。一种方法是与 4.3.2.2 节介绍的方法类似，即运行程序产生可读文本报告；另一种方法是使用 TUS 交互界面显示交通结果，并以专题地图的形式呈现。

使用下面的三个程序得到可读文本报告。

IMPTRA：提供多个选择项，可以生成基于路段的结果或多种格式的指标。

MATS：提供多个选择项，可以生成多种类型矩阵，包括出行、成本、负效用矩阵等。该程序也可以生成土地利用矩阵。

MATESP：提供多个选择项，可以生成某些特殊矩阵，如使用某一条特定路段或运营商的 O-D 矩阵、换乘矩阵等。

运行 IMPTRA 命令的方法与 IMPLOC 命令类似。打开一个命令窗口，输入项目的根目录，输入命令 IMPTRA 10A。得到如图 4-35 所示的结果。

```
IMPTRA: DISPLAY TRANSPORT RESULTS

| Options to input data:             |
|                                    |
| [0] Manually on-screen             |
| [1] Read from file IMPTRA.DAT      |

     Option --> 0
```

图 4-35 IMPTRA 10A 命令选择项

程序提供了两种选择，手动输入问题或使用文本文件 IMPTRA.DAT。我们选择手动输入，输入0。随后程序提示结果会被储存到名为NEW10A.TRA的文件中。用户也可以更改文件的名称。接下来会得到另外一个选择菜单。本例中我们选择选项5，得到一个指标列表，如图4-36所示。

```
Options to display assignment results:

  (1) All links
  (2) By link type
  (3) By Demand/Capacity range
  (4) Specified on-screen
  (5) Table of indicators
  (6) Cordons (only with IMPTRA.DAT)
  (7) Transit Routes profiles
  (9) Link-Route & Category profile
  (10) Route profile, comma-delimited

 List of options ending with /

-----> 5/
```

图4-36　IMPTRA 10A 命令选择项→选项0

得到的结果文件NEW10A.TRA可以使用Excel程序打开，该文件包含整个研究区域交通系统的全局指标，也给出了不同类别的总出行数。

4.3.2.4　调整建筑或土地需求函数

江阴市项目已经通过了校正过程，没有必要做任何调整。然而，在模型开发校正阶段最好对一些必须估计和调整的函数进行检查。本节我们介绍在土地利用模型中经常使用的弹性需求函数。

当讨论模型的结构时，我们介绍两种类型的需求函数：弹性函数和非弹性函

第4章 土地利用与交通整合模型——TRANUS

数。模型处理两种需求函数的方式相同，将非弹性函数看作是弹性值等于零的弹性函数。在江阴市项目中，工作消耗居民，反过来，居民又消耗工作。采用非弹性函数表示这些关系，即某一部门一个单位的工作消耗固定数量的某种类型家庭。与此对应的是，采用弹性函数表示各种活动消耗土地的行为，即有一个最小值、最大值和一个与费用有关的弹性系数组成的函数。如果一个地点住宅的价格特别高，人们将选择更换住址或减小购买该地点住宅的面积。建筑物消耗土地同样是采用弹性函数。

本节中我们将使用由 IMPLOC 程序产生的两个可读文本报告。由前述相类似的方法，使用 Windows 中的命令窗口运行 IMPLOC 程序得到如下的菜单，如图 4-37 所示。

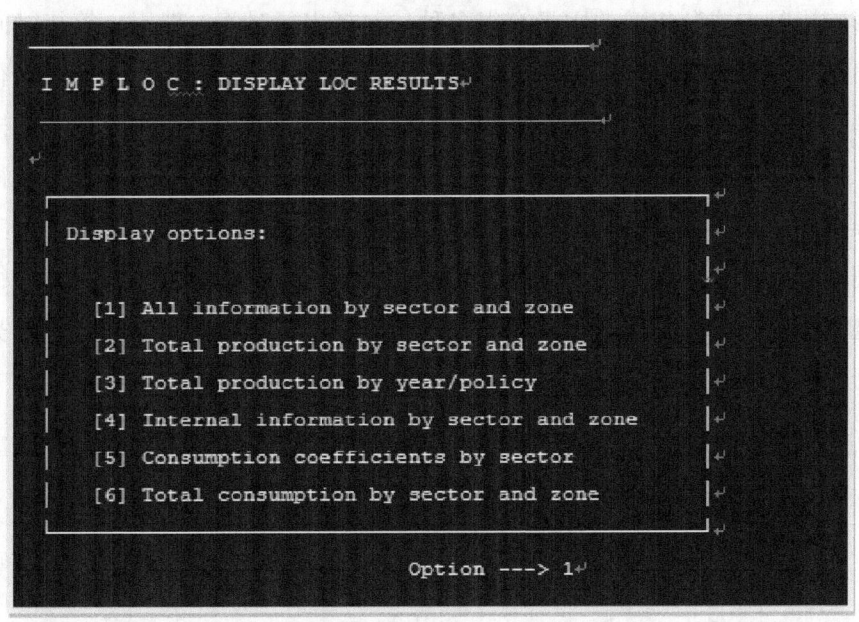

图 4-37 IMPLOC 命令选择项

其中选项 5 生成一系列各部门消耗系数表，选项 6 生成一系列各部门和小区总消耗量表。用户可以为这些文件指定任意的名字。得到的文件可以使用 Excel 程序打开。

4.3.2.5 调整交通分配

在交通模型中需要做很多调整。本节我们选取其中部分内容作介绍。首先需要考虑的问题是每种交通类别出行的出行频率和出行方式分担率。

通过 Transport→Categories 菜单调整每种交通类别的出行频率，如图 4-38 所示。各种类别交通出行量依赖于出行产生参数。当用户选择（双击）任意交通类别后，可以打开相应的参数窗口，如图 4-39 所示。本例中为交通类别 2 服务出行。具体参数为最小出行产生率（Min Trip Generation Rate）为 0.08，最大出行产生率（Max Trip Generation Rate）为 0.64，弹性系数（Demand Elasticity）为 0.003。在校正阶段，必须对这些数值进行调整，直到满足正确的出行量为止。弹性系数也会影响平均出行距离。

影响出行方式分担率的因素有很多种，包括出行时间、费用、等待时间、时间价值等。需要对每种交通类别-运营商组合进行调整，直至得到正确的出行方式分担率为止。所有的参数输入完毕后，还有一系列惩罚因子用来表示非建模组成部分，最重要的是运营商-交通类别惩罚因子（由 Transport→Operators 菜单得到），如图 4-40 所示。选择 Car 项，惩罚因子（Modal Constant）为 1。相比而言，Bus 的惩罚因子为 1.2，Car 要比 Bus 的惩罚因子小。这是因为同样成本下，出行者更喜欢选择小汽车出行。需要说明的是，用户可以指定任意的运营商和交通类别组合，通过 By Categories 按钮设置。

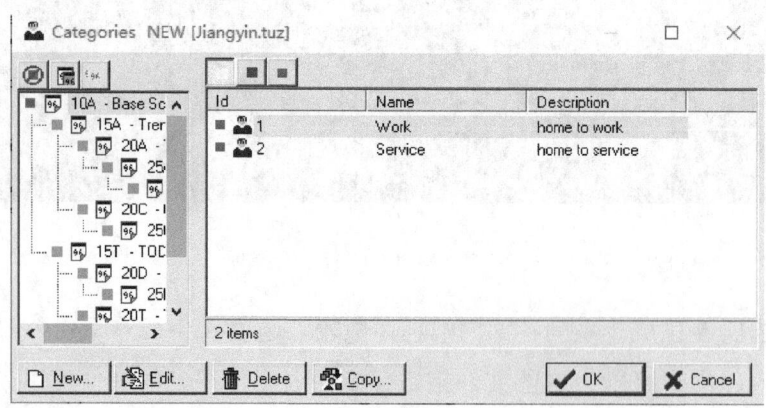

图 4-38 Transport→Categories 菜单下的出行产生参数

第 4 章 土地利用与交通整合模型——TRANUS

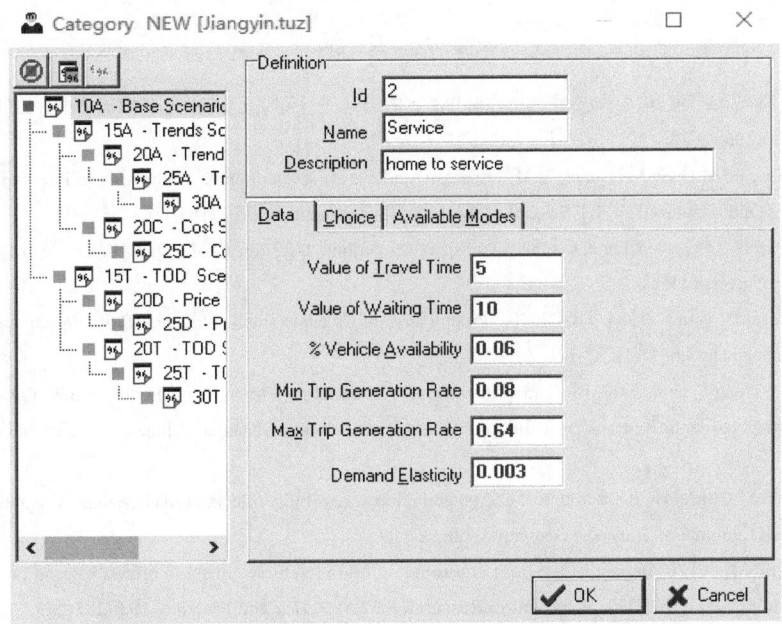

图 4-39 Transport→Categories 菜单→类别 2 Service

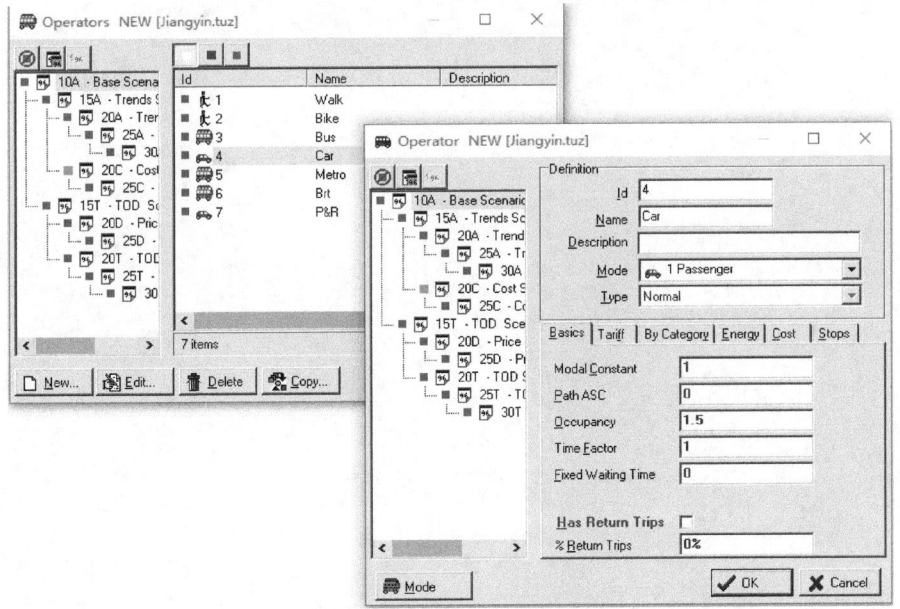

图 4-40 运营商-交通类别惩罚因子

参 考 文 献

宋彦, 钟绍鹏, 章征涛, 等. 2014. 城市空间结构对PM2.5的影响——美国夏洛特汽车排放评估项目的借鉴和启示[J]. 城市规划, 38(05): 9-14.

Bandeira J M, Coelho M C, Sá M E, et al. 2011. Impact of land use on urban mobility patterns, emissions and air quality in a Portuguese medium-sized city[J]. Science of the Total Environment, 409(6): 1154-1163.

de la Barra T, 1989. Integrated Land Use and Transport Modelling: Decision Chains and Hierarchies[M]. Cambridge: Cambridge University Press.

de la Barra T, Pérez B, Vera N. 1984. TRANUS-J: Putting large models into small computers[J]. Environment and Planning B: Planning and Design, 11(1): 87-101.

Yuan M, Song Y, Hong S, et al. 2017. Evaluating the effects of compact growth on air quality in already-high-density cities with an integrated land use-transport-emission model: A case study of Xiamen, China[J]. Habitat International, 69: 37-47.

Zhong S, Bushell M. 2017a. Built environment and potential job accessibility effects of road pricing: A spatial econometric perspective[J]. Journal of Transport Geography, 60: 98-109.

Zhong S, Bushell M. 2017b. Impact of the built environment on the vehicle emission effects of road pricing policies: A simulation case study [J]. Transportation Research Part A: Policy and Practice, 103: 235-249.

Zhong S, Wang S, Jiang Y, et al. 2015. Distinguishing the land use effects of road pricing based on the urban form attributes[J]. Transportation Research Part A: Policy and Practice, 74: 44-58.

|下 篇|
应 用 篇

第5章 城市土地利用与交通协调发展应用研究

本章以大连市高新技术产业园区为例,从理论分析的角度对既有土地开发状态下的交通进行解析。在此基础上,对区域交通与土地利用协调发展进行评价,并给出具体发展建议。

5.1 既有土地开发状态下的交通解析

本节首先介绍大连市高新技术产业园区既有土地开发概况,其次对区域交通特征进行解析,并综合评价区域交通状况。

5.1.1 既有土地开发概况

5.1.1.1 高新技术产业园区发展历程

大连市高新技术产业园区是首批国家级高新技术产业开发区之一,又是大连市位于中心城区的国家级对外开放先导区。20世纪90年代初,高新技术产业园区由七贤岭、软件园一期(由家村)起步,当时区域除两所高校及其配套生活区外,建筑物零散分布,用地闲置面积较大。发展初期,土地开发速度较慢,内部拥有企业数量少、规模小、技术含量低。至1995年,经大连市第十一届人民代表大会常务委员会第十五次会议通过,辽宁省第八届人民代表大会常务委员会第十四次会议批准了《大连高新技术产业园区管理条例》,条例赋予了高新技术产业园区高新技术企业在项目审批、财政税收、人才引进、进出口业务等方面各项优惠政策。在优惠政策的激励下,高新技术产业园区逐步形成软件园一期、七贤岭两大产业基地，高新技术产业园区建设用地面积逐渐加大，企业及人员数逐步增多。

高新技术产业园区建设初期土地开发速度较快，如图 5-1 所示。截至 1998 年，新建区已累计开发土地为 2.78 平方千米，完成基本建设投资为 52.5 亿元。开工建筑面积为 142.8 万平方米，竣工建筑面积为 122.6 万平方米，开工建设地块平均容积率约为 0.5。

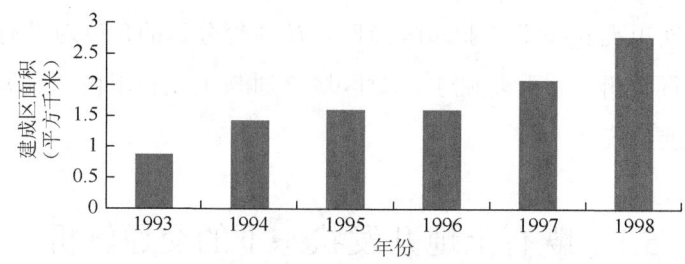

图 5-1 高新技术产业园区土地开发变化情况

高新技术产业园区始建初期（1991～1995 年）建筑密度较低，以厂房等低密度建筑为主，土地利用率低，开发模式还处于粗放式开发模式。由于土地利用率较低，园区就业岗位较少，区域出行量较小，加之当时小汽车保有量低，虽然仅有一条黄浦路连通高新技术产业园区与大连市中心区域，高新技术产业园区周边交通状态仍然较好。

1996～2003 年，高新技术产业园区发展步伐逐渐加快，在大连市人民政府优惠政策的激励下，招商引资效果显著，七贤岭、软件园一期提供大量工作岗位，并随着人们生活水平的提高，机动车拥有率逐渐加大，高新技术产业园区周边土地、交通资源略显短缺。高新技术产业园区通过改造部分利用率较低用地，建设写字楼、办公大厦，提高建筑密度来缓解土地资源不足的缺陷，土地开发模式逐步由粗放型向集聚型转变。大连市人民政府也加大基础设施投资，增建道路，并于 1999 年 10 月开始进行 202 有轨电车改造，2002 年 12 月正式通车，改造后的有轨电车运量增加，在一定程度上缓解了道路交通压力。随着区域土地升值及交通基础设施的发展，高新技术产业园区周边集聚效应越加明显，区域提供了大量工作岗位。受高新技术产业园区发展带动，周边凌水街道、由家村、高家村等地良好的居住环境也吸引了不少居民选择在此居住,周边区域承担了部分产业配套服务功能,高新技术产业园区及其周边区域逐渐由单一产业基地向城市综合区转变。

2004~2008年,在国内外经济快速发展的大环境下,高新技术产业园区经济飞速发展,成为大连市高新技术产业当之无愧的领头军,区域发展对土地资源的需求越来越大,而能够开发或改造的土地资源极其有限,土地条件明显制约了高新技术产业园区的发展。同时高新技术产业园区周边良好的自然环境、就近居住的需求增大、城市房地产业蓬勃发展,见效快、收益大、风险低的住宅项目大量进驻高新技术产业园区及其周边区域。使原本稀缺的土地资源更加有限,高新技术产业园区只能通过整合土地,地块改造来挖掘土地资源,高新技术产业园区可改造土地资源也就越来越少。随着土地开发进程的不断加快,高新技术产业园区人口总量持续增多,交通出行总量也呈现出大幅上升的趋势,使区域道路设施的交通压力逐渐增大,主要道路的交通拥堵现象越来越多,交通出行环境逐年恶化。

经过20多年的发展,高新技术产业园区已经逐步壮大,历年经济社会等发展指标见表5-1和表5-2。

表5-1 高新技术产业园区主要指标1

指标名称	1991年	1992年	1993年	1994年	1995年	1996年	1997年	1998年
利润总额(亿元)	0.60	1.12	1.68	2.35	3.11	3.58	6.85	9.08
生产总值(亿元)	2.1	3.7	4.8	13.2	16.4	45.5	63.9	61.8
园区企业数(家)	156	550	807	1025	1128	1240	1320	1540
高新技术企业(家)	50	143	204	219	248	309	322	314
新增企业(家)	156	394	257	218	103	112	80	258
就业人员数(万人)	0.98	1.01	1.19	1.56	1.53	5.32	5.85	6.01
土地开发面积(平方千米)	—	—	0.87	0.55	0.18	—	0.48	0.70
开工建筑面积(万平方米)	—	0.9	16.1	40.8	15.6	28.0	24.5	17.0

表 5-2　高新技术产业园区主要指标 2

指标名称	1999年	2000年	2001年	2002年	2003年	2004年	2005年	2006年	2007年	2008年
生产总值（亿元）	—	32.8	41	53	69	85.7	106.2	105.13	139.5	—
新增企业（家）	—	—	395	412	222	80	—	74	78	—
从业人数（万人）	—	—	—	—	—	5.2	6.7	7.8	8.8	9.5

注：数据来源于《大连统计年鉴》（2000~2008 年）、《大连市社会经济发展通鉴》（1978~1998 年）。由于历年统计口径不同，表 5-1 和表 5-2 中数据内容项不同，部分数据无法收集

目前以七贤岭、软件园一期为龙头逐步发展壮大起来的凌水、黑石礁、河口湾等大连市西部地区已成为开发成熟区域。相对于七贤岭、软件园一期、凌水、河口湾，后期纳入高新技术产业园区的黄泥川、龙王塘、英歌石区域土地开发利用仍处于不成熟状态，村庄零散分布，土地利用率较低。针对不同土地开发状态，本章将高新技术产业园区分为相对建成区和外围区分别进行论述。

5.1.1.2　相对建成区土地开发特征

高新技术产业园区已建成区有七贤岭产业基地、软件园一期软件产业基地，河口湾、凌水街道等位于中心四区边缘地区，即七贤岭及其以东地区。该区域西临大连市西郊国家森林公园，东濒黄海，北邻老座山，南至河口湾及小平岛旅游度假区，总占地面积约为 50 平方千米，现已发展成为大连市核心区内密不可分的一部分。

2008 年受人民币升值、劳动力价格上涨、税收政策调整和紧缩货币政策等因素的影响，工业、交通运输业、贸易业增速放缓。而以软件和信息服务为核心的现代服务业正在逐步成为拉动国内生产总值（gross domestic product，GDP）增长的重要产业。高新技术产业园区作为大连市软件产业核心基地，在加快已有大连市软件园、七贤岭核心功能区、动漫走廊、网络产业基地开发建设的同时，加大了新建软件园区的建设力度。腾飞软件园一期投入使用，二期工程已经竣工；东

软软件园一期正式开园；中国科学院大连科技创新园已投入使用；生活配套区和商务配套区建设快速推进；凌水湾软件商务综合区建设全面启动。

七贤岭产业基地占地面积约为2.5平方千米，旅顺南路西北侧为已建成的高新技术产业基地，内有约为1870家企业，提供工作岗位约为9.5万个。旅顺南路东南侧分布多处新建住宅项目，余下部分用地可改造，被疗养院、发电厂、养殖场、部队等单位占据，建设环境也较差。

凌水街道已建设成为成熟的居住区，除大连理工大学、大连海事大学两所高校外，大部分为居住用地，小部分为产业用地，可改造用地零星分布。区内居住人口约为15万人，提供工作岗位约为1.2万个。凌水街道共有土地面积约为44平方千米，其中包括大连理工大学、大连海事大学用地。

目前正在进行的凌水湾改造项目占地面积为1.6平方千米，致力于改造成为高新技术产业园区的科技文化配套区。软件园一期占地面积约为2.98平方千米，位于中心城区西南部的科教中心，经国际招标规划为"四区一园"，即软件及教育产业区、信息服务产业区、综合商务区、生活配套区和森林公园，提出了建造"中国的班加罗尔"的口号，发展方向为软件出口技术园，以软件的外包服务作为大连市软件产业的突破口，并取得了较好的成绩。经过几年的发展，用地已经饱和，共有企业200余家，提供约为5万个工作岗位。

河口湾定位为旅顺南路软件产业带的科技信息服务中心。其中旅顺南路以北的阴阳山拓展区（腾飞软件园）以软件外包产业为主，从功能上可以适当兼容软件信息业公司的联络、服务等。

大连市高新技术产业园区腾飞软件园一期项目于2005年6月22日正式启动，它位于高新技术产业园区旅顺南路软件产业带的东侧，规划占地面积为35公顷。项目一期开发占地面积为7公顷，2006年年底竣工。腾飞软件园区的目标行业主要为软件开发、产品开发与研发、业务流程外包和信息技术服务等。项目竣工后，生活配套设施十分齐全。

七贤岭及其以东地区土地利用现状如图5-2所示。目前七贤岭及其以东地区闲置用地较少，可利用土地资源不足，建筑以多层建筑为主，部分为小高层，少量为高层建筑，已建成区为低密度开发模式向中高密度开发模式的过渡期。由于已建成区已融入到大连市内，区域已逐渐形成功能综合化发展模式，而地块以单一功能开发为主，功能分工明确，其中七贤岭、软件园一期、河口湾主要以软件外包等高新技术产业为主要开发功能，而凌水街道、南沙街道、黑石礁街道以居住项目开发为主，其中部分为教育科研用地。

图 5-2　七贤岭及其以东地区土地利用现状

注：现状指 2009 年

5.1.1.3　外围区土地开发特征

外围区包括三部分：黄泥川（软件园二期）、龙王塘、英歌石。

黄泥川地区位于大连市四区西南部，东起河口湾区域，西至旅顺南路黄泥川隧道，全部用地沿旅顺南路东西向约为 12.5 千米，总用地面积约为 7.7 平方千米。该用地内以大片的山林为主，其次是一部分果园和农村住宅，另有少量的工业、宾馆度假、海水养殖等性质用地。该区域已经完成区域控制性详细规划方案。

龙王塘地区总占地面积约为 50 平方千米，除山林及基本农田后，可建设用地约占总用地面积的 50%。除镇内建设用地比较集中外，其余为零散村庄用地，镇内约有 300 家中小型企业，旅游产业也是该区域的主要经济收入之一。区域居住人员以原住居民为主，建筑多为低矮楼房或一层民房，街道附近区域居住密度较高，其他区域居民稀少。

英歌石（原奶牛场）地区位于高新技术产业园区西部，呈南北狭长地段，东临大连西郊国家森林公园，西侧与龙头街道隔山相望，旅顺中路穿过境内，以农业用地、三类居住及部分工业用地为主，用地面积约为 5.7 平方千米。现状区域以农业用地为主，人员稀少，居民以农业、养殖业及农产品加工为主。

可见外围区大部分为尚未开发的村落乡镇用地。龙王塘镇有旅游、工业、农业、农产品开发、服务业等众多产业，属于低密度复合功能开发模式。

5.1.2 交通特征解析

随着高新技术产业园区面积不断扩大，区域开发建设规模和程度显著不同，已建成区和外围区交通特征明显不同。接下来将对已建成区及外围区分别进行居民出行特征、车辆出行特征、交通流出行特征分析。

5.1.2.1 居民出行特征

（1）已建成区

根据 2004 年居民出行调查，确定出行距离超过 300 米为有效出行，高新技术产业园区已建成区人均出行频率为 2.07 次，有出行的居民出行频率为 2.46 次，有出行的居民约占调查人数的 84%，出行距离超过 300 米（大连市城市规划设计研究院，2009）。与国内同类城市相比，居民出行频率较低。出行以上班、上学、购物、回家等为目的，回家占居民出行目的首位，约为42%；其次是上班，约占26%；最后是上学、购物，分别约占9%、8%。人均出行时耗较低，约为22.6分钟；平均出行距离较短，约为8千米。区域驻地居民与区域内部就业人员出行方式均以公共交通方式为主，这也与大连市居民出行方式相吻合。然而驻地居民中包括部分老人、孩子及无固定工作者，其出行方式与就业人员出行方式存在一定差别，驻地居民及就业人员出行方式如图5-3所示。

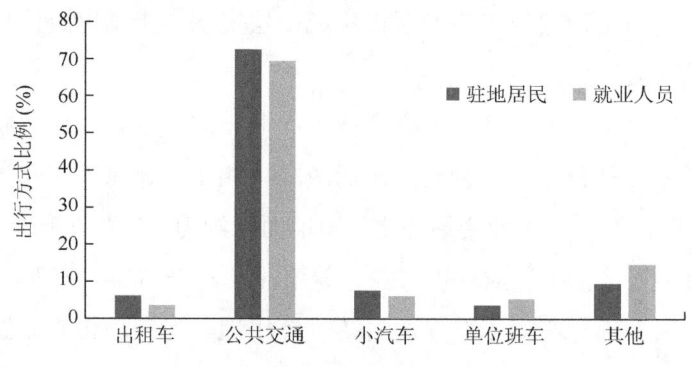

图5-3 驻地居民及就业人员出行方式

居民出行方式中步行约占总出行量的15%，主要为凌水等地居民出行，软件园一期、七贤岭产业基地工作岗位数密集，而步行可达范围内居住用地较少，因此就业人员步行出行到达比例较居民步行出行比例低。

早高峰时间，高新技术产业园区居住用地发生出行量较高，约占全天发生量的30%，而吸引量较少。相对而言，金融行政办公、教育科研、软件研发等用地，吸引就业人员出行率较高，为60%~90%，发生出行率较低，为10%~20%。其中，教育科研用地就业人员在早高峰时间到达人数比例最高约为90%，其次为软件研发用地就业人员约为85%，金融行政办公用地吸引率约为61%。

高新技术产业园区已建成区出行客流发生与吸引情况是分析未来高新园区早高峰时间各地块到达和离开客流量最直接的依据，调查得到已建成区出行客流吸引率与发生率情况见表5-3。

表 5-3　早高峰时段客流吸引率与发生率（%）

用地性质	吸引率	发生率
居住	11	30
金融行政办公	61	16
教育科研	90	10
软件研发	85	19

（2）外围区

外围区居民出行与已建成区明显不同，除龙王塘街道周边出行量较大以外，其他区域居民出行量较少。出行高峰时间特征不明显，除少量中小型企业上班及学生上学集中在早晚高峰时间外，其余出行较分散。出行方式较灵活，步行、自行车、公交、农用车、小汽车等多种出行方式并存。

5.1.2.2　车辆出行特征及其与土地利用关系

（1）已建成区

七贤岭产业基地、软件园一期区域出行早晚峰值特征明显，出行时间集中在早晚高峰时间，早高峰小时车辆出行占全天出行的 18%左右，晚高峰小时出行占全天出行的 15%左右。

通过对高新技术产业园区进行调查，各类单位车流到达早高峰时段集中分布在 7:00~9:00 的 2 个小时内，交通高峰小时为 7:30~8:30，出行的主要目的为上班。到达车辆时段分布详见表 5-4。

表 5-4　软件园一期早高峰时段各类单位车流到达时间分布（%）

时段	吸引车流		
	金融行政办公	教育科研	软件研发
7:00~7:30	10	26	5
7:30~8:00	53	49	17
8:00~8:30	16	11	52
8:30~9:00	21	14	26

各地块土地利用性质不同，决定车辆到达时间特征不同。通过对车流到达时间的调查，可见金融行政办公、教育科研的车流到达时间主要集中在7:30～8:00，与这类单位大部分早上上班时间为8:00有很大关系。软件研发早上上班时间集中在8:30，一部分集中在9:00，因此车辆到达时间也集中在8:00～9:00。

早高峰时间出行车辆以小汽车（含出租车、小客车）为主，公交车、大巴车也占有一定比例，货车出行比例较小。各种车型比例如图5-4所示。车辆出行时间在半小时以内的出行占全部出行的70%左右，从车辆出行时间能够反映出大连市目前平均出行距离较短，城市范围较小。

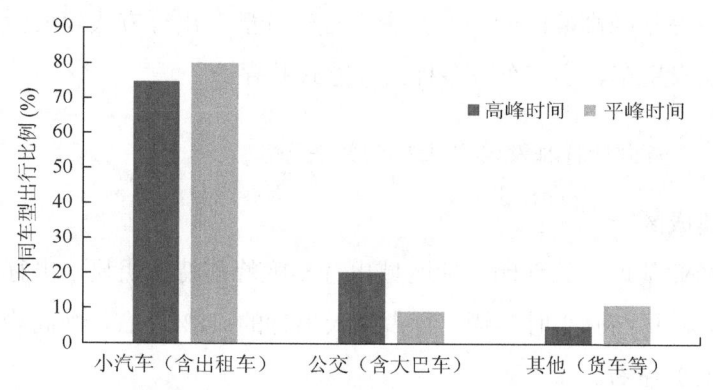

图5-4　不同时段主要车型比例

无论平峰时间还是高峰时间，小汽车都占有道路上车辆数的大部分比例（车辆数未折算成标准小汽车）。这与居民采用公交方式出行为主的现状并不矛盾，这是由于公交载客量大，现状早高峰平均载客量约为70人，而小汽车载客量低，平均载客量仅为1.5人。这一现象也体现了公交人均占有道路资源低，节约能源的优点。

现状高峰时间公交车所占比例明显高于平峰时间，说明高峰时间公交发车频率较高。货车高峰时间出行比例较平峰时间低，主要与大连市交通高峰时段限制货车出行有关，周边在建项目的施工车辆多在平峰时间出行。

可见，已建成区土地利用密度较高，决定区域车辆出行量较大。不同功能的土地利用也决定车辆出行特征不同。早高峰时间，居住、公寓等功能的用地以发生车辆出行为主，金融行政办公、教育科研、软件研发等功能的用地以吸引车辆到达为主，两者之间车辆出行是反向互动的过程。

（2）外围区

由于外围区大部分土地尚未开发，居住人口及就业岗位密度低，使区域出行车辆较少，由自行车、货车、农用车、客车等多种类型车辆构成，非机动化出行距离较短，机动车辆出行距离较长，呈现出明显乡村化的车辆出行特征。

5.1.2.3 交通流特征及其与土地利用关系

（1）已建成区

凌水、七贤岭产业基地交通流呈现出明显的潮汐特征，这是由于区域用地功能单一。20世纪90年代以前，七贤岭区域为城市边缘区，周边交通量较小，大部分土地未开发。90年代初，高新技术产业园区成立。90年代以后，随着高新技术产业园区的软件产业逐步发展，提供越来越多的高新工作岗位，此时早高峰时间七贤岭及其以东地区吸引大量交通量，而这些车辆多来自城市中心功能区域，由大连市中部、东部地区通过中山路、黄浦路（或五一路）到达高新技术产业园区，区域内部道路（如黄浦路）早高峰时间交通流表现为由东向西车流明显多于由西向东车流。

随着区域发展，带动土地逐渐升值，同时区域有着良好的自然环境，近年在房地产业蓬勃发展的大背景下，居住项目收益快、利润高的特点促使住宅项目如雨后竹笋般遍布凌水、高家村、河口湾等地。由于区域居住项目并没有结合产业发展逐步配套建设，高新技术产业园区内就业人员购买当地住房比例较低，就业者因已购买商品房，而错失就近居住的机会，大部分就业人员仍居住在沙河口、西岗及中山区，而在该区域居住的大部分居民工作地却位于沙河口、西岗、中山区。

七贤岭区域用地的逐步发展变化，使早高峰由七贤岭区域往东至市区的车流量与市区到达七贤岭区域的流量之间差距逐渐减小,潮汐特征逐渐减弱。然而其交通出行多为区域之间出行,导致交通出行总量较大,区域的主要通道黄浦路上双向交通压力均较大,而交通资源有限,交通堵塞现象时有发生。

凌水街道以居住用地为主,产业规模较小,随着居住项目的增加,该区域交通流潮汐特征较明显。早高峰期间,凌水路车流主要集中在由西向东方向,造成道路一个方向交通压力较大,而另一个方向道路资源遭到浪费。

(2)外围区

外围区交通流特征与已建成区明显不同。主要是由于外围区刚好划归高新技术产业园区,原由旅顺口区管辖,目前经济、日常生活等活动仍然是与旅顺口区之间的联系为主。加之其土地利用率低,七贤岭产业基地及其以东地区与外围区之间交通联系不紧密,出行量较少,交通流主要为区域过境交通,即大连市中心四区与旅顺口区之间的交通流。由于出行由办事、探亲、旅游等多种目的构成,出行较分散,交通流并不集中在早晚高峰时间,交通流量较小。

5.1.3 区域交通系统综合评价

5.1.3.1 区域土地利用与交通设施可持续性评价

目前高新技术产业园区土地利用呈现出两种模式,已建成区域土地开发特征为低密度土地开发模式向中高密度开发模式过渡期,用地逐步趋向高密度发展模式。而高新技术产业园区外围区大部分为尚未开发或随意开发的村镇用地,可建设用地中需进行开发改造的用地占有比例较大。外围区尚未进行大规模的土地开发,现状土地利用对未来交通发展影响程度较小。而七贤岭产业基地及其以东地区大部分建成区对未来交通发展影响较大,因此本节主要对已建成区土地利用与交通设施可持续性进行研究。

(1)区域土地功能互补,可实现持续发展

高新技术产业园区内七贤岭基地、软件园一期为产业用地,而凌水街道、高家村等为居住用地,区域之间功能互补,可减少部分交通出行。因此,简单从功能布局上来看，现状高新技术产业园区土地利用与交通设施具备实现可持续发展的条件。

（2）各发展区发展立场不同，产业区与居住区未统筹、协调发展

高新技术产业园区已建成区由七贤岭产业基地、软件园一期、凌水、河口等地构成。七贤岭产业基地、软件园一期为高新技术产业园区最早发展起来的产业园区，主要以产业用地为主。凌水原属甘井子区，最初以凌水镇为基础，依靠大连理工大学、大连海事大学两所高校发展起来，主要承担了两所高校生活配套的功能。两个区域发展不属于同一管辖部门，导致相邻的两个区域各自为政，没有协调发展，虽然两个区域现有功能互补，但并没相互协调发展，区域之间出行量较少，而与外部区域之间出行量较大。这也是目前高新技术产业园区交通问题突出的主要原因之一。

（3）区域交通资源有限，新增交通通道代价大

区域特殊的地形条件决定交通资源有限，而土地开发时并未针对特殊的地形条件，建设或重点保护充足的交通系统资源。已建成区多面环山，可建设用地大部分呈点状的组团式分布，多为沿山谷一条道路进出。土地开发时并未针对特殊地形有目的新增或预留通道，导致"一藤多瓜"的用地布局出现，而目前新增交通通道代价极大。

5.1.3.2　道路交通设施评价

（1）组团间主要公路

受地形地貌等因素制约，组团间联系道路有限，如图5-5和表5-5所示。横向联系通道有旅顺南路、旅顺中路及旅顺北路三条，主要功能如下。

1）旅顺南路：南部滨海发展的商业中心、行政中心及旅游产业引发的客流量均由旅顺南路承担，同时旅顺南路蓬勃发展的软件产业带增加了旅顺南路的交通压力。

2）旅顺中路：现状仅有双向两车道且道路技术等级较低，承担大连市中心四区与旅顺口区之间部分过境交通及旅顺中路沿线居民日常出行。目前已改造完成的新路由工程，改造后仍为双向四车道，道路条件将得到改善。

3）旅顺北路：交通压力较大，以货运交通为主，不仅承担中心城区与旅顺口区之间交通量，也是旅顺口区对外联系的主要通道，随着土羊高速公路的建成通车，旅顺北路的交通压力将得到缓解。

纵向联系道路有红凌路、前黄路、山英路三条，主要功能如下。

1）红凌路：七贤岭与马栏之间的主要联系道路，已改造完成的红凌路工程，改造后为双向六车道，道路等级为城市快速路。

2）前黄路：联系黄泥川与前牧城驿之间，为县级公路，技术等级较低，交通量较少，现状主要为乡村间联系道路。

3）山英路：联系旅顺南路与旅顺中路，途经奶牛场，双向两车道，技术等级较低，交通量较少，为乡村间联系道路。

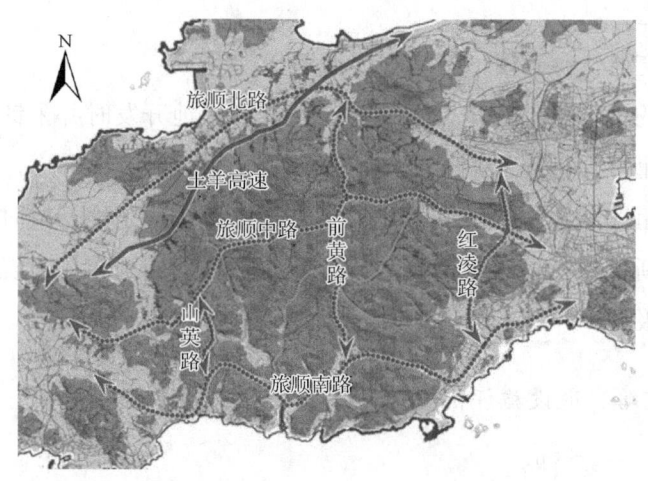

图 5-5　组团间道路现状图

表 5-5　项目周边组团间主要道路明细表

道路名称	现状路面宽度（米）	车道数（个）	道路名称	现状路面宽度（米）	车道数（个）
旅顺南路	20～22	4	前黄路	8/16	2/4
旅顺中路	10	2/4	红凌路	14～18	2/4
旅顺北路	20～22	4	山英路	8	2

注：表中现状表示 2009 年

(2) 组团内部主要联系道路

城市道路有五一路、中山路、黄浦路、软件园路、凌水路，公路有河小线、棠刘线、岔官线等，公路等级较低，多为双向两车道，见表5-6。

表5-6 项目周边组团内部主要联系道路明细表

道路名称	现状路面宽度（米）	车道数（个）	道路名称	现状路面宽度（米）	车道数（个）
五一路	16	4	凌水路	8/16	2/4
中山路	20~26	4~6	河小线	8	2
黄浦路	24~26	6	棠刘线	8	2
软件园路	16	4	岔官线	8	2

(3) 主要道路设施评价

考虑到项目已建成区道路交通问题较突出，而外围区交通量小，道路交通运行状态较好，因此现状道路交通评价主要针对已建成区。现状交通调查也主要围绕已建成区进行。

为更好掌握已建成区交通量情况，调查断面选择高新技术产业园区已建成区东西两侧边界附近，即如图5-6所示的$A\text{-}'A$断面和$B\text{-}'B$断面。分别调查七贤岭产业基地及其以东已建成区与中心城区之间主要联系道路的断面流量、已建成区与旅顺口区之间主要联系道路的断面流量，同时针对关键路段、主要道路进行交通流量调查。通过调查，可见旅顺南路—黄浦路—中山路交通联系通道$A\text{-}'A$断面及交叉口的交通负荷已经超出了其通行能力，无法满足日益增长的交通需求。而旅顺南路$B\text{-}'B$断面交通量较小，道路畅通。

依据实地调查数据，运用区域交通规划数据库对项目周边道路系统的交通运行状况进行评价，评价结果如表5-7和图5-7所示。

通过对路段进行评价，大连市中心四区及高新技术产业园区已建成区周边道路服务水平较低，大部分在D级及其以下水平，而高新技术产业园区外围区及旅顺口区周边干路交通状态较好，为C级及其以上水平。这也说明了土地开发程度直接影响交通需求量。

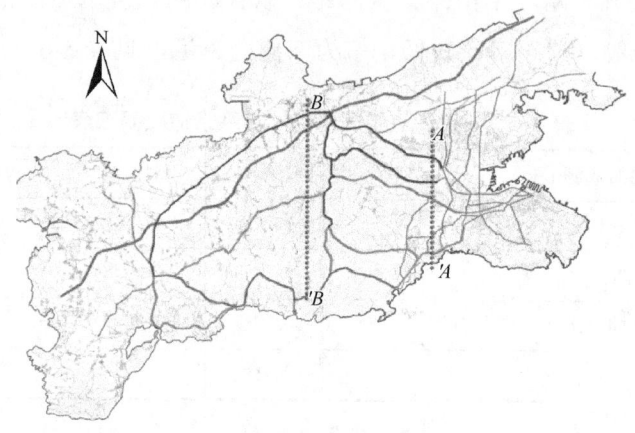

图 5-6　调查断面分布

表 5-7　早高峰时段主要路段流量及评价

道路名称	服务水平	备注	道路名称	服务水平	备注
旅顺北路（断面 B-$'B$）	C	东→西	五一路（断面 A-$'A$）	D	东→西
	C	西→东		C	西→东
旅顺中路（断面 B-$'B$）	A	东→西	西南路（断面 A-$'A$）	D	南→北
	A	西→东		D	北→南
旅顺南路（断面 B-$'B$）	E	东→西	软件园路	B	东→西
	D	西→东		B	西→东
中山路（断面 A-$'A$）	E	东→西	凌水路	D	东→西
	D	西→东		E	西→东

注：评价将区域道路交通分为 A~F 六级服务水平。A 级服务水平代表自由车流，顺畅的交通状态；B 级服务水平代表稳定车流，稍有延误的交通状态；C 级服务水平代表稳定车流，能够接受的延误状态；D 级服务水平代表接近不稳定车流，能够忍受的延误状态；E 级服务水平代表不稳定车流，道路拥挤，不能忍受的延误；F 级服务水平代表强制车流，严重堵塞

高新技术产业园区早高峰时间周边道路交通延误大，堵塞现象时有发生，车辆秩序混乱，采集高新技术产业园区周边道路现场照片如图 5-8 所示。

第 5 章 城市土地利用与交通协调发展应用研究

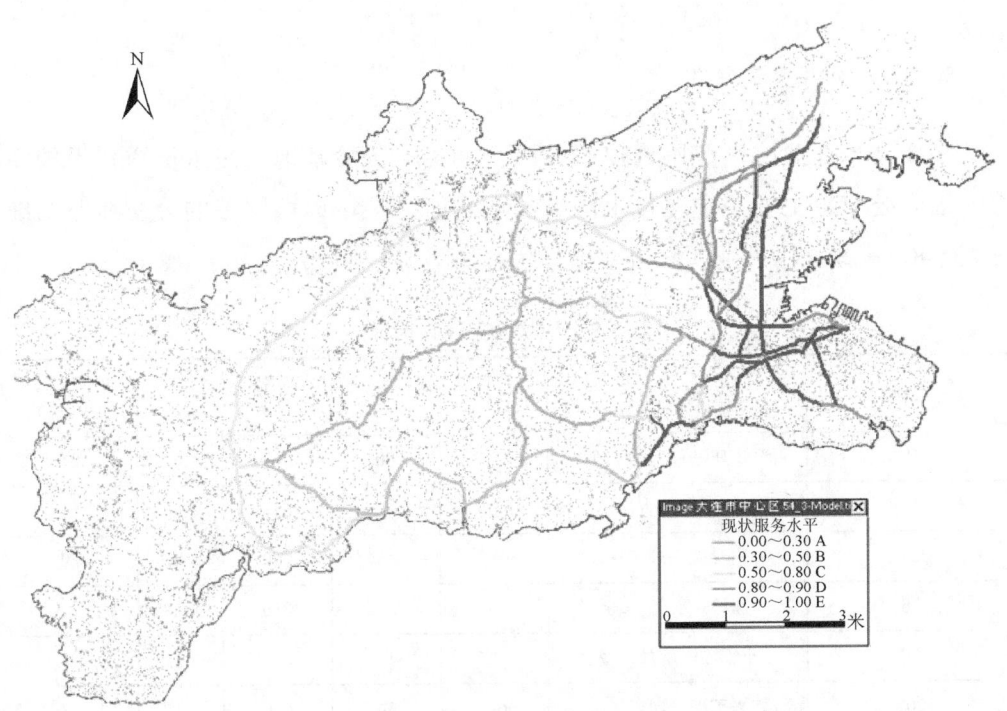

图 5-7 项目周边道路系统服务水平现状

图 5-8 高新技术产业园区周边道路交通情况

5.1.3.3 公共交通评价

高新技术产业园区范围内仅软件园一期、七贤岭基地、凌水街道建设较完善，因此公交也主要集中在以上区域，现状能为区域提供服务的公交线路明细见表5-8，高新技术产业园区公交出行状态如图5-9所示。

表5-8 现状公交线路情况

线路	起、终点位置	线路长度（千米）	运行时间（分）	平均站距（米）	非直线系数	日客流量（万人次）
10	百合山庄—沙河口火车站	15.1	50	600	1.64	3.4
22	弘基书香园—青泥洼桥	11.5	40	670	1.28	2.2
23	外语学院—理工东门	15.3	45	900	1.35	5.9
26	庙岭—五一广场	11	35	850	1.28	2.0
28	小平岛—解放广场	13.7	40	860	1.17	1.6
202	兴工街—河口湾	6.1	30	610	1.17	2.3
33	东北财经大学—泡崖八区	15.1	50	690	1.36	4.8
406	百合山庄—希望广场	15.2	45	950	1.41	7.2
3	马栏广场—河口湾	13.6	40	850	1.52	1.2
531	河口湾—火车站	15.4	50	590	1.15	1
大连市火车站至旅顺	站北广场—旅顺汽车站	—	70	—	—	—

图5-9 高新技术产业园区公交出行状态图

已建成区现状公交线路较多，但公共交通仍存在以下几个方面问题：①高峰时间公交车辆拥挤，乘坐公交舒适度较低；②线路集中在几条主干路上，线路可达性较差，步行到达站点时间长；③道路交通延误导致公交延误时间长，准点率低；④平峰时间，个别线路公交车发车间隔较大，乘客候车时间较长。

外围区域间公共交通存在以下几方面问题：①公交线路较少，线路覆盖范围较小及可达性均较差；②车辆发车间隔大，候车时间长；③车辆票价较高，与城市公交票价有一定差距；④站点等硬件设施不完善。

5.1.3.4 各种交通设施建设协调性评价

交通体系内部的充分整合，包括三个方面：一是指交通设施的平衡，为充分发挥交通设施的整体效益，考虑轨道交通与道路设施的平衡，并重视枢纽、停车和管理措施的作用；二是指交通运行的协调，在综合交通体系中，各种运行方式并存，都将在其适用的范围内发挥特有的优势，不仅要表现各种方式的合理分工，更要表现为各种方式之间的紧密衔接；三是指通过综合管理将交通设施与交通运行紧密地整合起来，即交通运行水平与交通设施水平相一致。

已建成区区位条件决定道路交通资源有限，在道路容量有限的情况下，提高道路的利用率，公共交通应该承担起主要角色。然而已建成区公共交通设施建设滞后，存在车辆拥挤、线路可达性较差、站点未覆盖全部区域、车辆延误时间长、缺乏首末站用地等方面问题，导致公共交通设施与道路设施未能达到互补发展，反而形成相互制约发展的局面，公共交通的优势未得到充分发挥。同时，区域缺乏静态交通设施，导致小汽车路边停车抢占道路资源。

已建成区内各种交通设施之间不但没达到协调发展，反而相互制约发展。公交车辆、社会车辆路边停靠影响动态交通正常运行，增加道路交通拥堵。道路延误增加又导致公交车辆运营时间长、延误大，降低公交车辆服务水平，使部分出行者由公交方式出行转向小汽车方式出行，进一步增加了道路交通压力。各交通设施之间形成恶性循环发展态势，未协调发展加剧了区域交通的恶化。

5.1.3.5 现状交通设施存在的主要问题及其形成原因

（1）交通设施供需存在的主要问题

道路交通设施供需不平衡是七贤岭区域交通存在的最大问题，由于区域处于特殊的地理位置，加之机动化快速发展，道路交通资源供应不能完全满足需求。

公共交通目前仍是该区域交通出行的主要方式，但由于区域交通出行时间、空间存在不均衡性，公交满载率高，车辆延误大，准点率低。七贤岭产业基地及软件园一期公交到达车辆拥挤不堪，202有轨电车由兴工街至河口方向车辆拥挤，车辆不能承载所有候车乘客。

停车设施不足也是区域交通存在的主要问题。凌水街道已建成居住、公共建筑等停车设施配建不足，停车秩序混乱，路边停车随处可见。七贤岭产业基地停车设施供应能够满足现状需求，但随着机动化的发展，停车需求将会增大，可能出现停车设施不足、秩序混乱。

（2）交通发展的影响因素

区域交通发展的影响因素多而复杂，主要有以下几方面。

1）地形地貌。七贤岭产业基地及其以东地区处于城市西部边缘区，西临大连市西效国家森林公园，东濒临黄海，北邻大顶山山脉，为山谷地段，凌水河横穿区内。区域可挖掘交通资源有限。

2）土地利用。七贤岭产业基地以高新产业为主，提供大量工作岗位的同时，由于地块狭小，未能在该区域周边提供足够的居住等公共服务设施用地，该区域吸引大量居住在市区而来此工作的交通量。

3）高校占据关键位置。大连理工大学、大连海事大学两所高校处于七贤岭产业基地与大连市区其他区域之间联系的主要通道处，校园内无法提供城市公共道路，加大了七贤岭产业基地增加新的对外联系道路的难度。

4）铁路专线占用部分用地。影响了关键交叉口、关键路段的拓宽改造的实施。

5）周边部队等特殊用地影响区域对外交通联系的加强。

5.2 交通与土地利用协调发展研究和评价

5.2.1 各发展区区位特征分析

区位特征是区域竞争能力的主要影响因素之一，区位特征由发展区所处位置的集聚经济效益、交通便利程度、基础设施和环境质量好坏等因素构成。城市土地的优势主要取决于城市土地的区位特征。高新技术产业园区扩区后，土地面积由原来的 23 平方千米扩展到 153 平方千米，七贤岭、黄泥川、龙王塘、英歌石四个发展区的交通区位特征不同，使各发展区之间土地优势不均衡。影响各发展区的交通区位特征的因素包括路径距离和空间距离。

路径距离是各交通区之间的实际运行距离。交通规划研究中分析路径距离，能够更好地掌握各发展区之间的距离成本、时间成本、服务水平及可达性，从而更好地协调区域土地开发和利用。高新技术产业园区各发展区及其与周边建成区之间的实际路径距离如图 5-10 和表 5-9 所示。

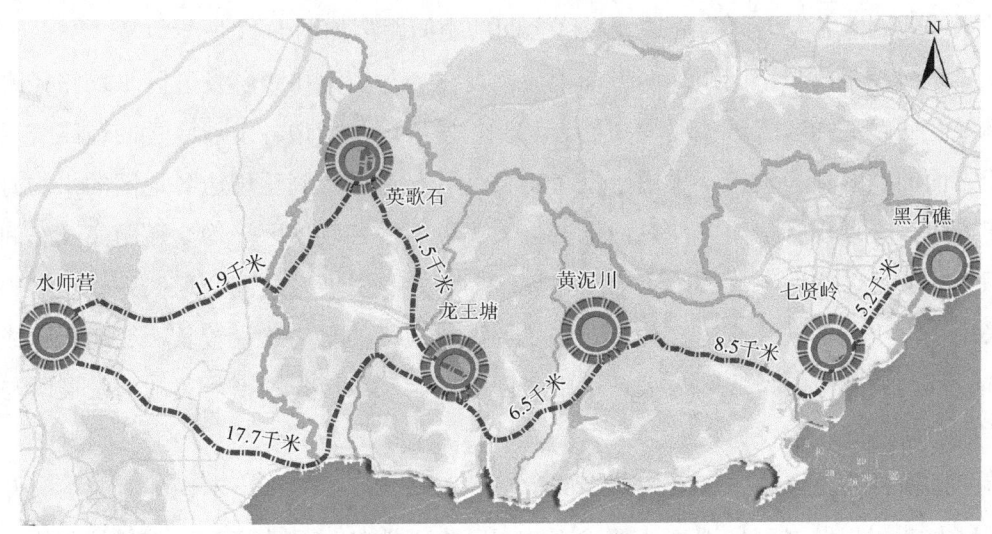

图 5-10　各发展区及其与周边建成区之间的实际路径距离示意图

表 5-9　各发展区及其与周边建成区之间的实际路径距离　　　　单位：千米

发展区	黑石礁	七贤岭	黄泥川	龙王塘	英歌石	水师营
黑石礁	—	5.2	13.7	20.2	31.7	37.9
七贤岭	5.2	—	8.5	15.0	26.5	32.7
黄泥川	13.7	8.5	—	6.5	18.0	24.2
龙王塘	20.2	15.0	6.5	—	11.5	17.7
英歌石	31.7	26.5	18.0	11.5	—	11.9
水师营	37.9	32.7	24.2	17.7	11.9	—
平均距离	21.74	17.58	14.18	12.68	19.92	24.88

高新技术产业园区的龙王塘发展区距各发展区的平均路径距离最小，约为13千米；黄泥川发展区距各发展区的平均路径距离较小，约为14千米；英歌石发展区、七贤岭发展区距各发展区的平均路径距离均较远，分别约为20千米、18千米。

空间距离是指各发展区之间的空间直线距离，空间距离更好地反映了各交通区之间的空间位置，从不同视角分析交通设施与产业布局的空间耦合关系。高新技术产业园区各发展区与周边建成区之间的空间距离如图5-11所示。

从路径距离与空间距离两方面上看，龙王塘与黄泥川距各发展区平均路径距离及空间距离均较近。说明龙王塘、黄泥川发展区与周边各发展区之间道路交通等方面的联系最为紧密，采用小汽车、公交等交通方式到达周边各地区的平均时间最短，交通出行最为方便。而七贤岭、英歌石距各发展区平均交通距离及空间距离均较远，说明七贤岭、英歌石发展区与周边各发展区之间交通联系较疏远，采用小汽车、常规公交等交通方式到达周边各地区的平均路径较长，交通出行成本较高，而七贤岭发展区与大连市中心四区之间联系较为紧密，英歌石发展区与旅顺口区之间联系较为紧密。

高新技术产业园区各发展区受区位特征影响，交通条件也不均衡。龙王塘发展区与黄泥川发展区处于高新技术产业园区中间地带，受地形、地貌条件制约，通道路径选择的弹性空间较小，可建设低等级分流道路资源条件也较差，与其他

第 5 章 城市土地利用与交通协调发展应用研究

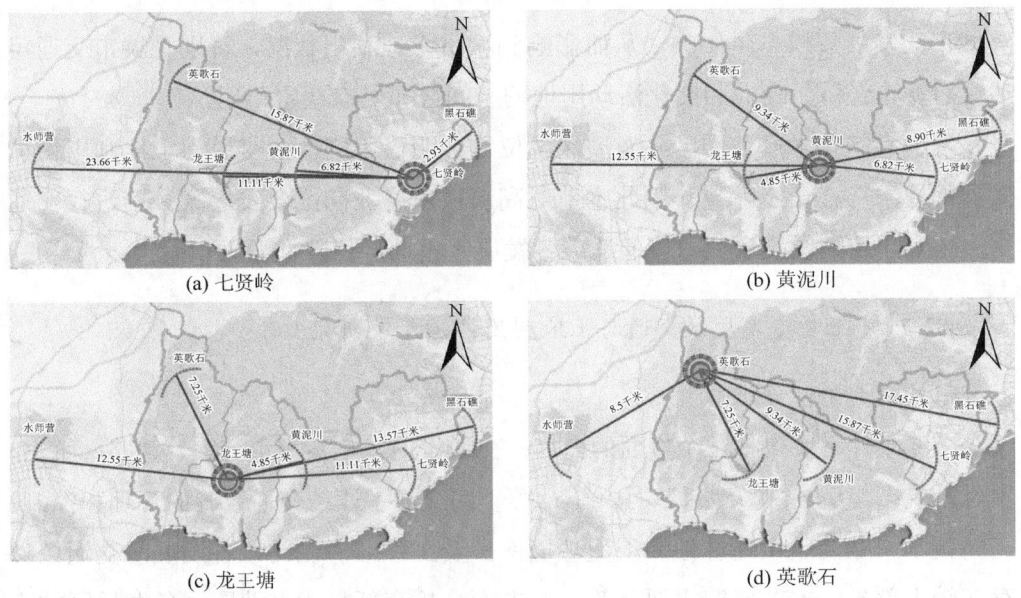

图 5-11 各发展区空间距离示意图

发展区相比交通条件较薄弱。七贤岭发展区处于高新技术产业园区的东侧，区域发展已与大连市中心四区相融合，两者之间交通联系通道较发达，未来分流道路资源较多。七贤岭发展区与其他发展区相比，与大连市空港、铁路、海港之间交通联系便捷，方便城际出行。英歌石发展区处于高新技术产业园区的西侧，区域与龙头、水师营、三涧堡、长城之间距离较近、交通设施相对较发达。

5.2.2 交通与土地利用协调发展研究

城市交通系统与城市土地利用两者之间存在一种相互联系、相互制约的循环作用的关系。具体而言，城市土地利用是城市交通需求的根源，在一定层次上决定了城市交通源、交通量及交通方式，从宏观上奠定了城市交通的结构与基础，城市不同的土地利用状况要求不同的交通模式与之相适应，如城市高强度土地利用就要求高运载能力的公共交通方式与之适应，反之城市低强度土地利用则导致自由方式的交通。同时，城市交通系统所具有的实际运行水平会对城市空间结构及城市的发展规模产生影响,从而影响到城市土地利用状况,特别是城市交通可达性对城市经济、商业和文化活动用地的空间分布具有决定作用。

考虑高新技术产业园区各发展区区位特征明显不同,对交通与土地利用协调发展的要求存在一定差异,因此本节对高新技术产业园区各发展区分别进行交通与土地利用协调发展研究,以便适应各发展区不同区位特性要求。

5.2.2.1 七贤岭发展区交通与土地利用协调发展研究

(1) 交通条件分析

交通条件主要包括三个方面的内容:交通设施,包括城市道路、铁路、航空、水运系统;交通技术,包括步行、车行等一切交通手段;交通设施的管理和控制。高新技术产业园区山地林地多,受环境保护及工程经济制约,各发展区交通条件存在较大差异。本节研究主要从第一个方面分析高新技术产业园区各发展区的交通系统空间布局情况及出行的可能性。

七贤岭发展区位于高新技术产业园区最东侧,处于连接大连市中心四区的咽喉要道,区域与大连市中心四区交通联系便利,交通资源与高新技术产业园区其他发展区相比相对丰富,可利用交通资源主要有道路交通、轨道交通、海上交通等。

1) 道路交通:向东主要通过黄浦路、中山路、五一路、滨海路与黑石礁、星海广场及大连市中心四区相连;向西主要通过旅顺南路与黄泥川、龙王塘、英歌石及旅顺口区相通;向北主要通过规划的河周路和新红凌路与马栏广场、石门新区等地相接(图5-12)。

2) 轨道交通:以现有的202路有轨电车、规划的轻轨8号线(河口至旅顺新港)及地铁1号线(河口至东海公园)作为人流集散的重要交通方式。

3) 海上交通:小平岛、河口湾及改造的凌水湾拥有较好的船舶停靠资源,拥有设置海上公交停靠站的先天条件。

4) 交通技术、交通管理和控制:缺乏完善的步行系统,交通管理和控制手段还比较落后,智能交通系统还未得到广泛应用。

未来随着滨海路、新红凌路、河周路和轻轨8号线、地铁1号线的建设落成,

第5章 城市土地利用与交通协调发展应用研究

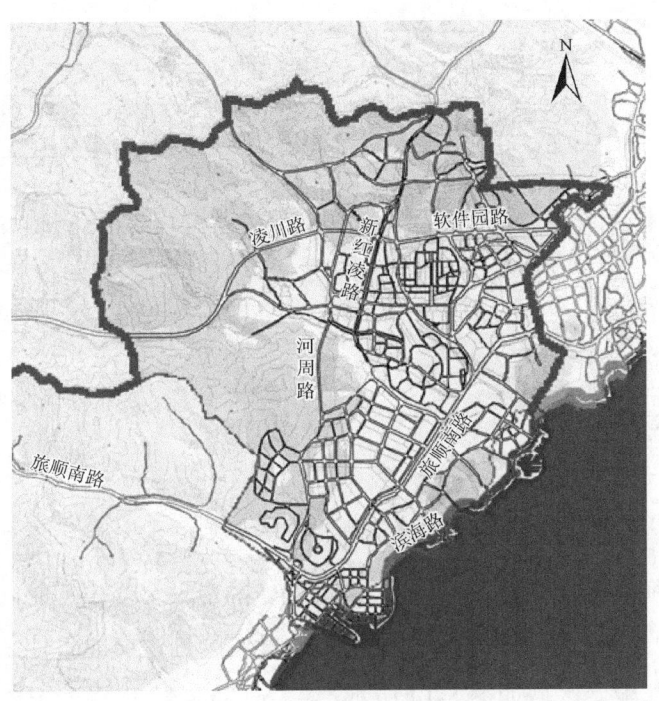

图 5-12　七贤岭发展区道路网络图

七贤岭产业基地的东西向交通通道由目前的中山路、五一路、有轨电车三条通道增加为五条通道，南北向交通通道由现状的红凌路一条增加为两条，交通条件将会得到较大改善，改善七贤岭发展区内部交通环境，加强七贤岭发展区与大连市中心四区之间交通联系。七贤岭发展区对外交通通道示意图如图5-13所示。

（2）基于交通条件下的理想居住配套区域分析

七贤岭发展区紧邻大连市中心四区，5千米对外辐射区域主要有黑石礁等地，10千米对外辐射区域包括大连市沙河口的大部分区域。七贤岭发展区是高新技术产业园区未来的公共中心及产业发展核心区，汇集软件与服务外包及高新技术产业的综合产业中心。

目前公共交通是七贤岭发展区的主要交通出行方式，未来公共交通仍将占有主导地位。基于大连市居民出行特点，公共交通的服务水平直接决定高新技术产业园区就业人员居住分布情况。由于公共交通具有沿道路通道布设的特点，公共

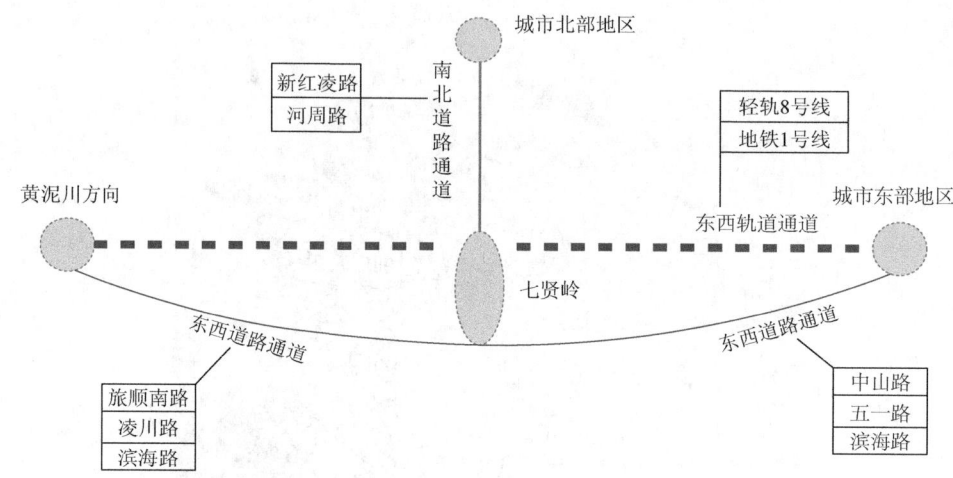

图 5-13　七贤岭发展区对外交通通道示意图

交通的服务范围成带状分布，考虑到人们可忍受的最长公交出行时间约为 45 分钟，研究以 45 分钟为出行时间阈值，根据七贤岭发展区周边交通条件，划定七贤岭发展区的理想居住配套区域如图 5-14 所示。

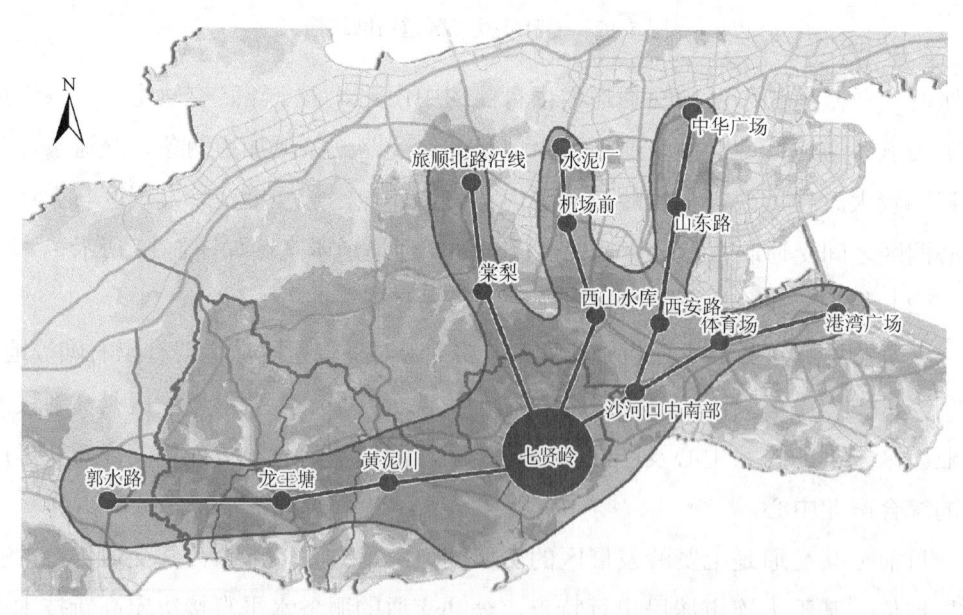

图 5-14　七贤岭发展区理想居住配套区域示意图

由于公交车中的轨道交通及郊区常规公交的干扰因素较少,线路运行速度快,覆盖范围较远,而大连市区中心内的常规公交车线路干扰因素较多,运行速度较慢,覆盖范围相对较近。同时沿干道两侧地块公交出行较便捷,使七贤岭发展区公交出行范围组成手掌状,公共交通沿主要道路交通设施分布,形成五个手指分支。

公交覆盖的手掌范围包含沙河口区大部分地区,手指范围指向五个交通通道方向。

一是中山区方向,考虑到主要载体为轨道交通,具有速度快的优点,此分支距离较长,范围覆盖星海湾、西安路、体育场、人民广场、青泥洼桥等区域,覆盖到中山区港湾广场附近。该方向为城市社会经济的核心区,购房较早的部分就业人员在该区域内居住,区域配套服务设施完善。

二是泉水方向,范围覆盖王家桥、山东路等区域,覆盖到甘井子区中华广场附近。该方向覆盖的居住用地较多,住宅价格也较低,就业人员已有部分在该分支内居住,随着轨道项目的建设,就业人员居住的比例可能增加。

三是朱棋路方向,范围覆盖马栏广场、西山水库、机场前等区域,覆盖到朱棋路附近。该方向覆盖的居住用地较多,住宅价格较低,就业人员中已有大量人员在此居住,是七贤岭发展区适宜居住配套的区域。

四是磊子山方向,范围覆盖旅顺棠梨沟区域,覆盖到旅顺北路附近。该分支覆盖区域现在尚未进行用地整体开发,随着未来土地开发及公共交通发展,具有进行配套居住的较好条件。

五是旅顺方向,主要载体是旅顺南路、地铁 1 号线、轻轨 8 号线等,范围覆盖黄泥川发展区、龙王塘发展区、塔河湾,覆盖到旅顺口区水师营区域。该分支主要为产业用地,未来七贤岭发展区将有少部分的就业人员居住在该方向。

(3)土地开发模式与交通发展适应性分析

依据高新技术产业园区整体发展战略规划,未来七贤岭将容纳较大规模的产业人口,大量就业人员出行将给该区域交通产生较大压力。本着减少区域交通出行量、缩短出行距离、节约交通资源的原则,对七贤岭发展区土地开发适应性进行分析。高新技术产业园区土地资源有限,可建设用地成组团式布局,决定高新技术产业园区用地布局无弹性发展空间，因此各发展区的土地适应性分析主要从土地功能组织及开发密度两方面进行分析。

第一，土地功能组织与交通发展适应性分析。

城市土地功能组织的混合程度对交通影响显著。早晚高峰时间，产业用地与居住之间产生大量固定交通流，区域土地不同功能的混合将明显缩短出行距离，减少机动化交通出行量。

截止到2009年七贤岭发展区约有10%的产业人员在区域内部居住，内部居住比例较低。建议高新技术产业园区通过政策激励就业人员在区域内部凌水、小平岛等地购房居住，同时加强凌水等区域超市、学校等公共服务设施的建设，增加区域居住环境的吸引力，减少对外出行。七贤岭发展区为城市建成区，且区域已与大连市中心四区发展相融合，改变区域土地功能的混合程度的过程较缓慢、难度较大、因素较复杂。结合七贤岭发展区实际情况，建议将未来区域就业人员内部居住率提升到30%~35%较为适合。考虑就业人员购房选择因素，其他在区域外部居住的就业人员也将集中在公交45分钟出行范围圈内，因此应在该公交范围圈内开设完善的公交系统，以保证就业人员公交出行的服务水平，保持公共交通的吸引力。

七贤岭发展区的高新及软件企业作为大连市城市单元的一部分，与城市其他功能区之间存在必然的交通联系。不同的企业与其他功能区之间联系紧密度不同，大连市社会、经济、政治中心位于大连市中心四区内，而七贤岭是高新技术产业园区内距离大连市中心四区最近的发展区，在交通、信息、资源等多方面与大连市中心四区共享度较高。因此，在满足高新技术产业园区产业发展的前提下，建议与大连市中心四区之间联系紧密的企业（如针对大连市中心四区人员的软件技术培训学校等）在七贤岭发展区内布置，缩短此类企业公务出行距离，减少此类企业派生交通流的运输量。

第二，土地开发密度与交通发展适应性分析。

根据产业发展需要，未来七贤岭发展区需要容纳21.9万人的就业人口。与其他发展区相比七贤岭发展区交通条件较发达，适合较高密度开发，而与其他平原城市相比，其交通资源仍然有限。根据国内外城市发展的经验与教训，区域高密度开发的前提应是以公共交通出行方式为主，七贤岭发展区高密度开发，前提必须是更大力度地保证公共交通为主要出行方式。

七贤岭发展区周边交通通道由旅顺南路—黄浦路—中山路、凌川路—软件园路—五一路、轻轨 8 号线—地铁 1 号线的三横及河周路、红凌路的两纵组成。考虑轨道交通及道路交通的承载力，地铁线路单向运力为 3 万~4 万/小时，轻轨线路单向运力为 1 万~2 万/小时，道路一个车道约为 800 辆/小时计算，区域承担 21.9 万人的就业人口出行，公交分担率必须达到 70%左右，方能维持交通系统的可持续发展要求。

为吸引、鼓励就业人员公交出行，发挥轨道交通大运量、快速、准时的优势，在符合产业发展的前提下，建议将高密度的产业群及公共服务设施集中在轨道交通站点周边建设，并围绕站点周边进行土地功能混合开发。采用这样的布局方式方便就业人员乘坐，提高轨道交通设施的利用率。

综上所述，七贤岭发展区在公共交通分担率达到 70%左右，满足 30%~35%的就业人口就近居住，并围绕轨道站点进行土地适当复合开发的前提下，能够较好地满足未来从业人口的交通需求。借鉴中国香港、新加坡等地区对土地利用的混合利用和立体开发思路，建筑设施内可容纳更多的交通空间，促进该区域建筑交通的综合发展，并采取以公共交通尤其是轨道交通为主导的高密度发展模式。

因此，为充分利用土地资源，发挥七贤岭发展区的主导作用，按照"布局集中、土地集约、产业集聚"的土地利用原则，其土地开发可采取集中高密度开发模式，鼓励就业人员内部居住，并需建立完善的对外公交系统，充分利用七贤岭发展区距离大连市中心城区较近的比较优势，合理进行区域土地开发。

5.2.2.2 黄泥川发展区交通与土地利用协调发展研究

(1) 交通条件分析

黄泥川发展区位于高新技术产业园区中心地带，是发展软件园二期的核心区域,也是旅顺南路产业带的重要节点。黄泥川发展区是高新技术产业园区努力打造的最具有生命力、创造力和活力的软件产业区,区域可利用交通资源主要有道路交通、轨道交通、海上交通等。

1)道路交通:向东主要通过旅顺南路、滨海路、凌川路与七贤岭发展区、大连市中心四区相接,向西主要通过旅顺南路、滨海路、凌川路与龙王塘、英歌石和旅顺口区相连,向北通过前黄路与营城子、前牧城驿方向相连,也可通过河周路、龙英路与其他周边地区相接。区域道路网络布局如图5-15所示。

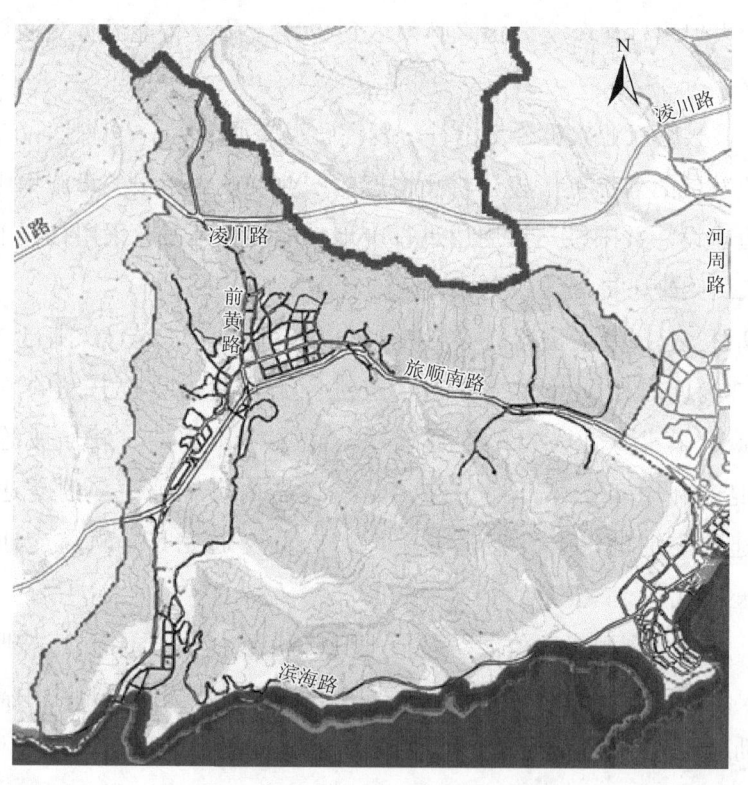

图5-15 黄泥川发展区道路网络图

2)轨道交通:规划的轻轨8号线线路将穿越河口湾地块、山谷地块、黄泥川地块,并布设轨道交通站点,使黄泥川与七贤岭、大连市中心四区和旅顺口区等区域紧密联系在一起。

3）海上交通：南海头地块具备设置海上公交停靠站的条件，可凭借海上交通到达其他沿海区域。

4）交通技术、交通管理和控制：区域交通管理和控制手段比较落后，先进的交通技术还未得到广泛应用。

随着滨海路、凌川路及轻轨 8 号线的逐步建设落实，该发展区东西通道将会由现状的旅顺南路 1 条增加到 4 条，东西交通联系将得到明显改善。黄泥川发展区对外交通通道示意图如图 5-16 所示。

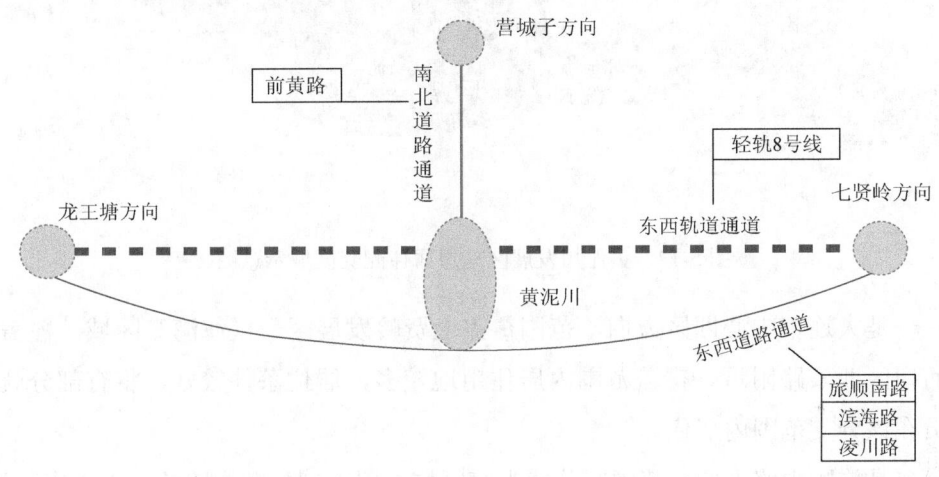

图 5-16 黄泥川发展区对外交通通道示意图

（2）基于交通条件下的理想居住配套区域分析

黄泥川发展区是软件园二期的主要产业基地之一，其 5 千米对外辐射区域主要有七贤岭发展区、龙王塘发展区，10 千米对外辐射区域主要有黑石礁、英歌石发展区等地。

黄泥川发展区道路交通条件相对有限，应大力发展公共交通。公共交通的发展对区域发展起到至关重要的作用，公交 45 分钟出行服务范围直接影响黄泥川发展区就业人员理想居住区域的分布，如图 5-17 所示。

黄泥川发展区公交出行范围成扇形分布，主要覆盖龙王塘发展区、七贤岭发展区，并分别沿旅顺南路、龙英路、前黄路、河周路向外延伸，形成五个分支方向。

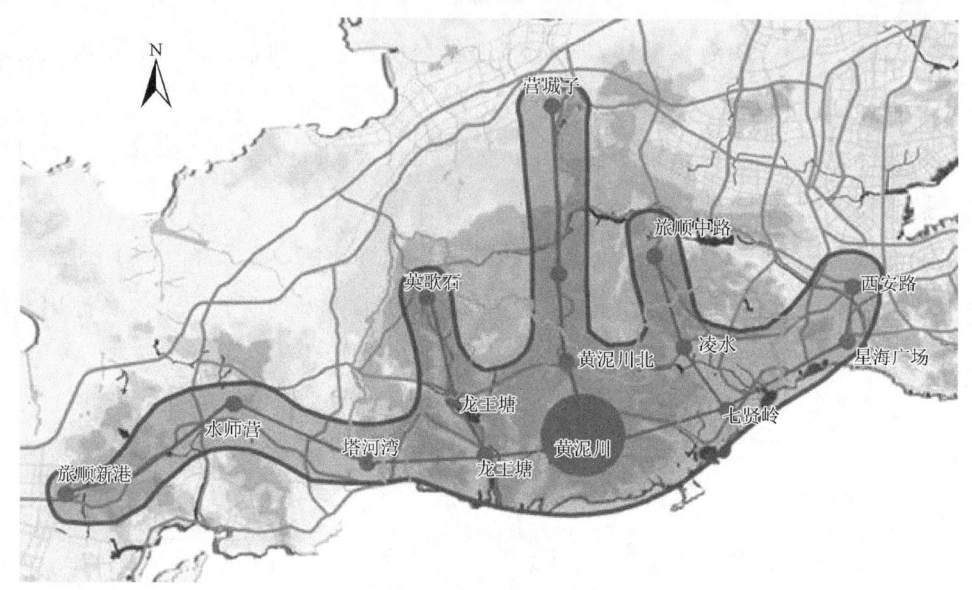

图 5-17 黄泥川发展区理想居住配套区域示意图

一是大连市中心四区方向，范围覆盖七贤岭发展区、星海湾等区域，覆盖到沙河口区西安路附近。覆盖范围内居住用地较多，居住条件较好，将有部分就业人员在该分支范围内居住。

二是旅顺中路方向，范围覆盖凌水等区域，覆盖到旅顺中路的西山水库附近。覆盖范围内可建设用地较少，可利用进行配套居住的用地较少。

三是旅顺北路方向，范围覆盖森林公园等区域，覆盖到朱棋路附近。覆盖范围内可利用配套居住的用地主要位于营城子附近，出行距离较长。

四是英歌石发展区方向，范围覆盖龙王塘发展区，覆盖到英歌石发展区附近。覆盖范围内龙王塘有较好的配套建设居住项目条件，而英歌石发展区作为产业园区，配套居住的可能性较小。

五是旅顺方向，范围覆盖龙王塘、塔河湾、水师营等，覆盖到旅顺新港区域。该分支用地面积较大、条件较好，较适合进行黄泥川发展区配套居住。

（3）土地开发模式与交通发展适应性分析

第一，土地功能组织与交通发展适应性分析。

黄泥川发展区位于高新技术产业园区中部，其四面环山，区域位置比较独立，与高新技术产业园区外围地区之间缺乏紧密联系。软件园二期项目位于黄泥川发展区内，产业发展规划已经形成，覆盖黄泥川发展区的大部分可建设用地。软件园二期土地功能以软件开发为主，并有少量居住用地。

黄泥川发展区处于高新技术产业园区几何中心位置，交通资源相对有限，发展区内部进行土地功能混合组织是区域交通可持续发展的必然要求。然而黄泥川发展区大部分用地的土地利用模式已经确定，并且部分项目已经启动，仅能通过北侧未进行规划的山谷地块增加居住等配套设施用地，使工作岗位就近居住比例达到30%以上。同时考虑到黄泥川发展区与七贤岭发展区、龙王塘发展区相毗邻，建议将凌水、小平岛及龙王塘等靠近黄泥川发展区的地块作为黄泥川产业配套发展区，就近进行住宅、商业等公共服务设施配套，进一步减少区域机动化出行压力。

高新技术产业园区整体发展规划未在黄泥川发展区内设置硬件产业用地，这也符合交通发展要求，黄泥川发展区交通资源较薄弱，与公路、铁路、港口等主要对外交通设施之间联系薄弱，从交通发展方面看，不适宜发展货物运输量较大的企业。

第二，土地开发密度与交通发展适应性分析。

黄泥川发展区内已确定的规划用地为中等密度的开发模式，考虑区域土地资源紧张，中等密度的开发较适合区域交通发展。在中等密度开发模式下，区域也应大力发展公共交通、鼓励公交优先。

综上所述，考虑黄泥川发展区的交通条件，区域应适时打通凌川路，为开辟区域与中心四区公交线路提供基础保障，是满足区域交通出行的重要前提。同时为减少区域对外出行量，建议在北侧山谷未规划用地中，适当增加住宅开发量，提高区域土地兼容度，使职住就近的比例在30%以上。同时，借鉴新加坡、丹麦哥本哈根、中国香港等地区的发展经验，利用经济杠杆引导公共交通的使用，在一定程度上限制私人小汽车的使用，并建设高效便捷的换乘系统，增加人们选择公共交通或非机动车出行的积极性。

5.2.2.3 龙王塘发展区交通与土地利用协调发展研究

（1）交通条件分析

龙王塘发展区可利用的交通资源主要是道路交通、轨道交通、海上交通等。

1）道路交通：东西向主要通过旅顺南路、凌川路与黄泥川、七贤岭、中心四区及旅顺口区水师营等地相连，南北向主要是通过山英路、龙英路与英歌石方向相通。区域道路网络布局如图 5-18 所示。

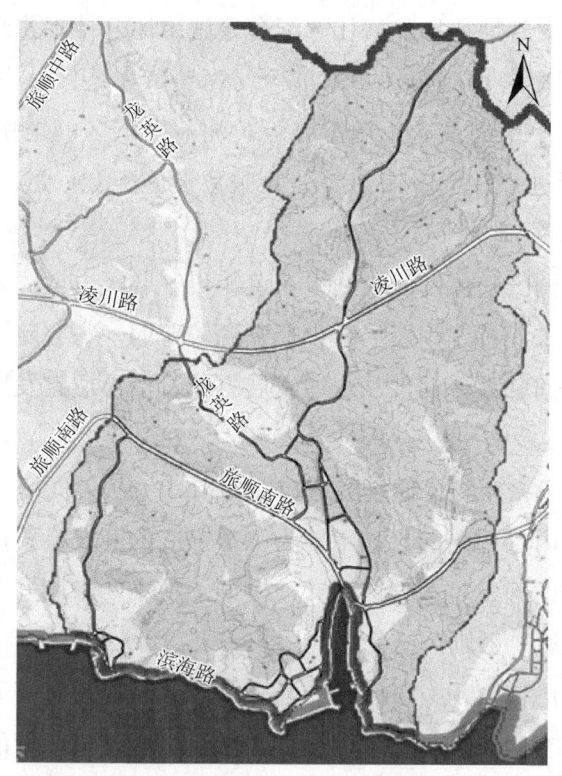

图 5-18 龙王塘发展区道路网络图

2）轨道交通：部分通车的轻轨 8 号线穿过龙王塘，并设有站点。

3）海上交通：龙王塘滨海区域及鲍鱼湾具备设置海上公交停靠站的先天条件，可凭借海上公交到达其他滨海区域。

4）交通技术、交通管理和控制：手段有待健全。

随着凌川路、轻轨 8 号线、滨海路、龙英路、山英路的建设落成，龙王塘发展区东西向通道将由旅顺南路 1 条增加到 4 条，南北向通道增加到两条，如图 5-19 所示。

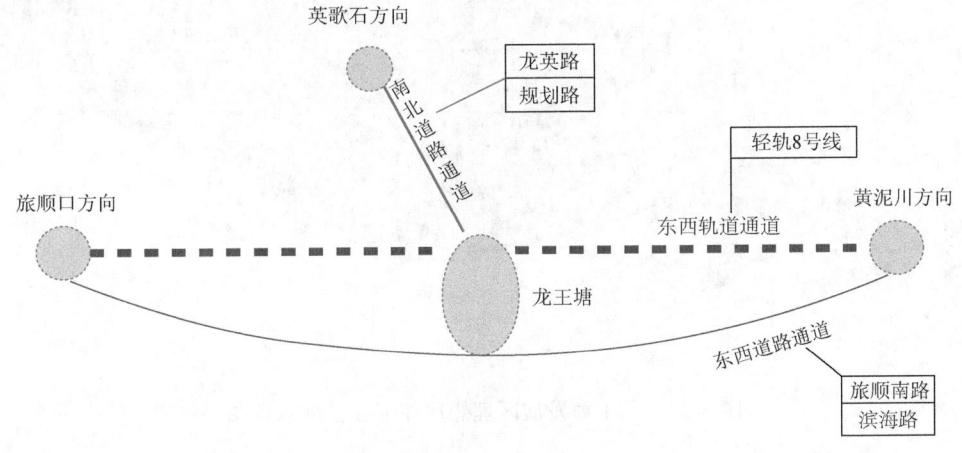

图 5-19　龙王塘发展区对外交通通道示意图

（2）基于交通条件下的理想居住配套区域分析

龙王塘发展区地处黄泥川发展区与英歌石发展区之间的中心地带，具有中位优势。战略规划将其定位为高新技术产业园区的综合服务区，主要发展商业、行政办公、住宅等公共服务设施。其 5 千米对外辐射区域主要有黄泥川、英歌石，10 千米对外辐射区域主要有七贤岭、旅顺口区龙头镇等地。

由 5.2.1 节区位特征分析可见，龙王塘发展区到达其他各发展区之间平均路径距离最短，因此龙王塘发展区的公交出行圈覆盖高新技术产业园区范围最全面，根据交通设施分布情况，其覆盖范围呈张开的手掌状分布，并延伸出四个手指分支。由公交出行圈分析可见，龙王塘发展区理想居住配套区域分析如图 5-20 所示。

公交覆盖的手掌范围包含高新技术产业园区范围，手指范围指向四个交通通道方向。

一是大连市中心四区方向，此分支距离较长，范围覆盖黄泥川发展区、七贤

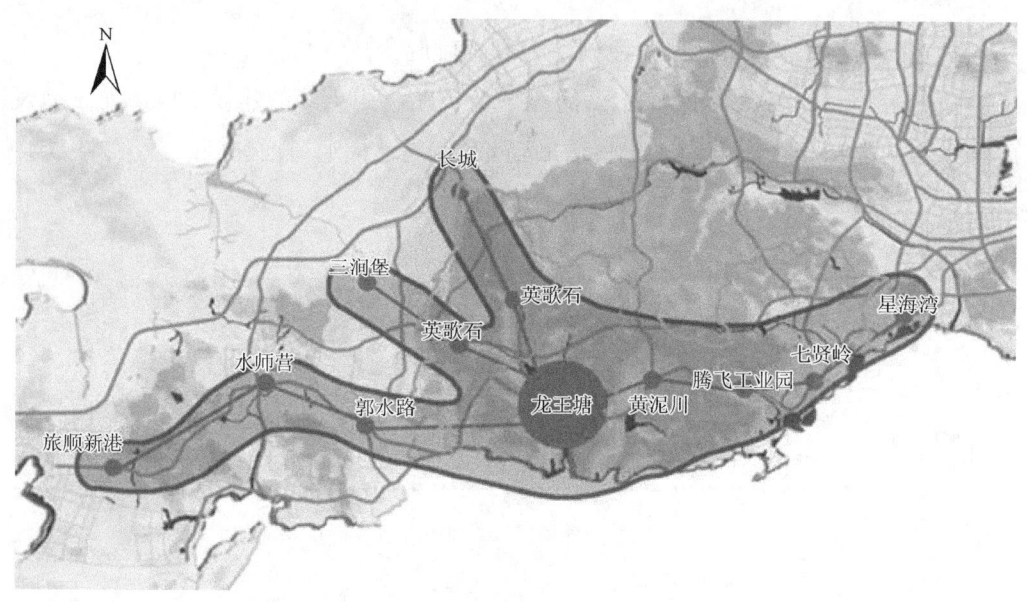

图 5-20　龙王塘发展区理想居住配套区域示意图

岭发展区、黑石礁等区域，覆盖到星海湾附近。由于该分支内交通联系较便利，龙王塘发展区内居民位于黄泥川、七贤岭等发展区就业的比例较大。

二是长城镇方向，范围覆盖英歌石等区域，覆盖到旅顺口区长城镇附近。龙王塘发展区内的居民在英歌石发展区内就业及长城区域的居民在龙王塘就业的可能性均较大。

三是三涧堡方向，范围覆盖英歌石等区域，覆盖到旅顺口区三涧堡附近。龙王塘发展区内的居民在英歌石发展区内就业及三涧堡区域的居民在龙王塘就业的可能性均较大。

四是旅顺新港方向，范围覆盖龙头、水师营等区域，覆盖到旅顺新港附近。龙王塘发展区的就业人员分布在该分支居住的比例较大。

（3）土地开发模式与交通发展适应性分析

第一，土地功能组织与交通发展适应性分析。

高新技术产业园区产业可持续发展应坚持生产、生活、生态三者的可持续发展，加强各种生活服务设施的建设，能够支撑高新技术产业园区发展的高科技创新、产业化、市场化的社会化服务体系。龙王塘发展区处于高新技术产业园区路径中心位置，与高新技术产业园区各发展区之间交通出行便捷，最适合发展产业配套服务设施。同时考虑七贤岭发展区与黄泥川发展区均以产业开发功能为主，发展区内部居住、金融等公共服务配套设施可能不完善，也需在周边发展区提供配套服务设施用地。龙王塘发展区优越的区位，具有进行提供居住、金融、商业等公共服务配套设施的条件，战略规划将龙王塘发展区定位为综合服务区也符合高新技术产业园区土地功能混合的需求。

龙王塘发展区应以居住、商业、旅游等服务功能用地为主，并围绕轨道交通站点进行开发，在满足产业发展的前提下，将出行量较大的功能区在轨道交通站点附近布置，并在靠近黄泥川发展区附近预留黄泥川产业配套居住区，与黄泥川发展区之间达到较好的土地功能混合利用。

第二，土地开发密度与交通发展适应性分析。

根据产业发展需要，未来龙王塘发展区预计容纳9万人的就业人口。区域土地利用性质为配套公共服务设施，高新技术产业园区缺乏公共服务设施用地，区域建设规模应适应区域土地利用需求。考虑到龙王塘发展区公共配套设施的供应比例直接关联到高新技术产业园区就业人员对外出行比例，因此龙王塘发展区可适当进行中高密度规模的住宅项目开发，促使高新技术产业园区内25%左右就业人员能够在龙王塘发展区内居住，提高高新技术产业园区内部居住比例，减少高新技术产业园区对外交通出行的压力。

综上所述，龙王塘发展区在高新技术产业园区内的区位优势显著，该区域位于高新技术产业园区的几何中心位置，与其他发展区的路径距离均较近，选择龙王塘发展区作为区域配套中心，对优化高新技术产业园区交通出行分布、提高公交出行效益、缓解与外界联系的交通压力意义重大。建议龙王塘发展区围绕轨道站点周边进行中高密度的住宅开发，并采取相关政策条件，使之真正意义上成为高新技术产业园区内从业人口的配套住宅项目，能够吸引高新技术产业园区25%左右的就业人员在此居住，这是未来高新技术产业园区交通可持续发展的关键。

5.2.2.4 英歌石发展区交通与土地利用协调发展研究

（1）交通条件分析

英歌石发展区位于高新技术产业园区西北部，旅顺中路穿过境内，并与龙头产业园相接，区域交通较便利。英歌石发展区可利用交通资源主要是道路交通，可换乘轨道交通及海上公交。

1）道路交通：东西向通道主要通过旅顺中路、凌川路与中心四区、旅顺口区联系；南北向主要通过山英路、龙英路及规划至鲍鱼湾方向道路与龙王塘等地区相接。区域道路网络布局如图 5-21 所示。

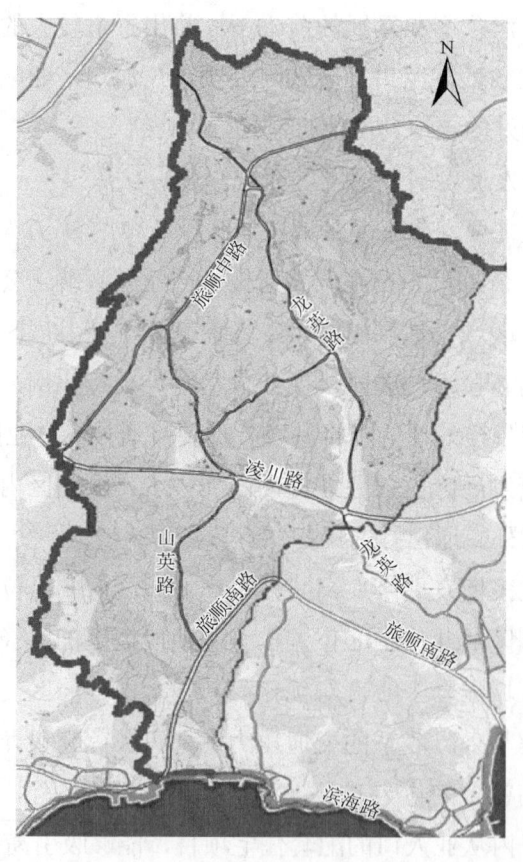

图 5-21 英歌石发展区道路网络图

2）轨道交通：已开通的轻轨 8 号线站点距英歌石发展区可建设地块距离较远，步行无法到达，可通过公交、小汽车等交通方式换乘轨道交通。

3）海上交通：区域可建设地块距海上公交线路较远，通过小汽车、常规公交换乘海上公交线路出行较不便捷。

4）交通技术、交通管理和控制：智能交通和交通管理控制存在较大空白。

未来英歌石发展区东西向将增加凌川路、轻轨 8 号线通道，南北向对外交通通道将增加龙英路，延长山英路。英歌石发展区对外交通通道示意图如图 5-22 所示。

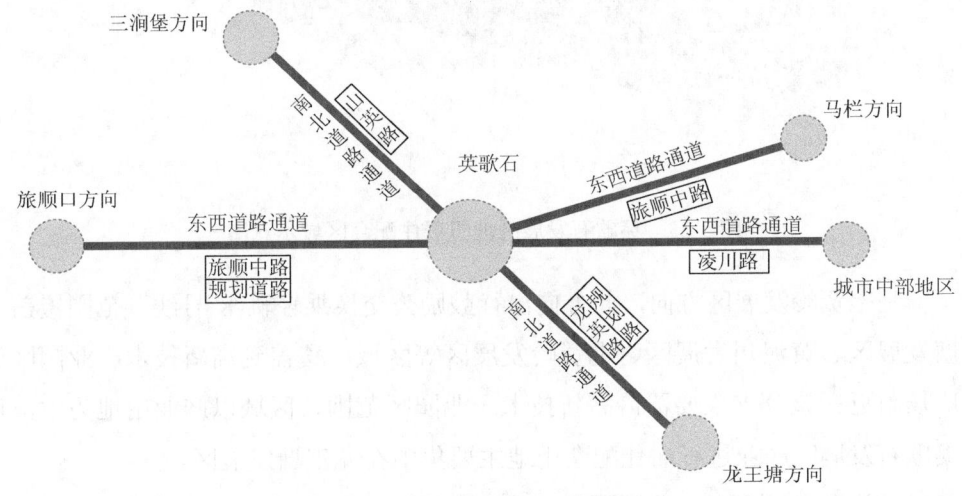

图 5-22 英歌石发展区对外交通通道示意图

（2）基于交通条件下的理想居住配套区域分析

英歌石发展区位于高新技术产业园区西部、旅顺水师营西侧，旅顺南路与旅顺中路均穿越区域内部。从空间形态上看，其 5 千米对外辐射区域主要有龙王塘、龙头、长城及三涧堡等地，10 千米对外辐射区域主要有黄泥川与旅顺口区水师营等地，其距大连市中心四区的距离较远，约在 15 千米以上。英歌石发展区理想居住配套区域分析如图 5-23 所示。

英歌石发展区理想居住配套区域成张开手掌状，手掌范围包含了龙王塘发展区，五个手指分支分别指向五个交通通道方向。

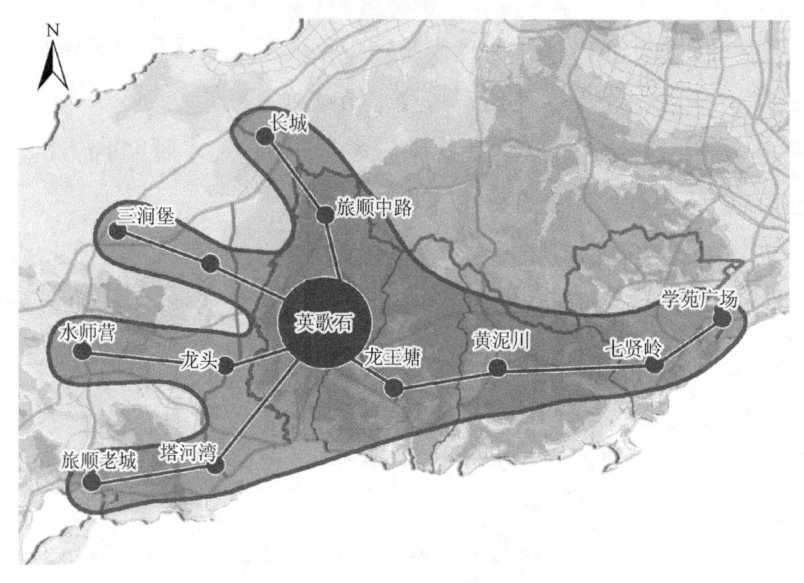

图 5-23　英歌石发展区理想居住配套区域示意图

一是七贤岭发展区方向，此方向出行鼓励公交换乘轻轨 8 号线，范围覆盖龙王塘发展区、黄泥川发展区、七贤岭发展区等区域，覆盖到高新技术产业园区学苑广场附近。该分支主要覆盖高新技术产业园区范围，区域以产业用地为主，可对英歌石发展区产业进行居住配套用地主要集中在龙王塘发展区。

二是旅顺老城方向，范围覆盖塔河湾等区域，覆盖到旅顺老城附近。未来该分支范围将有部分居民于英歌石发展区就业。

三是旅顺水师营方向，覆盖龙头等区域，覆盖到旅顺水师营附近。该分支覆盖旅顺口区的行政中心，未来将有大部分就业人员选择在该范围内居住。

四是三涧堡方向，范围覆盖到三涧堡旅顺北路附近。该方向与英歌石发展区之间交通联系紧密，是英歌石发展区较为理想的配套服务用地，可引导就业人员在该区域居住。

五是长城方向，主要载体为凌川路、旅顺中路、龙英路等，范围覆盖到旅顺三涧堡附近。该方向与英歌石发展区之间交通联系较紧密，可适当引导就业人员在该区域居住。

(3）土地开发模式与交通发展适应性分析

第一，土地功能组织与交通发展适应性分析。

英歌石发展区与旅顺口区毗邻，战略规划将其定位为企业研发核心区，建设形成嵌入式软件研发中心、高新技术企业研发总部、测试中心、公共实验室、数据备份中心等产业服务平台。由于区域与旅顺口之间联系紧密，并可方便快捷到达土羊高速出入口，与城市对外交通设施之间联系紧密。

区域布置了部分居住等配套公共服务设施，但住宅比例较低，区域配套公共服务设施仍然不足，建议通过加强区域与龙王塘、三涧堡、长城之间联系，在其周边区域内完成英歌石发展区土地功能的混合利用。在满足就业人员就近居住率25%～30%的前提下，建议土地开发结合凌川路等道路公交走廊进行，方便人员乘坐公共交通出行，鼓励公交优先。

英歌石发展区具备快速便捷的对外交通条件，在满足环境保护要求的前提下，建议将高新技术产业园区内货物运输量较大的企业设置在英歌石发展区内，既满足货物运输快速便捷的交通需求，也避免货运与客运交通流混合交织，减少道路交通压力。

第二，土地开发密度与交通发展适应性分析。

英歌石发展区可利用的主要交通资源仅有道路交通设施，需要换乘方能乘坐轨道交通。考虑英歌石发展区的区位特征及交通条件，相对于高密度开发而言，区域更适合折中开发模式。区域规划的开发密度符合适应区域发展要求。

综上分析，英歌石发展区土地开发，应适当超前、高标准建设对外道路通道设施，产业人口内部居住比例达25%～30%，利用交通设施引导其余产业人口向外就近配套，开辟多条至旅顺（水师营、郭水路、长城及三涧堡）、龙王塘及营城子方向的公交线路。在前面所述的前提下，英歌石发展区土地开发可采取折中模式，通过有意识加强用地组织，减少高新技术产业园区主要道路交通量。加强公共交通走廊的建设和保护，实现公共交通为区域主导交通方式，以公共交通来引导用地开发，交通系统围绕城市空间结构和城市用地功能布局进行规划和建设，各种性质的土地开发通过交通系统实现紧密联系。

5.2.3 交通与土地利用协调发展评价

为衡量高新技术产业园区的交通与土地利用未来是否能够达到协调发展的效果，对高新技术产业园区进行交通与土地利用协调发展评价。交通与土地利用协调发展评价主要是为评价土地集约化程度、交通系统效率与服务水平、环境质量三方面的协调程度。为此，所构建的交通与土地利用协调发展指标体系遵循以下原则：

1）综合性。指标体系为有机整体，从不同侧面反映城市交通和土地互动发展情况，应反映交通与土地利用互动关系的综合指标。

2）科学性。建立在科学理论和实践经验基础上，对客观实际的描述应当清晰、简练和符合实际，并具有科学性。

3）系统性。指标之间存在横向联系和纵向联系。应当由若干指标从不同侧面加以反映，不应单一指标全面反映系统的特性。

4）可操作性。指标应简单，易于分析获取。

通过对高新技术产业园区进行分析，划分七个评价指标体系，见表 5-10（不同指标体系从不同角度进行评价）。

表 5-10 交通与土地利用协调发展评价指标体系

方面		交通与土地协调发展表现	指标
土地集约化程度	耗费总量	节约土地用量，避免向外扩张，对交通用地和建筑用地的需求少	人口密度
	区域布局	合理布局，混合开发，有利于城市理性增长，缩短出行距离	人均通勤出行距离，公交出行分担率
	开发强度	高密度高强度开发，需要有大容量公共交通的支撑，有利于发展公共交通	骨干公交（轨道交通及BRT）网络800米覆盖范围内的建设用地比例，公交出行分担率
交通系统效率与服务水平	畅达性	整个区域交通运行顺畅，延误少，土地开发布局合理，强度适当	快速路和主干路上交通拥堵路段比例
	高效	时间上：城市出行方向潮汐性减缓，多中心的布局	区域主要放射通道上的不均衡系数
		空间上：交通设施的能力被充分利用，所需要新增的交通设施也少	骨干公交（轨道交通及BRT）网络800米覆盖范围内的建设用地比例

续表

方面		交通与土地协调发展表现	指标
环境质量	节约资源	占用的农田和耕地少,土地消耗量少,所需要新增的交通设施也少	人口密度
	保护环境	大气污染物排放少,用于交通设施建设的土地消耗少,且排放量减少	人均车千米数

为评价高新技术产业园区交通与土地利用协调发展程度,对可能出现的几种情形进行评价:第一种是高新技术产业园区交通与土地自然发展(或称为自由发展);第二种是鼓励土地的合理利用,交通自由发展(或称为土地策略);第三种是采取交通发展策略,鼓励公交优先,土地自由发展(或称为交通策略);第四种是交通与土地协调发展。评价对各指标因子进行量化,最好状态为2分,其次为1分,最差为0分。人口密度指标既体现土地利用率,又体现人居环境,高密度节约土地但人居环境差,低密度土地利用率低但人居环境好,因此确定较高密度和较低密度为1分,中密度为2分,极高密度和极低密度为0分;人均通勤出行距离衡量区域出行量情况,直接反映区域交通状况,出行距离由远到近分别由0分、1分、2分标定;公交出行分担率既反映人均占有道路面积率,又体现环境影响程度,按照由低到高为0分、1分、2分标定;骨干公交(轨道交通及BRT)网络800米覆盖范围内的建设用地比例体现土地利用和交通之间的协调性及公共交通的利用效率,按照由低到高为0分、1分、2分标定;快速路和主干路上交通拥堵路段比例情况由重到轻标定为0分、1分、2分;区域主要放射通道上的不均衡系数按照由大到小为0分、1分、2分标定;人均车千米数体现机动车的使用情况,直接反映道路交通状况,按照由高到低为0分、1分、2分标定。具体评价结果见表5-11。

表5-11 高新技术产业园区交通与土地利用协调发展评价

指标	自由发展	土地策略	交通策略	交通与土地协调
人口密度	较高/1	中/2	较高/1	中/2
人均通勤出行距离	远/0	近/2	远/0	较近/1
公交出行分担率	低/0	中/1	高/2	高/2

续表

指标	自由发展	土地策略	交通策略	交通与土地协调
骨干公交（轨道交通及 BRT）网络 800 米覆盖范围内的建设用地比例	低/0	中/1	中/1	高/2
快速路和主干路上交通拥堵路段比例	高/0	中/1	中/1	低/2
主要放射通道上的不均衡系数	大/0	大/0	大/0	小/2
人均车千米数	大/0	小/2	大/0	中/1
合计	1	9	5	12

由表 5-11 可见，四种发展模式中（自由发展、土地策略、交通策略、交通与土地协调），交通与土地协调发展模式最好。由此可见，通过交通与土地利用协调发展，才能确保大连市高新技术产业园区未来的可持续发展。

5.2.4 交通与土地利用协调发展的建议

城市土地利用是城市交通需求的根源，土地利用规划影响交通需求环境，从而对交通设施供给产生需求力，推动交通设施的改善。同时，交通的可达性是土地地租构成的重要因素，影响土地利用开发类型和强度，两者相互影响。交通与土地利用协调关系如图 5-24 所示。割裂两者之间的互动反馈关系，单方面探讨交通系统对土地利用的影响或者土地利用对交通的影响，是无法全面地把握两者之间的复杂相互影响关系的。因此，必须将两者结合起来进行深层次的互动反馈关系研究，全面地把握两者的相互影响关系，并在此基础上，积极开展交通与土地利用相互协调。

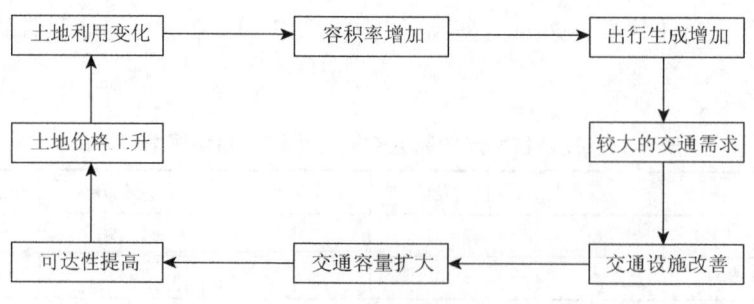

图 5-24 交通与土地利用协调关系示意图

高新技术产业园区作为国家级软件产业基地，正处在快速发展时期，开发强度不断加大，人口就业继续集聚，开发空间大规模推进，土地资源日益紧张，交通问题日益突显。就交通有序发展而言，简单的需求决定供应或者供应决定需求，都不能真正从根本上解决问题。

由不同发展区的特性分析来看，高新技术产业园区交通和土地利用需要从各种不同层次上取得密切配合与相互协调。总体层面通过 TDM 的思路，主动控制交通需求发生量，主动引导需求时空分布状态，主动寻找交通供需关系平衡点。通过减少产生出行的活动或改变交通方式和高效地使用机动车来减少车辆交通，并通过交通在时间和空间上的分散，达到减缓交通拥挤、减少堵塞、降低环境污染的目的。同时，在高新技术产业园区发展建设过程中，充分体现交通供给对土地开发的引导作用，引导不同发展区土地利用模式的实现。

5.2.4.1 土地开发利用建议

（1）高新技术产业园区空间形态发展建议

高新技术产业园区用地条件有限，可建设用地零散分布，决定其空间布局必然不能成为单中心模式的发展模式。整体发展战略规划将七贤岭发展区作为高新技术产业园区综合示范产业区；将黄泥川发展区作为西部新产业园；龙王塘发展区作为综合服务区；将英歌石发展区作为产业园区。区域内各发展区承担某种或几种突出的城市功能，具备满足产业发展的条件，是分散布置又相对集聚的区域，其中七贤岭发展区作为高新技术产业园区发展的龙头区，也是高新技术产业园区的发展核心区。因此高新技术产业园区为"一主多副型"的空间布局，采用"一主多副型"的空间发展布局能够符合区域交通发展要求，与单中心模式相比弱化区域潮汐交通特征，具有分散交通量的作用。

（2）高新技术产业园区土地利用功能组织建议

高新技术产业园区致力于打造世界先进的高新及软件产业，区域将提供大量就业岗位，如采用单一产业功能的发展模式，将产生大量对外交通，高新技术产业园区交通资源有限，无法承担如此巨大的对外交通量。高新技术产业园区只能采取复合功能开发的土地利用模式方能维持产业的可持续发展。高新技术产业园区发展的过程中，不应以单项规划的方式分别完成，然后再简单地予以"相加"，更不能在土地利用规划完成后再进行配套交通规划（原因请见本书 2.2 节中的分析）。

建议通过增加满足就业人员条件的居住项目，促使七贤岭发展区、黄泥川发展区均实现就业人员区域内部居住比例达到 30%左右，英歌石发展区实现区域内部就业人员内部居住比例达到 25%~30%，龙王塘发展区真正实现高新技术产业园区的服务功能，实现高新技术产业园区约为 25%的就业人员在该发展区内居住，并提供商业、娱乐、就学等多方面综合服务，吸引并保证就业人员在高新技术产业园区内部即可满足各种生活需要。

目前高新技术产业园区开发的居住项目较多，已建成区居住项目开发可吸引就业人员内部居住，而现状产业尚未发展起来的黄泥川发展区、龙王塘发展区及英歌石发展区的住宅项目先于产业进行开发，将造成大量非高新技术产业园区的就业人员在高新技术产业园区内居住，增加高新技术产业园区交通压力。因此建议配套居住项目应结合产业开发时序，相互结合协调开发，方能达到产业配套居住的效果。

高新技术产业园区功能混合开发将促使潮汐交通流特征减弱，部分区域由单向交通为主转向双向交通，同时减少部分交通流量。

（3）高新技术产业园区土地开发密度建议

高新技术产业园区的土地资源有限，只有通过节约土地资源并合理利用，方能满足产业发展要求。

七贤岭发展区作为高新技术产业园区综合产业中心，其中心的位置将不容置疑，其与大连市中心四区之间有较好的交通衔接；龙王塘发展区作为高新技术产业园区的服务区，其距各发展区的路径距离最近，是高新技术产业园区配套设施支撑区。综合考虑两个发展区的交通优势及其在高新技术产业园区的发展地位，建议七贤岭发展区可进行中高密度开发，龙王塘发展区可进行中高密度的居住用地开发。

黄泥川发展区的开发规模已基本确定为中密度开发模式，考虑黄泥川发展区的交通条件及其与外界之间的区位联系，中密度开发模式适应区域发展要求。

英歌石发展区虽然与外界之间道路交通联系较好，但考虑其建设用地远离轨道交通，且其与高新技术产业园区其他各发展区之间路径交通距离较远，建议其采用中密度开发模式。

综上所述，高新技术产业园区为"一主多副型"空间发展布局，各发展区功能定位不同，从高新技术产业园区总体上看，高新技术产业园区为功能混合型开发区域。高新技术产业园区各发展区土地开发密度适应性不同，虽然部分区域适应高密度开发形式，但高新技术产业园区整体开发仍为折中开发模式。

5.2.4.2 交通发展模式建议

（1）交通发展战略建议

高新技术产业园区通过轨道交通引导土地利用，最终形成交通与土地利用一体化的协调发展战略。考虑园区内的黄泥川发展区、龙王塘发展区、英歌石发展区为新开发区域，新区距产业发展成熟的七贤岭发展区距离较远，为加快新区产业发展，需充分发挥轻轨 8 号线及大运量公共交通的优势，引导高新技术产业园区新开发区域围绕轨道交通站点进行土地开发，鼓励发展 TOD 模式的土地利用格局，形成用地发展集群。

未来高新技术产业园区将发展成为组团式格局，鼓励高新技术产业园区土地功能混合利用，减少交通出行量、缩短出行距离。同时大力发展公共交通，通过快速、大运量公交系统及其联络线，既保证高新技术产业园区公交出行的快速便捷，又可保证各发展区的可达性，为高新技术产业园区产业发展提供有力支撑。同时，围绕大运量 BRT 站点进行集中用地开发，以保证轨道等大运量公交为更多人员服务，增加轨道等大运量交通系统的客流量。并建议结合大运量交通站点预留、建设公交枢纽，方便换乘。

（2）公交优先建议

发展大运量公共交通对高新技术产业园区这种用地紧张的区域来说是区域可

持续发展的必由之路。为保证高新技术产业园区各发展区之间和高新技术产业园区对外之间的交通联系，高新技术产业园区必须在实施骨架道路设施系统的同时，将公共交通系统作为城市交通的支柱工具，大力、快速提高公共交通在城市交通方式中的竞争能力，使区域能够维持较高的公交出行比例。为实现这一发展目标，必须落实完善的公交发展策略导向。

第一，投资策略导向。

公交投资策略必须充分考虑公共交通同时存在社会公益性和企业盈利性两方面特征，才能保证公共交通的健康发展。考虑高新技术产业园区交通资源情况，政府更应重视和加大对公交设施的投入，可采用以下几种公交发展投资方式。

1) 直接投资于公交车辆的购置、公交场地的征用及各种设施的建设等。

2) 以城市土地开发所获得的部分经济收益投资于被开发土地的公交建设和发展，并对此土地开发的进程产生推动作用。尤其在城市新区开发阶段，更应加大对公交建设的资金投入，建立与私人交通方式有竞争力的城市公共交通系统，迎接机动化交通和园区发展的挑战。

3) 广泛吸引社会资金办公交，政府对此应规定一定的投资回报率，在实际运作中将投资和经营分离，并通过建立合理机制实行对经营者行为的有效监督。

4) 在设施建设方面，政府应给予公交企业一系列发展优惠政策，减轻其发展中的压力，如政府可以根据城市公交车辆发展情况制定场站用地规划。在场站用地的取得上，政府应当提供优惠的政策，保证公交经营者有必要的停车运营场地。或将土地以政府名义划拨公交经营者，但公交经营者并不拥有土地产权，而只能作为专项场站用地使用而不能随意转作他用。

5) 在城市道路使用与管理方面，政府应给予公共交通优先的路权分配策略，提高公共交通的竞争力，促使公交发展。

6) 在日常线路运营方面，政府必须在公交的发展中能够保证在已建成区和新开发区、新线路和老线路、公益性线路和盈利性线路的运营中进行合理的调节，使之能够享受公平的利润，促成公交的合理发展和保证投资的可持续性。

7）在维护公共交通事业的公益性方面，政府应通过资金政策性补贴，来保障区域的中低收入阶层和老、幼等弱势人群享受区域公交的公益性服务，也保障公交企业能够按照市场规律进行独立经营。

第二，规划和建设策略导向。

1）在城市规划、设计中必须将公交优先的问题列入议程，详细规划、居住区、产业区、商业中心应配套规划建设公共交通首末站、中间站设施，并规划私人交通方式与公共交通接驳的换乘枢纽。城市新区开发应首先发展公共交通。

2）公交设施的规划与建设须列入道路建设、区域改造中。道路上的公交设施，如站台、港湾停靠站等，可由高新技术产业园区道路建设与规划机构、交通管理机构、公交经营者、交通专家共同参与，制定规划和相关建设计划。

3）区域交通管理计划、措施、政策的制定中应切实贯彻公交优先的原则，并且在条件允许的情况下，对主要公交干线经过的道路和交叉口进行改造，设置公交专用道并成网，在此基础上，按照公交优先设置信号系统。

4）公交场站的规划由政府根据城市公交车辆发展和公交组织情况制定规划，保证公交经营者有必要的场地，可以政府名义划拨公交经营者作为专项场站用地使用。同时，土地功能的置换必须报规划主管部门审批。

第三，鼓励公交出行建议。

1）高新技术产业园区应针对使用私人交通工具向公共交通转化的目标，制定相应的实施规划、计划和技术经济策略，维持现状就业人员公交出行比例，并进一步降低非公交的机动化出行比例。

2）多层次、方便快捷的公共交通系统建成后，可考虑通过采取提高区域产业中心停车收费等措施，鼓励就业人员中长距离出行乘坐公共交通系统；短距离出行采取步行；颁布政策、法规使采取高消费交通行为者对环境和资源付出应付的费用，如道路拥挤费、低排放区收费等。

3）考虑高新技术产业园区交通资源情况，应该制定明确的政策和更加严格的管理办法，如部分路段限制小汽车转向、通行等办法，鼓励公交出行，限制产业中心不必要的私人交通和其他非公交车辆的出行。

4）应用运输经济学原理合理制定各种客运交通方式的票价和对道路资源使用的合理价格体系政策，通过经济杠杆鼓励就业人员选择公交出行。

5）制定鼓励居民采取公交出行的税收政策。鼓励企业对员工进行公交出行补贴。同时，政府对企业补贴给员工的公交出行费免征税，以此鼓励更多的居民选择公交出行。

第四，重视公共交通衔接的建议。

公共交通衔接主要包括：高新技术产业园区内部公交与高新技术产业园区对外公交的衔接；高新技术产业园区干线公交与支线公交的衔接；不同所属，处于竞争状态的公交系统之间的衔接；不同方式之间的衔接。

1）区域公交与长途汽车、火车站、飞机场等对外交通接驳场站进行规划和设计，以形成功能齐备的城市客运换乘系统。

2）在专项的公交规划中，对轨道交通和常规公交之间及干线、支线两种不同等级的公交线路系统之间的换乘进行规划，包括换乘点、换成票制和线路管理等问题，进行深入的交通经济分析和研究。

3）高新技术产业园区的政府应在政策上明确规定公交票制的转换和处理，保证不同公交公司的衔接。

4）在各发展区中心地带和主要的客流集散点建设高效的客运换乘枢纽，各发展区内部集散性公交线路宜根据换乘枢纽位置和发展区自身客流特征布设，以使轨道交通和公共汽车交通的优势得以充分发挥，形成以轨道交通、BRT 为客运体系主骨架，以公交汽车交通为辅助的公交网络。使两种公交方式构成既能充分衔接、良好融合，又可各司其职、优势互补的高效公交系统。

（3）道路发展建议

1）道路网络规划与土地利用是相互协调发展的过程，如果土地开发的时序及开发模式有调整，则道路规划也应相应地进行调整。

2）土地利用规划和道路网络规划同步进行。根据道路网络容量确定土地利用开发性质和开发强度。

3）骨架道路交通体系是在确定的交通发展战略的基础上确定的，如果交通发展偏离推荐的发展战略或有偏离倾向，应及时调整交通发展战略，避免道路交通设施脱节，引发交通问题。

4）高新技术产业园区土地资源紧张，规划的部分道路在目前地形、用地条件下，可能难以立即实施，应从区域发展长远考虑进行控制。

5）为保障道路等交通设施的实施，建议对交通资源进行合理的保护和利用。

参 考 文 献

大连市城市规划设计研究院.2009. 大连高新技术产业园区总体发展建设规划——交通与土地利用协调发展研究[R].
大连市统计局.1999. 大连市社会经济发展通鉴1978～1998[M]. 大连：大连市统计局.
大连市统计局.2000. 大连统计年鉴2000[M]. 北京：中国统计出版社.
大连市统计局.2001. 大连统计年鉴2001[M]. 北京：中国统计出版社.
大连市统计局.2002. 大连统计年鉴2002[M]. 北京：中国统计出版社.
大连市统计局.2003. 大连统计年鉴2003[M]. 北京：中国统计出版社.
大连市统计局.2004. 大连统计年鉴2004[M]. 北京：中国统计出版社.
大连市统计局.2005. 大连统计年鉴2005[M]. 北京：中国统计出版社.
大连市统计局.2006. 大连统计年鉴2006[M]. 北京：中国统计出版社.
大连市统计局.2007. 大连统计年鉴2007[M]. 北京：中国统计出版社.
大连市统计局.2008. 大连统计年鉴2008[M]. 北京：中国统计出版社.

第6章 基于道路畅通可靠度的土地利用开发强度研究

不合理的土地利用开发强度往往是造成大城市交通拥堵的主要原因之一。一方面，过高的土地开发强度使交通需求远高于道路交通的供给能力，造成道路交通拥堵，使城市道路畅通可靠度下降；另一方面，过低的土地开发强度也会使道路资源得不到充分的利用。

在本书 2.2 节，我们曾介绍新加坡 LTA 通过交通需求分析模型和软件，从交通容量和分布的角度，对未来城市总体进行评估和测试，并将结果反馈给 URA，使其完成或者重新修改城市总体设计。这种互动反馈机制在某种程度上满足了土地利用和交通之间的整合需求。然而，这种试错的方法在执行效率上却不尽如人意。

为此，本章采用逆向思维的方法，结合 O-D 反推技术，对满足一定的道路畅通可靠度下的合理的土地利用开发强度进行了研究。根据不同等级道路饱和度与畅通可靠度的关系，给出了城市道路畅通可靠度评估流程和基于道路畅通可靠度的土地开发强度优化流程。案例分析表明所提出的方法可以有效地改善道路交通系统运行状态，为提高道路畅通可靠度提供一个新的途径。同时，本章提出的方法也可以有效地避免试错法低效率的问题。

6.1 问题的提出

由于出行需求的变化、出行时间的不确定性等原因，道路交通量具有很强的随机性（钟绍鹏等，2013a）。同时，道路实际通行能力受天气、事故等随机因素的影响，也具有不确定性（钟绍鹏等，2013b）。受道路交通供需两方面随机性的影响，道路交通系统的运行状态也是随机变化的，由此导致用户出行延误，造成巨大的经济损失（钟绍鹏和邓卫，2010）。许多实例研究表明，道路交通系统可靠度是影响用户出行路径选择的最重要因素之一（钟绍鹏和赵胜川，2017）。

一般来说，关于道路交通系统的可靠度研究可以分别从供给端和需求端两方面入手。在供给端（道路通行能力），Chen 等（2010）根据通行能力可靠度的概念使用概率论方法提出了一个描述路段通行能力不确定性的交通分配模型。Hong 和 Tung（2003）考虑路段通行能力随机降级特性，提出了概率用户平衡（probabilistic user equilibrium，PUE）模型。随后，Hong 等（2006）使用运行时间缓冲（travel time budget，TTB）的概念对 PUE 模型进行拓展，反映用户路径选择过程中不同的风险规避行为。在需求端，Clark 和 Watling（2005）提出了一个随机网络模型框架描述随机交通需求。考虑到交通需求的日变化，Shao 等（2006）对 TTB 模型进行扩展提出了一个基于运行时间可靠度的交通分配模型。

虽然上述研究分别从供给端和需求端两个方面深入刻画了道路交通系统的不确定性，但是并没有给出如何提高道路交通系统可靠度的方法。很多因素都会影响道路交通系统可靠度。城市土地利用的分布决定了居民出行需求的分布，土地的开发强度决定了居民出行需求量（Zhong and Bushell，2017）；道路交通系统的布局、等级、功能、结构影响道路交通系统的运行状态；人们的出行特征影响交通需求结构；此外，交通管理及交通控制也会影响道路交通系统畅通程度（Zhong et al.，2015，2017）。在上述因素中，不合理的土地利用开发强度往往是造成大城市交通问题的主要原因之一。一方面，过高的土地开发强度使交通需求远高于道路交通的供给能力，既会造成道路交通拥堵问题，也使城市道路畅通可靠度日益下降；另一方面，过低的土地开发强度使交通供给产生闲置与浪费，道路资源得不到充分的利用。为此，本章将采用逆向思维的方法，将可靠度与土地开发强度联系起来，研究满足一定的道路畅通可靠度下的合理的土地利用开发强度，从源头上避免产生不合理的交通需求。

6.2 畅通可靠度

6.2.1 畅通可靠度的定义

畅通可靠度是在考虑交通供给与需求关系的基础上，借鉴网络可靠性分析方法提出的概率型指标。道路畅通可靠度可定义为：在工作日的高峰时段内，在正常使用条件下，路段交通流运行状态能满足畅通状态的概率。

6.2.2 畅通可靠度的计算方法

道路畅通可靠度计算方法有两种，分别为基于供需随机性分析的方法和基于交通统计的方法。经过差异性分析证明上述两种方法得到的结果是一致的，可以结合实际情况分别采用。为简化计算，本章对道路畅通可靠度的计算采用了第二种方法，即基于交通统计的方法。该方法是对各路段和交叉口进行同一高峰时段的多次交通数据采样，以判断道路运行状况是否畅通。可利用式（6-1）计算路段 i 畅通可靠度的近似值 PR_i：

$$\text{PR}_i = \frac{\text{高峰时间内路段}\ i\ \text{畅通的次数}}{\text{高峰时间内路段}\ i\ \text{总的观测次数}} \quad (6\text{-}1)$$

6.2.3 畅通可靠度与饱和度的关系

畅通行驶是车辆在道路上的一种运行状态。国内外对道路交通运行状态常用的评价指标有以下几种：饱和度、平均车速、延误、车道占用率、用户满意度、服务水平等。道路是否畅通一般可用饱和度、平均车速、延误等指标来衡量。在日常的交通管理中，通常采用微波检测仪或视频检测仪来获取道路上的流量、车速或占用率等相关交通数据。因此，为评价方便，本研究对道路基本路段，选取时间平均车速来作为衡量道路畅通运行状态的指标。

梁颖（2005）在总结现有的交通系统运行状态评价指标的基础上，借鉴道路服务水平分级标准，确定了城市道路畅通运行状态的划分标准（表 6-1），并通过交通仿真软件 TSIS 获取交通流数据,以此计算出城市路网的可靠度分布情况。通过与道路饱和度数据拟合对比,得到道路饱和度与畅通可靠度的拟合关系,见表6-2。

表 6-1　城市不同等级道路畅通标准　　　　　　　　　单位:千米/小时

交通流运行状态	速度			
	快速路	主干路	次干路	支路
畅通状态	≥30	≥28	≥25	≥18

表 6-2　不同等级道路饱和度与畅通可靠度的关系

道路等级	关系式
快速路	$y = -2.0987x^3 + 3.5997x^2 - 2.4527x + 1.0015$
主干路	$y = -0.3331x^3 + 0.5039x^2 - 1.0189x + 1.0315$
次干路	$y = -2.4033x^3 + 3.3866x^2 - 1.9397x + 0.9948$
支路	$y = -0.7133x^3 + 0.8665x^2 - 1.081x + 0.9916$

注:x 为道路饱和度,y 为畅通可靠度

资料来源:梁颖,2005

6.3　土地开发强度的评估与优化

城市控制性详细规划(控规)确定了城市不同区域的土地利用性质和强度,但是在控规阶段确定的土地利用开发性质或强度很少考虑到其对交通系统带来的影响。土地开发强度,包括容积率、建筑密度、建筑高度、绿地率等几项主要指标。影响土地利用开发强度的因素包括用地性质、土地级差、城市交通与基础设施容量等方面。一般而言,土地开发强度越高,土地利用经济效益就越高,所吸引和产生的交通出行量就越大;反之,如果土地开发强度不足,即土地利用不充分,或因土地用途确定不当而导致开发强度不足,都会减弱土地的使用价值,由此所吸引和产生的交通出行量也就较小。此外,不同用地性质的土地,在相同的开发强度下各自的价值也大不相同,土地性质的区别也使所吸引和产生的交通出行量有较大的差异。需要说明的是,本章采用独立的交通模型,研究的侧重点是对区域范围内土地开发强度进行指导,不考虑土地利用性质和布局的变化,即各

交通小区的用地性质与布局方案为确定的已知条件。在本书的第 7 章和第 8 章中，我们将取消土地利用性质和布局不变的假设，借助土地利用与交通整合模型研究土地利用和交通之间的复杂互动反馈关系。

6.3.1 区域出行产生和吸引量的计算

本章中采用容积率作为衡量土地利用开发强度的指标。容积率 = 建筑面积/用地面积。因此，各小区的建筑面积可由规划的容积率和用地面积所确定。根据某小区的建筑面积与用地性质，结合《交通出行率手册》（表 6-3），可以计算得到研究区域在早高峰时间的居民出行产生量和吸引量。

表 6-3　早高峰出行产生量和吸引量与用地性质的关系

序号	用地代码	用地性质	早高峰人（车）流量生成率 ［人（辆）/万平方米］	方向系数		计算公式
1	G11	公园用地	2446.2	进	57%	0.0111×建筑面积+ 2286
				出	43%	
2	R21	二类居住用地	142.8	进	33%	0.008×建筑面积+ 289.17
				出	67%	
3	C21	商业用地	3467.8	进	52%	0.2274×建筑面积+ 266.94
				出	48%	
4	C3	文化娱乐用地	312.8	进	54%	0.0088×建筑面积+ 67.251
				出	46%	
5	C12	办公用地	285.17	进	85%	0.0132×建筑面积+ 169.34
				出	15%	

资料来源：交通出行率指标研究课题组，2009

由土地利用性质与建筑面积得到的是交通小区的高峰小时人（车）出行产生量与吸引量。根据研究区域各种出行方式的分担率，剔除掉非机动车、摩托车、轨道交通等出行方式的出行量。对常规公交车的影响，其所分担的出行量可根据公交标准核载人数、公交车与标准车的换算系数，计算公交车所分担的出行量对道路系统的实际负荷（以标准车表示），将其与标准车出行量共同考虑，即为道路交通系统的实际标准车出行量。

6.3.2 土地开发方案的评估

研究区域各小区交通出行产生量和吸引量确定之后,通过交通分配的手段,可以得到区域内各道路的高峰小时流量及道路饱和度。再根据道路饱和度与畅通可靠度的关系(表6-2)计算得到各等级道路的畅通可靠度。通过分析各道路的可靠度,可对现有土地利用开发强度进行评估,具体的评估流程如图6-1所示。

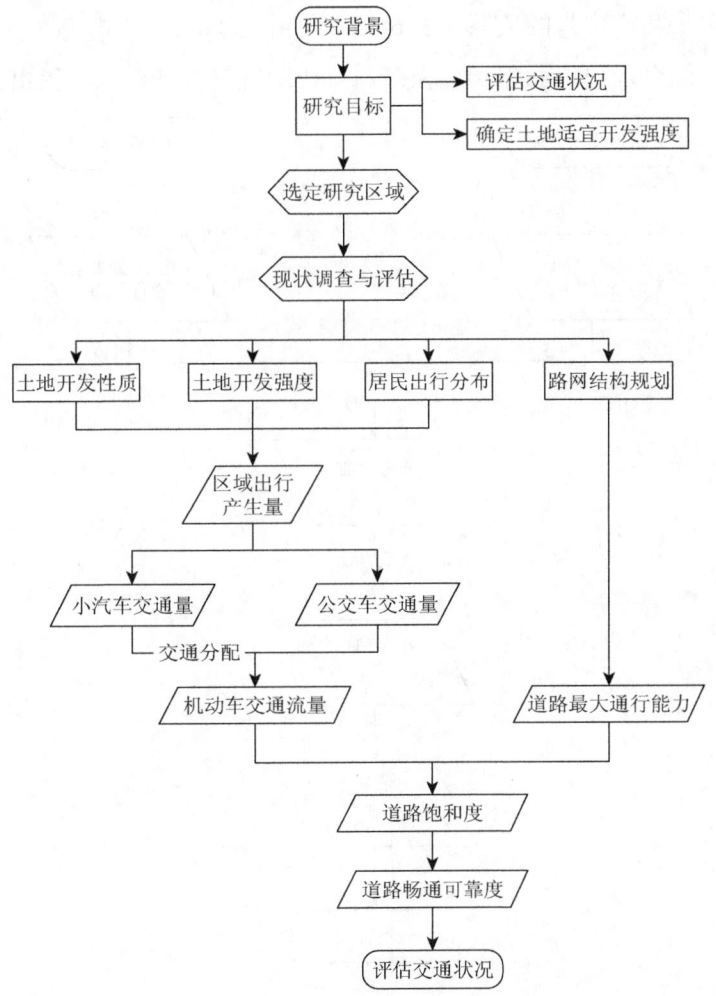

图 6-1 城市道路畅通可靠度评估流程图

6.3.3 土地开发方案的优化

土地开发方案的优化流程如图 6-2 所示。针对 6.3.2 节评估结果中可靠度不合理的路段，进行适当的调整，得到理想的可靠度分布情况。根据可靠度与饱和度的关系，得到对应的路段理想饱和度的分布，并由此得到道路理想流量的分布。通过 O-D 反推技术，得到各交通小区之间的理想 O-D 矩阵分布。最后根据建筑面积与出行吸引量和产生量的关系（表 6-3），使用式（6-2）～式（6-4）可以计算出每个交通小区的合理建筑面积和容积率，与初始规划方案对比，提出优化建议。

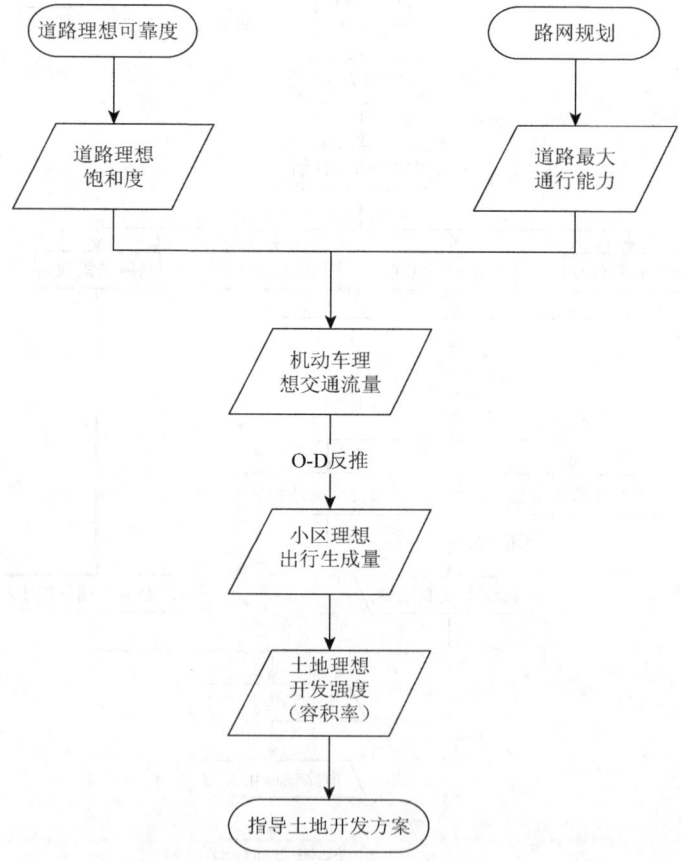

图 6-2　土地开发方案优化流程图

$$[P|A] = [P^*|A^*] \tag{6-2}$$

$$[P|A] = [Q_{ij}] \times [p_j|a_j] \tag{6-3}$$

$$Q_{ij} = R_{ij} \times L_{ij} \tag{6-4}$$

式中，P 和 A 分别为出行产生量和吸引量（人）；$[P^*|A^*]$ 为由 O-D 反推技术得到的理想出行产生量和吸引量（人）；Q_{ij} 为小区 i 中用地类型 j 对应的建筑面积（万平方米）；p_j 和 a_j 分别为用地类型 j 对应的单位建筑面积的出行产生量和吸引量[人（辆）/万平方米]；R_{ij} 为小区 i 中用地类型 j 的容积率；L_{ij} 为小区 i 中用地类型 j 的用地面积（万平方米）。

6.4 案例分析

依据本章所提出的方法，针对大连市新机场沿岸商务区起步区，进行基于道路畅通可靠度的土地利用开发强度评估与优化。

6.4.1 评估阶段

《大连市新机场沿岸商务区起步区单元控制性详细规划》控规中确定的研究区 2020 年土地使用规划图及道路规划图如图 6-3 和图 6-4 所示。

将整个研究区划分为 139 个交通小区，如图 6-5 所示。依据图 6-1 所示的流程图，根据表 6-3 中不同用地性质下建筑面积与出行产生量和吸引量的关系，计算各交通小区的出行产生量和吸引量。考虑 2020 年常规公交分担率（表 6-4），计算得到道路系统的实际标准车出行产生量。利用交通软件 TransCAD，使用随机用户平衡分配方法进行交通分配，得到各道路流量及饱和度分布。

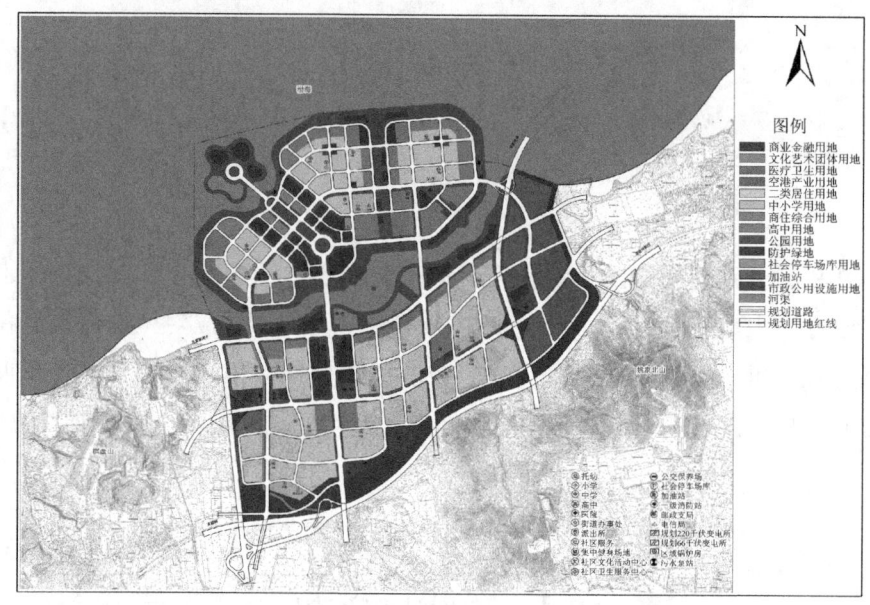

图 6-3　土地利用规划图

资料来源：大连市城市规划设计研究院，2012

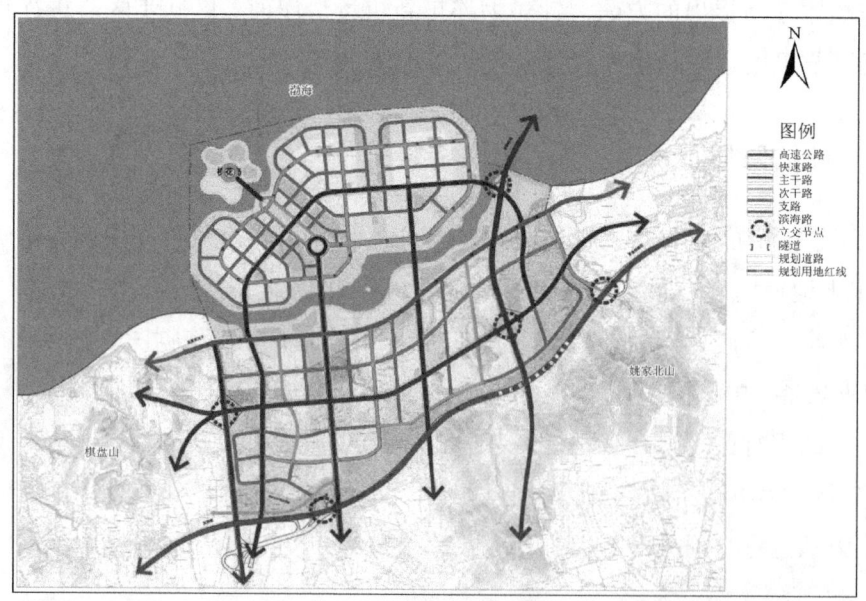

图 6-4　道路系统规划图

资料来源：大连市城市规划设计研究院，2012

第 6 章 基于道路畅通可靠度的土地利用开发强度研究

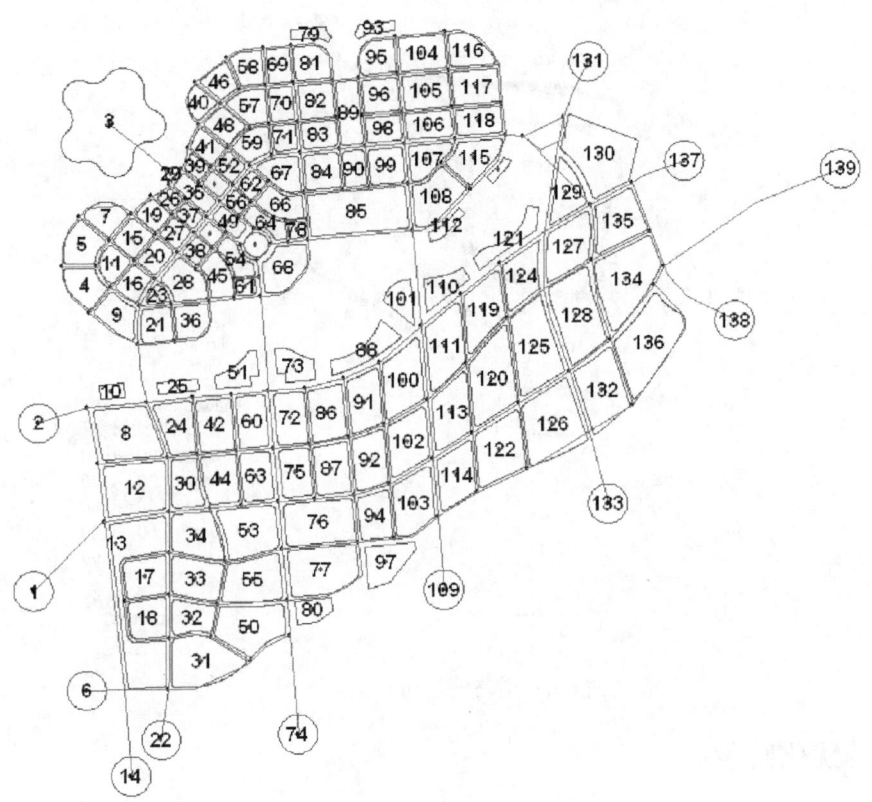

图 6-5 交通小区划分图

表 6-4 交通方式分担率（%）

年份	方式				
	小汽车	常规公交	轨道交通	出租车	慢行
2020	17	33	14	6	30

根据表 6-2 计算各等级道路的畅通可靠度，结果如图 6-6 所示。

由图 6-6 可以看出，大部分道路的可靠度在 0.6 以上，满足畅通要求。但是仍存在可靠度低于 0.4 的道路。

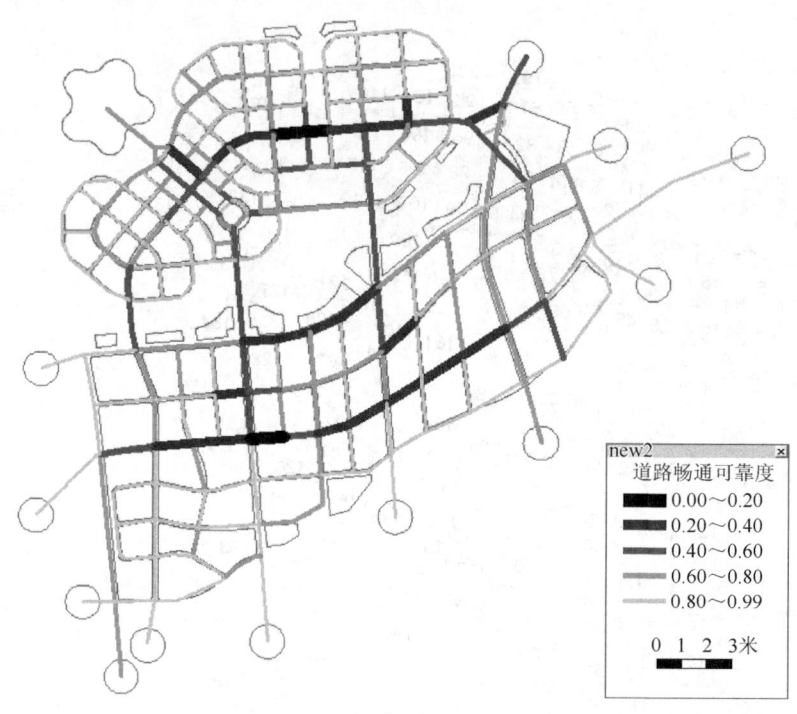

图 6-6 道路畅通可靠度分布图

6.4.2 优化阶段

根据 6.4.1 节得到的道路畅通可靠度分布情况，对可靠度过低或过高的道路进行调整，使道路可靠度与饱和度的大小均在可接受的范围内。从道路畅通性来讲，人们希望道路越畅通越好，即可靠度越高越好。但是，道路畅通可靠度的提高意味着道路饱和度的降低，即畅通是以牺牲道路利用水平为代价的，将造成道路资源的浪费；可靠度过低，道路虽得到了充分的利用，但畅通水平达不到人们的要求，势必产生拥堵问题。因此，道路畅通可靠度存在一个合理的范围，既能使道路得到充分利用，又保证一定的畅通程度。由于支路对道路网络的主要通行能力影响不大，主要对快速路、主干路进行调整。在本例中，所做调整为：将可靠度低于 0.4 的快速路、主干路提高至 0.4，将可靠度高于 0.8 的快速路、主干路降低至 0.8。以此结果做为各路段的理想可靠度分布情况，据此得出饱和度的理想分布情况。最后计算各道路的理想流量，进行 O-D 反推。图 6-7 给出了调整后的各道路畅通可靠度情况。

第 6 章 基于道路畅通可靠度的土地利用开发强度研究

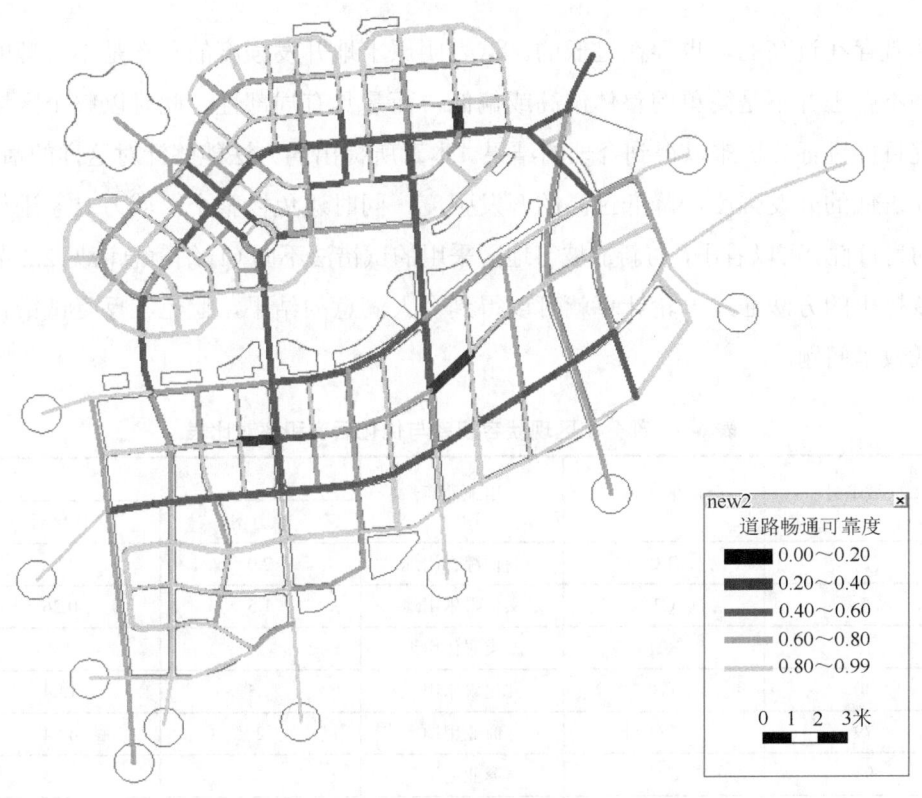

图 6-7 调整后道路畅通可靠度分布图

在 O-D 反推的过程中，需要剔除掉过境交通量。与区域相关的交通量中，只有起点或终点在区域内部的出行，才被认为对区域土地开发有贡献。因此，路网流量中需先剔除过境交通量，再根据 O-D 反推理论用剩余交通量反推各交通小区的出行产生量和吸引量。

根据土地利用开发强度评估阶段（6.4.1 节）中得到的交通小区 O-D 分布矩阵为先验矩阵，结合各路段理想流量进行 O-D 反推，计算得到每个小区的理想出行产生总量和吸引总量。根据表 6-3 计算每个小区的理想建筑面积及相应的容积率，与规划方案对比，提出方案修改建议。

表 6-5 中给出了部分小区优化后的容积率，以此结果可以对土地开发强度方案进行直观有效的指导。表 6-5 中所列出的小区中，与优化后的容积率相比，现状容

积率既存在过高的,也存在过低的。这表明原土地开发强度的分布是不合理的,这种不合理并不是简单的整体偏高或偏低,而是具有局部性,此时以整个区域为研究目标进行分析难以得到合理的结果。本章所提出的方法能够针对这样的情况,提高过低的开发强度,降低过高的开发强度,同时避免以整个区域为对象进行调整的盲目性。可以看出,与新加坡等地区采用的试错法不同(详细信息请见2.2节),本章提出的方法通过一轮计算就可以得到令人满意的结果,避免了反复试错带来的低效率问题。

表 6-5　部分小区现状容积率与优化后容积率对比表

区域编号	用地代码	用地性质	容积率	
			原方案	优化后
5	R/C	商住综合用地	2.0	2.58
7	C3	文化娱乐用地	1.5	0.26
15	R21	二类居住用地	2	1.8
40	C3	文化娱乐用地	1.5	1.24
79	C21	商业用地	2	4.04
93	C21	商业用地	2	1.33
112	C21	商业用地	2	6.9

6.5　结　　论

城市土地利用开发强度的不合理不仅会使城市道路产生拥挤,还会使道路交通运行状态变得不稳定,道路畅通可靠度下降。现行的城市规划体系往往是先进行城市总体规划及控制性详细规划的编制,而后再进行城市综合交通体系规划及其他交通规划的编制。在城市控制性详细规划阶段需要确定城市土地利用性质和开发强度(容积率)规划方案。而这样的方案往往没有考虑到其产生的交通量对城市道路通畅可靠度造成的影响。为此,本章采用逆向思维的方法,研究在一定的道路通畅可靠度下的合理的土地利用开发强度。通过案例分析表明,本章提出的方法可以有效地改善交通系统运行状态，避免土地利用开发强度的不合理导致的城市道路通畅可靠度过低或道路资源没有充分利用的问题。

参 考 文 献

大连市城市规划设计研究院. 2012. 大连新机场沿岸商务区起步区单元控制性详细规划[R].

交通出行率指标研究课题组. 2009. 交通出行率手册[M]. 北京: 中国建筑工业出版社.

梁颖. 2005. 城市交通系统畅通可靠性分析与优化[D]. 北京: 北京工业大学.

钟绍鹏, 邓卫. 2010. 基于路径运行时间可靠度的随机系统最优拥挤收费模型[J]. 系统工程理论与实践, 30 (12): 2297-2308.

钟绍鹏, 邓卫, 包丹文. 2013a. 考虑 ATIS 市场占有率及遵从率的随机系统最优拥挤收费模型[J]. 系统工程理论与实践, 33 (2): 456-462.

钟绍鹏, 林锦山, 邓卫. 2013b. ATIS 和恶劣天气下的随机交通分配模型[J]. 系统工程理论与实践, 33 (5): 1327-1334.

钟绍鹏, 赵胜川. 2017. 交通信息化环境下随机道路网络拥挤收费理论与方法[M]. 北京: 科学出版社.

Chen A, Yang H, Lo H K, et al. 2010. Capacity related reliability for transportation networks[J]. Journal of Advanced Transportation, 33 (2): 183-200.

Clark S, Watling D. 2005. Modelling network travel time reliability under stochastic demand[J]. Transportation Research Part B, 39 (2): 119-140.

Hong K L, Luo X W, Siu B W Y. 2006. Degradable transport network: Travel time budget of travelers with heterogeneous risk aversion[J]. Transportation Research Part B: Methodological, 40 (9): 792-806.

Hong K L, Tung Y K. 2003. Network with degradable links: Capacity analysis and design[J]. Transportation Research Part B: Methoddogical, 37 (4): 345-363.

Shao H, Lam W H K, Mei L T. 2006. A reliability-based stochastic traffic assignment model for network with multiple user classes under uncertainty in demand[J]. Networks and Spatial Economics, 6 (3-4): 173-204.

Zhong S, Bushell M. 2017. Built environment and potential job accessibility effects of road pricing: A spatial econometric perspective[J]. Journal of Transport Geography, 60: 98-109.

Zhong S, Wang S, Jiang Y, et al. 2015. Distinguishing the land use effects of road pricing based on the urban form attributes[J]. Transportation Research Part A: Policy and Practice, 74: 44-58.

Zhong S, Xiao X, Bushell M, et al. 2017. Optimal road congestion pricing for both traffic efficiency and safety under demand uncertainty[J]. Journal of Transportation Engineering, Part A: Systems, 143 (4): 1-10.

第7章 城市建成环境与道路拥挤收费的汽车尾气排放效应分析

本书第 6 章采用逆向思维的方法，从道路交通网络承载力的角度，确定最佳的土地利用开发强度。相比传统先土地利用规划后交通规划的方法有一定的进步。然而，第 6 章采用的是独立的交通模型，无法反映土地利用与交通之间的长期、互动反馈关系。本书第 7 章和第 8 章将采用土地利用与交通整合模型，模拟土地利用和交通之间的循环影响关系，并结合实际的交通政策，分析不同的城市发展方案对城市未来土地利用、交通和环境产生的影响。

7.1 问题的提出

随着城市的发展和交通需求的日益增长，世界各地的许多城市都面临着严重的交通拥堵问题，伴随而来是城市生活质量和环境的日益恶化。机动车尾气是城市温室气体主要来源，尾气排放已成为世界各地急需解决的空气污染问题，也是各城市实现可持续发展的重要障碍。为应对机动车保有量增长所带来的交通拥堵和环境恶化，国内外学者提出了不同的技术和方法，包括减少出行需求（改变城市土地利用空间结构）、减少小汽车出行（机动车限制措施，如燃油税、道路拥挤收费等）、发展绿色交通（公交优先、提高步行、自行车的质量）、提高路网效率及改善车辆燃油性能等。和其他几个策略相比，减少小汽车出行的策略往往易于实现且耗时短。因此，作为一项控制小汽车出行需求的 TDM 措施，道路拥挤收费引起了学者的广泛研究。

由经济学家提出的道路拥挤收费（或道路收费）措施的初衷是，通过经济手段抑制过多的出行需求，使人们更加理性的出行（Zhong et al.，2017）。实际上，道路拥挤收费政策实行后，它会立刻改变居民的短期出行行为和区域的尾气排放量。此外，长期而言，随着道路收费作用的增强，它还会改变区域周边的土地利用（居民或企业的活动地点），并重新影响居民的出行行为和机动车尾气排放情况。有关道路拥挤收费对机动车尾气排放的影响也逐渐成为学者的关注重点。相关的研究通常以某一城市或区域整体作为研究对象，分析道路收费对区域尾气排放的影响。需要说明的是这类研究无法区别不同城市建成环境要素如何独立地或联合地影响道路收费的尾气排放效应。

实际上，很多研究都已证实，建成环境、城市形态、邻里形态对尾气排放有显著影响（Aguiléra et al.，2014；Waygood et al.，2014；Ma et al.，2015）。这是因为建成环境对人们的出行行为有显著影响（Ewing and Cervero，2010），进而对尾气排放也产生显著影响。据我们所知，还没有人研究由于建成环境的不同，对道路收费尾气排放效应产生的影响。明确它们之间的关系非常重要，某些城市，如米兰、北京市、上海市等地区，正在使用或打算通过道路收费降低收费区域的尾气排放量。然而，本研究发现不同区域的尾气排放量受道路收费的影响程度不同，并不是所有的区域在收费后尾气排放都会降低，它会随着区域的建成环境的变化而变化。因此，我们需要掌握道路收费对不同建成环境区域的尾气排放产生的影响，以此制定更有利于环境的道路收费政策，这也是本章的研究初衷。

7.2 已有研究的回顾与总结

道路收费对汽车尾气排放的影响不仅与道路收费方案本身有关（不同的收费方案产生不同的出行模式和尾气排放量），还与区域建成环境有关。这是因为城市建成环境要素通过影响区域的可达性，改变活动的分布及居民或企业的空间位置选择，从而影响出行模式（是否出行、出行频率、采用什么方式、什么路线等），并最终影响区域的机动车尾气排放量。由图 7-1 可以看出，道路收费和城市建成环境共同影响区域的可达性，并分别影响居民或企业的空间位置选择，并最终影响区域的尾气排放量，且这种影响既受道路收费方案的影响，还与区域的建成环境有关。因此，接下来分别从以下两个方面对已有研究进行总结。

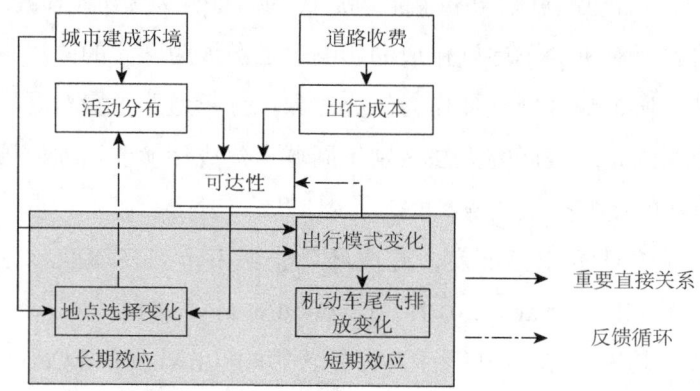

图 7-1　建成环境、道路收费和机动车尾气排放之间的概念模型

（1）建成环境对出行行为和汽车尾气排放的影响

交通需求产生的根源是由于人们活动的场所在空间中彼此分离，人们需要借助交通工具克服空间上的距离。鉴于此，研究城市建成环境对出行行为的影响也由来已久，相关的研究成果也特别丰富。例如，使用实证数据和回归分析的方法，有学者发现，其他条件不变，土地利用密度和多样性较高的区域，人们选择小汽车出行的比例相对较低（Cervero and Kockelman，1997；Ewing and Cervero，2010）。但是此类研究需要避免居住区的自我选择干扰，即我们需要排除居民为减少开车才选择在高土地利用密度和多样性的区域居住。为此，有学者使用结构方程法，在排除居住区的自我选择干扰下，发现城市土地利用密度、多样性、路网设计、公交的便捷性、区域的可达性等建成环境特征属性确实对出行频率、出行距离、出行方式、出行路径等出行行为有影响（Handy et al.，2005；Cao et al.，2007；Aditjandra et al.，2012）。

在明确建成环境与出行行为关系的基础上，有学者又进一步研究建成环境对机动车尾气排放产生的影响。使用不同国家和地区的实证数据，相关学者证实了城市形态、出行模式和尾气排放之间的确存在影响关系（Liu and Shen，2011；

Aguiléra et al.，2014）。Zahabi 等（2015）使用潜在类别回归分析了建成环境、车辆出行距离和尾气排放之间的关系，发现土地利用多样性、人口密度和公交可达性高的区域，尾气排放量相对较低。为克服居住区自我选择的影响，Ma 等（2015）使用结构方程法研究了城市形态（urban form）对出行行为和尾气排放产生的影响，他们发现职住不平衡可能是导致北京市交通需求和尾气排放过高的一个主要原因。Barla 等（2011）使用线性回归的方法研究了城市土地利用与尾气排放之间的关系，发现土地利用对尾气排放的影响不仅与居民或家庭的社会经济属性有关，还与邻里类型密切相关。随着区域邻里类型的不同，尾气排放情况也截然不同。这也充分说明了有必要研究道路收费对不同建成环境特征属性区域尾气排放影响的差异性。

（2）道路收费对出行行为和汽车尾气排放的影响

通过影响出行者的出行行为决策（Tsekeris and Voß，2009；de Palma and Lindsey，2011），道路收费会改变区域的汽车尾气排放量。一般来说，道路收费对出行行为和尾气排放的影响研究可以分为两类：实证研究和模型研究。

拥挤收费已经陆续在新加坡、伦敦、奥斯陆、斯德哥尔摩等地区成功实施。有学者采用多种方法（多以环境部门的实时监测、问卷调查、态度调查等）针对拥挤收费实施后对当地的环境影响进行实证评估，发现收费区域内的汽车尾气排放水平均有不同程度的下降（Burt et al.，2010）。上述地区实施拥挤收费的主要目标是缓解交通拥堵。与上述地区不同，米兰在 2008 年 1 月开始征收的道路收费政策（Ecopass 方案）的主要目的是为缓解空气污染，而不是交通拥堵。Rotaris 等（2010）针对米兰的 Ecopass 方案对环境的影响做了详细介绍，发现道路收费可以大幅降低收费区域内可吸入颗粒物、氮氧化物和二氧化碳的排放量。Percoco（2013）使用断点回归理论发现，Ecopass 方案虽然短期内可以显著地降低收费区域内的一氧化碳和可吸入颗粒物的浓度，但是受到摩托车影响（摩托车不收费），且收费区域规模有限，导致这种效果持续时间不长。

通过构建数学模型，研究拥挤收费和尾气排放之间的关系也由来已久。研究拥挤收费和环境（汽车尾气排放）之间关系的方法一般可以分为两类：一种是采用优化方法，通过数学手段求得不同目标函数下的最优拥挤收费费率（Johansson，1997；Johansson-Stenman，2006；Yin and Lawphongpanich，2006；Aziz and Ukkusuri，2012）；另一种是采用交通模型与污染物排放模型相结合的方法。这种方法使用交通分配模型对不同拥挤收费场景下的交通量进行分配，得到衡量各路段交通运行状况的参数，并将这些参数作为污染物排放模型的输入，最终得到不同收费方案下的污染物排放变化情况（Daniel and Bekka，2000；Beevers and Carslaw，2005；Mitchell et al.，2005；Eliasson，2009）。

对以往的研究进行总结分析，我们可以得到以下结论：

首先，上述讨论的模型法仅能从一个侧面，而不能全面地、深刻地反映拥挤收费对污染物排放的影响。道路拥挤收费实施以后将改变原有道路网络的可达性（即交通通达程度），使居民的路径出行成本发生变化。一方面，影响居民的出行方式选择，改变小汽车的使用量，使道路的运行状况发生改变（包括车辆数量、行车速度、车型组成等），从而影响车辆的尾气排放，这是拥挤收费对污染物排放的最直接的影响（见图 7-1 右侧短期效应），也是以往研究关注的重点。另一方面，城市空间可达性的变化还将改变城市不同用地的空间分布、性质、规模、强度等，影响居民的工作和居住地点选择及企业的选址。而土地利用的空间分布是产生城市交通流的根源，居民住宅和工作地点的空间分离产生了早晚高峰的交通需求。因此，需要考虑拥挤收费实施后会改变不同土地利用类型的空间分布，进而影响出行分布和各路段上的交通分配量（车流量），最终影响车辆的尾气排放和空气质量（见图 7-1 左侧长期效应），这一点往往容易被忽略。

其次，虽然实证分析的方法可以克服模型法的弊端，综合考虑道路收费的土地利用效应和尾气排放效应，但是这类研究也存在问题。它无法排除由于其他政策或技术革新（如排放标准提高、车辆技术革新等）引起的区域尾气排放的变化，所得到的结论并不能让人信服。综合考虑上述问题，本章将使用土地利用与交通整合模型研究道路收费的尾气排放效应。该方法既可以模拟土地交通之间的互动关系，克服传统交通模型的弊端，又能避免其他外在因素的干扰及居民自我的选择影响。

最后，也是最重要的，以往研究已经证明土地利用对尾气排放的影响确实与区域建成环境密切相关。因此，不同建成环境特征属性区域的尾气排放量受道路收费的影响程度也会不同。而现有的研究往往以某一城市或区域整体作为研究对象，说明道路收费对区域尾气排放产生的影响。因此，这类研究无法区别不同城市建成环境要素如何独立地或联合地影响道路收费的尾气排放效应，也无法区分道路收费对不同建成环境特征属性区域尾气排放影响的差异性。本章将尝试解决上述两个问题。

7.3 案例研究

7.3.1 区域发展方案

本章选择江阴市作为研究对象。江阴市位于我国江苏省的东南部，全市面积约 988 平方千米，2010 年年底的人口总数约为 160 万。2014 年 3 月 31 日，江阴市人民政府颁布了《大气污染预防与控制方案实施计划》。在该计划中，江阴市政府提出了一系列措施，包括绿色交通技术、车辆尾气污染控制措施、公交为导向的发展策略等。

考虑到本章的研究目标，我们设定三种区域发展情景（方案），分别为趋势发展方案（方案 T）、10 元道路收费方案（方案 P10）和 20 元道路收费方案（方案 P20）。本章采用国际上应用较广的境界线收费（cordon charges）作为研究对象，该种类型收费在伦敦、米兰、斯德哥尔摩等地区都得到成功应用。境界线收费指对那些驶进事先划定的城市拥挤区域及在其中行驶的车辆收取额度可变或固定的道路收费。本章所采用的具体道路收费方案见表 7-1，收费区域如图 7-2 所示。图 7-3 给出了本章中各方案之间的关系图。图 7-3 中"20P10"表示 2020 年征收 10 元的道路收费方案；"10T"表示 2010 年趋势发展方案。由图 7-3 可以看出，江阴市土地利用与交通整合模型的基础年为 2010 年。结合上述三种方案，模型从 2010 年开始，每 5 年运行一次，直到 2025 年。此外，道路收费政策是在 2020 年开始实施的。为保证不同方案下的建成环境属性数据具有可比性，我们使用 2020 年预测得到的城市建成环境属性数据作为自变量。同时，考虑到交通政策（道路收费）对土地利用的影响需要一段时间才能体现出来（Whitehead，2005；Tillema et al.，2010；Zhong et al.，2015；Zhong and Bushell，2017a，2017b），为充分反映道路收费对收费区域土地利用、交通及尾气排放的影响，我们使用 2025 年的尾气排放预测结果作为因变量，分析道路收费对尾气排放产生的影响。

表 7-1　江阴市道路拥挤收费方案

项目	描述
收费区域	如图 7-2 所示的市中心区域
收费目标	进入收费区域的小汽车
收费时段	高峰期
收费费率	10 元或 20 元

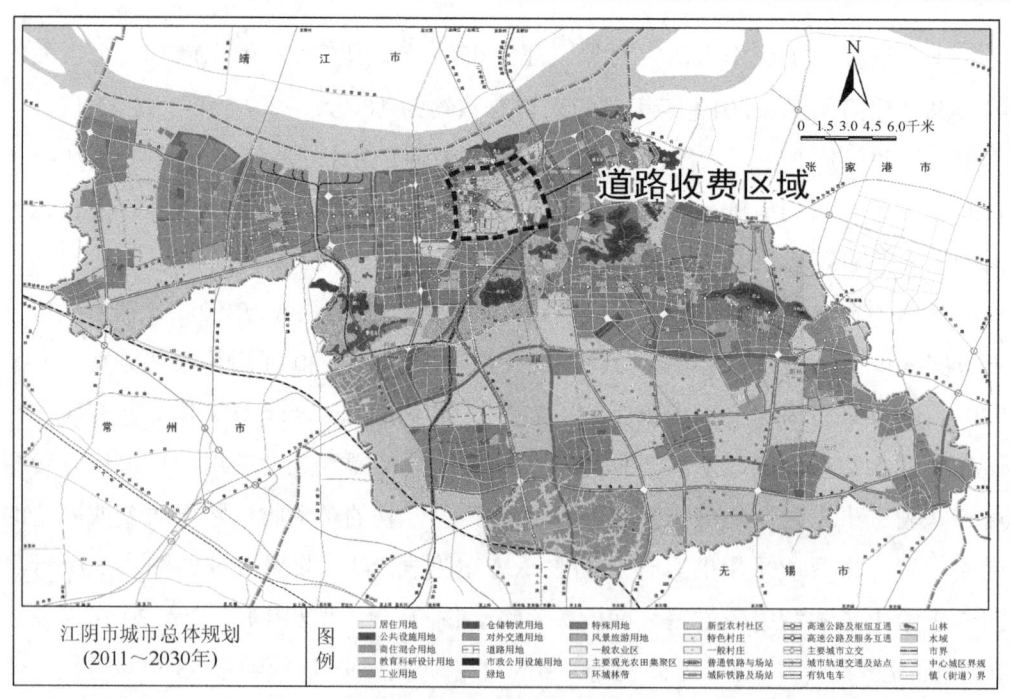

图 7-2　道路收费区域

资料来源：江苏省城市规划设计研究院，2011

第 7 章 城市建成环境与道路拥挤收费的汽车尾气排放效应分析

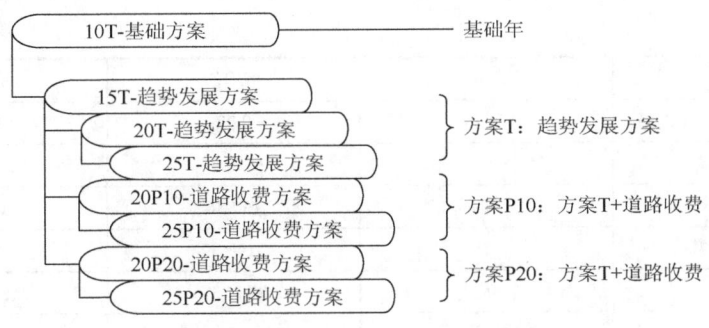

图 7-3 各方案之间的逻辑关系图

7.3.2 数据来源

江阴市土地利用与交通整合模型所需要的数据包括两种类型，分别为土地利用数据和交通数据。其中土地利用数据来自于江阴市城市总体规划（2011～2030 年）（江苏省城市规划设计研究院，2011）和《江阴统计年鉴》。交通数据主要来自江阴市交通运输局、江阴市公共交通公司。同时，根据需要我们还补充了一些地点调查，如高峰期主要路段的交通量。江阴市土地利用与交通整合模型的基本分析单元为交通分析小区（traffic analysis zone，TAZ）。考虑研究区域的大小，共分为 265 个 TAZ，其中收费区域内小区为 56 个，收费区域外小区为 209 个。根据已有的研究成果（Cervero and Kockelman，1997；Ewing and Cervero，2010），本研究分别从土地利用密度、多样性、街道设计、公交可达性、基础设施可达性等几个方面考虑，选取 21 个原始变量用于描述研究区域内 TAZ 的特征属性。所有 TAZ 的各变量统计指标见表 7-2。

表 7-2 2020 年 265 个 TAZ 的各变量统计指标

变量	单位	平均值	标准差
区域面积	平方千米	3.05	4.93
到 CBD 距离	千米	15.90	13.72
到商业距离	千米	19.21	15.26
到学校距离	千米	19.86	14.42
到医疗距离	千米	29.27	18.41

续表

变量	单位	平均值	标准差
距离轨道交通直线距离	千米	9.77	12.14
工业岗位数	个	**3536.99**	5808.75
政府岗位数	个	197.36	414.31
零售岗位数	个	**3190.39**	5418.49
人口	人	**8787.57**	15757.70
工业用地面积	平方千米	0.39	0.76
零售用地面积	平方千米	0.07	0.14
居住用地面积	平方千米	0.27	0.56
人口密度	个/平方千米	**6890.76**	8403.46
工业岗位密度	个/平方千米	**1426.26**	1700.62
政府岗位密度	个/平方千米	192.58	554.71
零售岗位密度	个/平方千米	**3770.75**	7032.23
交叉口个数	个	5.68	3.39
路段长度	千米	6.41	6.62
公交站点数量	个	1.99	2.01
路段密度	千米/平方千米	5.01	2.88

注：粗体显示的变量是通过土地利用与交通整合模型得到的预测值

需要说明的是我们通过以下方法获得不同情境和年代的数据：在不同情境下，学校、医院、轨道交通和物理交通网络是相同的，由江阴市城市总体规划确定。我们使用土地利用与交通整合模型预测不同情境和年份（2015年、2020年、2025年）下土地利用数据（土地利用面积、人口和就业的密度及分布等）和交通数据（交通流量、行驶速度等），使用2020年预测的城市建成环境属性数据作为后续多元回归分析的自变量。

7.4 研究方法

本章的研究过程如图7-4所示，其中第一行表示所采用的模型和方法，第二行

第7章 城市建成环境与道路拥挤收费的汽车尾气排放效应分析

和第三行分别表示与模型和方法对应的输入变量和输出结果。本章首先使用土地利用与交通整合模型——TRANUS模型模拟道路收费对城市土地利用和交通系统产生的影响。其次,将整合模型得到的各路段交通运行状况的参数作为污染物排放模型MOBILE 6的输入,得到不同拥挤收费方案下的污染物排放情况。在此基础上,使用多元回归分析建立城市建成环境属性与不同道路收费方案下的单位面积尾气排放量及收费前后尾气排放变化量之间的关系。最后,本章使用因子分析和聚类分析对TAZ进行定量的分类,从而可以进一步分析由于区域建成环境特征属性的不同而引起的道路收费尾气排放效应的差异性。

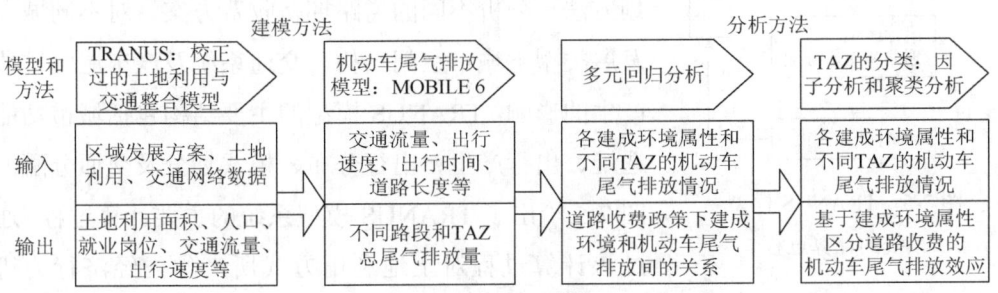

图 7-4 研究流程图

7.4.1 江阴市整合模型的建立与校正

为研究城市建成环境和道路收费共同影响下的区域尾气排放情况,我们需要借助城市土地利用与交通系统之间的互动反馈关系,如图7-1所示。而传统的使用独立的交通模型(如TRANSCAD模型)外接尾气排放模型的方法则无法模拟上述关系。为此,我们使用土地利用与交通整合模型——TRANUS模型作为研究平台。作为一款成熟的土地利用与交通整合模型(软件),TRANUS模型在欧洲、拉丁美洲、美国和中国等国家和地区均得到了广泛应用(de la Barra et al., 1984; de la Barra, 1989; Zhong et al., 2015)。

我们知道,人们对不同生产或生活活动的空间需求是产生交通需求的根源。TRANUS模型的土地模块借助投入-产出模型描述不同部门之间的经济流,并使用离散选择模型、微观经济学和随机效用理论模拟各部门之间的供需关系。而由随机效用理论、离散选择模型和交通分配模型组成的交通模型则为各部门之间的经济流所产生的交通需求提供交通供给。土地模型和交通模型之间借助可达性指标形成互动反馈关系，最终达到城市系统平衡状态。关于 TRANUS 模型的详细信息，请参考 de la Barra 等（1984）发表的文章。关于 TRANUS 模型的详细操作过程见第 4 章。

本研究采用 TRANUS 模型的软件平台和情景规划方法，分析不同的道路拥挤收费方案，对不同城市发展类型下城市空间结构、交通系统及汽车尾气排放产生的影响。TRANUS 模型的主要结构包括城市功能选址、出行产生、出行分布、模式划分及交通分配。图 7-5 给出了 TRANUS 模型系统的主要计算过程，通过该计算过程对土地利用方式所产生的经济行为进行交通量预测，从而达到在下一步分析中可依据交通量来测算汽车尾气排放量的目的。

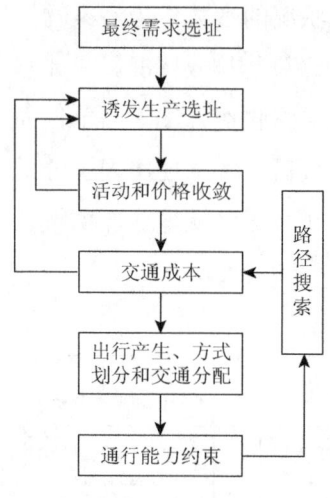

图 7-5　TRANUS 模型系统的计算过程

7.4.1.1　土地利用与交通整合模型的建立

江阴市土地利用与交通整合模型的建立首先要考虑如何来选择土地利用和交通系统的构成要素。根据以上对模型构建目的的分析，本研究模型构建在空间上重点考虑就业地与居住地、居住地与消费地的关系，因此本研究模型对用地系统元素选择上主要考虑设置 8 个部门，分别为工业岗位、政府岗位、服务业岗位、人口及 4 类主要类型的用地，包括工业用地、政府用地、商业（服务业）用地、居住用地。在各部门的定义中，工业和政府就业岗位为外生型变量，其他部门为诱生型变量。各部门之间存在诸如生产-消费链式的关系如图 7-6 所示。

在生产-消费链式中，小区 i 内的工业岗位需要消耗一定的人口，即工业和政府岗位对人口产生需求，这些被需求的人口将来自不同的小区，而具体的分布情

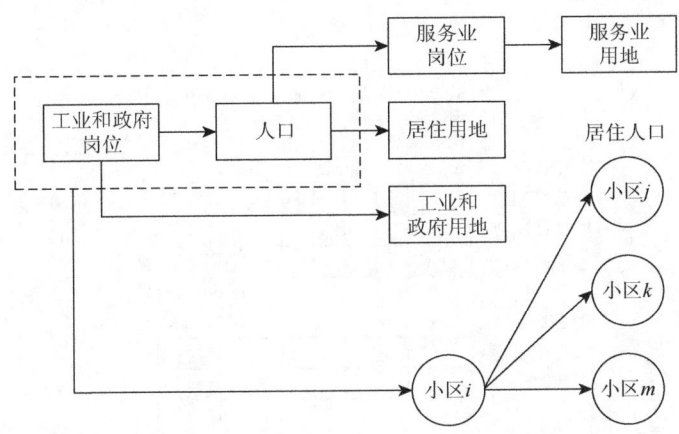

图 7-6 整合模型中各部门之间生产-消费链式关系示意图

况则根据居住用地供应分布、房产的价格及居住地与就业岗位之间的交通可达性所决定。而分布在各区域的人口对服务业也产生需求，要求一定量的服务业岗位为其提供服务，因此人口又对服务业岗位产生需求。此外，在这一生产-消费链中，工业岗位、政府岗位、居住人口、服务业岗位分别对工业用地、政府用地、居住用地和服务业用地产生需求。根据以上对用地模型的定义及各类活动之间的关系，在该模型中将产生两类交通流：一类是通勤流量；另一类是居民进行服务消费产生的消费流。

而对于交通系统的建立，考虑设置 5 类客运交通方式，包括轨道交通、常规公交、小汽车、步行、自行车。交通系统中交通网络由道路网络、常规公交网络和轨道交通网络构成。其中道路网络由快速路、主干路、次干路、支路与小区连接线构成，小区连接线是小区质心与道路网络的连接线，承担输送和接受交通流的功能，小区连接线仅作为出行路径中开始和结束的路段，不作为出行路径中的中间路段使用；常规公交网络依托道路网络建立，包括公交路段和车站两部分；轨道交通网络与常规公交网络有类似的性质。

通过以上对土地利用系统和交通系统的定义，本研究所构建的江阴市土地利用与交通整合模型中各要素之间的关系归纳如图 7-7 所示。

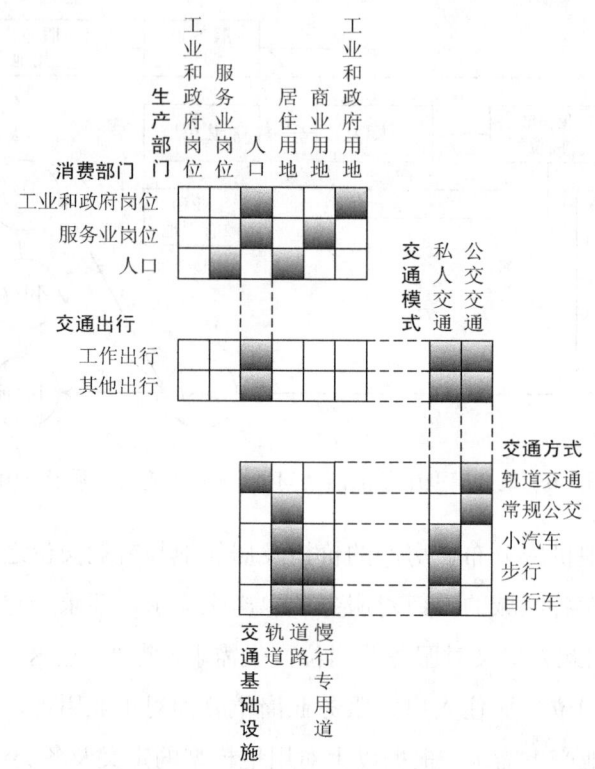

图 7-7 土地利用与交通整合模型中各要素之间的关系

注：图中灰色方格表示相关要素之间存在对应联系

7.4.1.2 土地利用与交通整合模型的校正

土地利用与交通整合模型建立好以后还需要对该模型进行校正，校正好的模型才能用于未来的土地利用系统和交通系统的模拟。Zhong 等（2015）使用分段估计法（piecewise estimation）对本章所建立的江阴市土地利用与交通整合模型进行了校正。分段估计法是指在对土地利用模型和交通模型分别进行校正以后，才进一步确定土地利用模型和交通模型之间的关联参数（Abraham and Hunt，2000）。这种方法的一个主要优点是，它将复杂的问题分解为更容易管理的几个部分，并且允许使用更多的观测数据（如果存在的话）替代原本应该从其他子模型的结果中得到的数据。另一个优点是，在考虑每一个子模型时，可以更简单地使用额外数据。

本研究中模型的校正分为以下三个阶段。

首先，对土地利用模型单独进行校正。

其次，使用土地利用模型得到的结果对交通模型进行独立校正。

最后，使用完整的土地利用与交通整合模型对土地利用模型和交通模型之间的关联参数进行校正。

在上述校验过程中需要设置一定的参数来作为评判的标准。本研究结合江阴市现状数据的可用情况及对城市总体规划方案评判精度的考虑，选择了用地模型中的工业用地、商业用地、居住用地三类用地的布局、规模作为评价参数；交通模型中则选择各种交通方式的分担率及部分路段的交通流量作为校核参数。

经过反复调试，各用地部门的收敛结果见表 7-3。可以看出，价格和产量的收敛精度均在 1%之内，满足计算精度要求。其中政府用地、医疗卫生用地、教育用地及文体娱乐用地不参与土地市场竞争，因此模型不对其布局和规模进行模拟。

表 7-3 各用地部门收敛情况一览表

部门	价格		产量	
	收敛精度（%）	最差小区	收敛精度（%）	最差小区
工业岗位	0.12	127	—	—
政府岗位	0.12	133	—	—
商业岗位	0.12	21	0.03	1
文体娱乐岗位	0.18	262	0.04	4
医疗卫生岗位	0.38	262	0.22	8
教育岗位	0.12	143	0.04	133
人口	0.35	119	0.25	20
工业用地	−0.26	150	0.09	150
商业用地	0.05	1	0.04	177
居住用地	−0.80	194	0.42	194
政府用地	—	—	—	—
医疗卫生用地	—	—	—	—
教育用地	—	—	—	—
文体娱乐用地	—	—	—	—

由土地模型得到的社会经济流确定各交通小区之间的 O-D 矩阵，供交通模型使用。在基础年的出行方式中定义了步行、非机动车、公共交通以及个体机动车四种方式。考虑到江阴市城市总体规划研究的层次及精度需要，以及交通小区划分的尺度，步行方式仅仅作为一种接驳方式，其出行量则不计入出行总量中。根据江阴市市域范围内的现状出行调查情况，非机动车、公共交通、个体机动车方式三者的比例分别为 33.5%、22.1%、44.4%，而通过模型模拟三者的分担比例分别为 33.3%、21.3%、45.4%，误差分别为 –0.60%、3.62%、2.25%，如表 7-4 所示。

表 7-4 交通分担率调查值与模拟值误差对比（%）

出行方式		非机动车	公共交通	个体机动车
分担率	调查值	33.5	22.1	44.4
	模拟值	33.3	21.3	45.4
误差		–0.60	3.62	2.25

此外还选取了 5 个道路路段观测点，观测高峰小时的断面流量，作为模型校核的标准。由表 7-5 可以看出各观测点中最大误差在 8% 以内，因此可以认为模型的预测结果是较为可靠的。

表 7-5 部分道路流量观测值与模型预测值的误差一览表

编号	观测点位置	方向	观测值（标准车/小时）	模型值（标准车/小时）	误差（%）
1	通渡路	西—东	695	688	–1.12
		东—西	763	795	4.18
2	澄南大道	西—东	3579	3759	5.03
		东—西	3296	3518	6.72
3	滨江东路	西—东	3201	2958	–7.58
		东—西	3690	3848	4.30
4	绮山路	北—南	3407	3598	5.63
		南—北	3044	2805	–7.86
5	滨江中路	西—东	4468	4368	–2.24
		东—西	4470	4732	5.85

根据以上对模型的校核结果，可以认为所建立的模型是符合案例分析精度要求的，可以用于后续的研究与分析。江阴市土地利用与交通整合模型考虑两类出行，分别为工作出行和服务出行，同时考虑多种出行方式，包括小汽车、常规公交、轨道交通、步行、自行车及它们的组合出行方式。根据江阴市未来的道路网络、常规公交网路、轨道交通线网状况，交通模型将不同交通小区之间的 O-D 需求分配到道路网络上，得到最终的路段运行状况，包括交通流量、速度等。这些道路运行状况信息将输入到尾气排放模型，用于计算各路段和区域的尾气排放量。

7.4.2 汽车尾气排放模型

通过 TRANUS 模型结合情景方案可以模拟出不同的道路拥挤收费方案对城市不同发展方案下（趋势增长和道路收费方案）城市土地利用和交通系统产生的影响。在下一步研究中，利用美国国家环境保护局（Environmental Protection Agency，EPA）的污染物排放模型——MOBILE 6 则可以在汽车平均排放因素下，估计不同类型设施和服务水平组合下的平均排放率。换言之，通过 MOBILE 6 能将 7.4.1 节所提到的土地利用和交通情景方案转换为所需要的汽车排放量。

7.4.2.1 基于路段的排放因子

交通出行情况是影响汽车排放量的重要影响因素，但是还需要考虑其他基于路段的排放影响因素，如车辆燃油类型、路段平均速度、设施类型（快速路、主干路和次干路）、排放控制标准、检查和维修、环境条件（温度、湿度、大气压力）、车辆类别和年龄影响等。车辆类别包括轻型车、重型车和公交车。采用 MOBILE 6 模型中基本排放率（basic emission rate，BER）可对每一技术类别的基于路段的尾气排放因素进行估计及校正，如式（7-1）所示：

$$\mathrm{EF}_{Y,f,V} = \mathrm{BER}_{Y,f,V} \times \mathrm{TECF} \times \mathrm{HCF} \times \mathrm{PCF} \times \mathrm{CCF} \times \mathrm{SCF}_{f,V} \tag{7-1}$$

式中，$\mathrm{EF}_{Y,f,V}$ 为 Y 年份、设施类型 f 及基于路段平均车速 V 条件下的现实世界基于路段的排放因素（毫克/秒）；$BER_{Y,f,v}$ 为 Y 年份、设施类型 f、平均循环速度 v（千米/小时）、标准温度及压力和湿度条件下的基本排放率（毫克/秒）；TECF 为温度修正因子（无量纲）；HCF 为当地相对湿度修正因子（无量纲）；PCF 为当地气压修正因子（无量纲）；CCF 为循环修正因子，用于将联邦测试程序循环速度下的 BER 转换为在相同平均循环速度下现实世界下基于路段的排放量；$SCF_{f,v}$ 为速度和设施类型修正因子（无量纲）。

7.4.2.2 排放总量估计

排放总量估计模型可基于路段的排放模型与路段水平下的活动数据估计排放总量。对某一指定设施类型的单条路段和总排放量估计如式（7-2）和式（7-3）所示：

$$t_i = 3600 \times L_i / V_i \tag{7-2}$$

$$TE_{i,f} = EF_{Y,f,V_i} \times t_i \times vol_i \tag{7-3}$$

式中，i 为路段；V_i 为路段 i 上的平均车速（千米/小时）；L_i 为路段 i 的长度（千米）；t_i 为路段 i 上车辆的平均旅行时间（秒）；vol_i 为路段 i 的车流量（辆/小时）；$TE_{i,f}$ 为设施类别 f 路段 i 的总排放量（毫克/小时）。

将排放因素与 TRANUS 模型中得到的路段交通运行结果相结合，生成各路段的排放总量。随后，使用 ArcGIS 软件，将各 TAZ 所包含的所有路段的 TE 求和，得到各 TAZ 的尾气排放总量。

7.4.3 多元回归分析

多元回归分析的目的是建立不同道路收费方案下建成环境特征与机动车尾气排放量之间的关系。这个过程分为两个步骤：基于土地利用与交通整合模型及尾气排放模型预测的土地利用、交通和车辆排放数据，首先分析建成环境属性对不同区域发展方案下车辆排放的影响；其次在此基础上，在引入道路收费政策后，进一步分析机动车排放变化量与建成环境属性之间的关系。

值得注意的是，多元回归分析只能检验不同建成环境属性对道路收费的机动车尾气排放效应的独立影响。针对这种情况，在下面的内容中，作者采用因子分析和聚类分析相结合的方法对各 TAZ 进行划分，从而进一步区分建成环境要素的不同组合对道路收费的机动车尾气排放效应的联合影响。

7.4.4 TAZ 分类：因子分析与聚类分析

我们首先使用因子分析法缩减描述 TAZ 特征属性的 21 个原始变量（表 7-2）的个数。这样做的目的是减少各变量之间的多重共线性（multicollinearity）（Cervero and Kockelman，1997），同时也可以分析可观测变量背后的潜在影响因素对道路收费尾气排放效应的影响。使用因子分析法，我们最终将 21 个原始变量缩减为 7 个因素用于描述城市建成环境，包括轨道交通和市中心可达性、零售状况、人口状况、工业状况、街道设计和常规公交状况、政府状况、基础设施可达性（表 7-6）。这 7 个因素可以解释 21 个原始变量的 79.51%，再加入位于道路收费区域内变量（within the road pricing region variable），我们最终得到 8 个基本因素（表 7-7）。

表 7-6 原始建成环境变量的因子分析

建成环境变量	因子加载						
	轨道交通和市中心（CBD）可达性	零售状况	人口状况	工业状况	街道设计和常规公交状况	政府状况	基础设施可达性
到 CBD 距离	0.225						
到商业距离	0.237						
距离轨道交通直线距离	0.229						
零售岗位数		0.422					
零售用地面积		0.416					
零售岗位密度		0.315					
人口			0.400				

续表

建成环境变量	因子加载						
	轨道交通和市中心（CBD）可达性	零售状况	人口状况	工业状况	街道设计和常规公交状况	政府状况	基础设施可达性
居住用地面积			0.345				
人口密度			0.461				
工业岗位数				0.339			
工业用地面积				0.350			
工业岗位密度				0.493			
交叉口个数					0.508		
路段长度					0.260		
公交站点数量					0.393		
路段密度					0.226		
政府岗位数						0.480	
政府岗位密度						0.606	
到学校距离							0.331
到医疗距离							0.829
累计值（%）	24.79	36.48	47.11	57.58	66.51	74.27	79.51

注：为便于解释，我们去掉绝对值小于 0.225 的分数。考虑到位于道路收费区域内变量不是一个典型的建成环境属性变量，我们没有将其加入到因子加载过程中

在此基础上，我们进一步使用 K-means 聚类分析法对 265 个 TAZ 进行分类，考虑到分类结果的可解释性并保证聚类种类的多样性，我们最终划分了 8 种 TAZ 类型。表 7-7 给出了具体的分类情况，以及每种 TAZ 类型的各建成环境属性情况，从前述得到的 8 种基本建成环境要素的角度，揭示每种 TAZ 类型与其他 TAZ 类型的区别。表 7-7 中的最后一行给出了每种 TAZ 类型下 TAZ 数量分布情况。例如，TAZ 7 中包含 26 个 TAZ。

表 7-7　基本建成环境要素与 8 种 TAZ 类型的聚类中心值

基本建成环境要素	聚类种类							
	TAZ 1	TAZ 2	TAZ 3	TAZ 4	TAZ 5	TAZ 6	TAZ 7	TAZ 8
轨道交通和市中心可达性	1.03	0.04	0.31	−1.67	−1.36	0.22	−2.02	0.67
零售状况	2.10	−0.94	−0.21	7.29	1.08	−0.35	−0.38	1.33
人口状况	−1.81	−0.41	−0.31	4.45	2.63	0.07	−0.49	−0.53
工业状况	−0.64	−0.33	2.02	−0.15	0.88	−0.28	−0.29	−0.41
街道设计和常规公交状况	1.05	0.02	0.11	0.37	−0.17	−0.25	0.80	0.41
政府状况	2.65	7.00	0.01	0.36	0.37	−0.23	0.08	−0.01
基础设施可达性	0.22	0.84	−0.33	1.62	0.11	0.23	−0.70	−0.41
位于道路收费区域内	1.00	0.67	0.07	0.00	0.00	0.19	0.00	0.57
数量	3	3	29	1	12	156	26	35

由表 7-7，每种 TAZ 类型的建成环境特征如下。

TAZ 1：该类型 TAZ 主要分布在收费区域内，具有较好的零售和政府状况。街道设计和常规公交状况、轨道交通和 CBD 可达性非常好。但是人口和工业岗位很少。

TAZ 2：该类型 TAZ 大部分分布在收费区域内，属于行政中心。但是，除了基础设施可达性指标以外，其他建成环境条件均较差。

TAZ 3：该类型 TAZ 属于收费区域外的工业中心。

TAZ 4：该类型 TAZ 位于收费区域外，远离轨道交通和 CBD。但是这些 TAZ 具有非常好的零售的人口条件，且基础设施可达性很高。

TAZ 5：与区域类型 4 相似，该类型 TAZ 也分布在收费区域外，远离轨道交通和 CBD。该类型 TAZ 具有很多的人口、零售和工业岗位。

TAZ 6：该类型 TAZ 的各项建成环境指标都很低。

TAZ 7：该类型 TAZ 位于郊区，除了街道设计和公交良好，该类型 TAZ 的其他指标都很低。

TAZ 8：该类型 TAZ 位于收费区域内，零售岗位较多，但是该区域中的工业和人口数很低。轨道交通可达性、街道设计和公交状态很好。

7.5 结果和分析

首先，在 7.5.1 节中使用多元回归分析的方法，分析建成环境要素对不同方案下尾气排放量产生的影响（25T、25P10、25P20），并进一步对比分析收费前后机动车尾气排放的变化与区域建成环境之间的关系（25P10-25T、25P20-25T）。其次，考虑到多元回归分析法仅能分析城市建成环境各要素对道路收费尾气排放效应产生的独立影响。因此，在 7.5.2 节中，我们采用因子分析和聚类分析相结合的方法，分析该区域内建成环境的要素组合对道路收费尾气排放效应的共同影响。其中 7.5.2.1 节讨论了建成环境组合要素对各 TAZ 类型单位面积平均尾气排放量的影响，7.5.2.2 节分析了建成环境组合要素对各 TAZ 类型尾气排放变化率的影响。由于一氧化碳、氮氧化物和总有机气体（total organic gases）的变化趋势相似，本节接下来的分析均以一氧化碳为例进行说明。

我们首先使用多元回归分析的方法，分析城市建成环境各要素对道路收费尾气排放效应产生的影响。我们使用前面因子分析得到的 8 个基本建成环境要素作为表 7-8 中的解释变量。本研究旨在分析道路收费引入后对不同建成环境属性区域机动车尾气排放产生的不同影响。考虑到交通对土地利用的影响需要一定的时间（Tillema et al.，2010；Zhong et al.，2015；Zhong and Bushell，2017a，2017b），2020 年开始执行的道路收费政策会导致 2025 年的土地利用发生变化。记住这一点，我们选择 2020 年的建成环境属性数据（由因子分析得到）作为解释变量。表 7-8 中第二至第四列中的因变量分别为 2025 年趋势发展方案（25T）、10 元道路收费方案（25P10）和 20 元道路收费方案（25P20）下的单位面积平均尾气排放量。第五列和第六列中的因变量分别为 2025 年 10 元道路收费方案和 20 元道路收费方案与趋势发展方案相比单位面积平均尾气排放变化量，分别用 25P10-25T 和 25P20-25T 表示。

表 7-8 不同方案下尾气排放量的回归分析结果

解释变量	普通最小二乘估计				
	25T	25P10	25P20	25P10-25T	25P20-25T
常数项	165931.60*** (10.25)	158558.60*** (9.95)	154696.10*** (9.78)	−7372.99*** (−3.59)	−11235.52*** (−5.43)
距离 CBD（轨道交通）距离	−78553.21*** (−5.16)	−73625.21*** (−4.91)	−70815.59*** (−4.76)	4928.00** (2.55)	7737.62*** (3.97)
人口状况	−20672.98 (−1.50)	−17723.49 (−1.31)	−17546.91 (−1.30)	2949.49* (1.69)	3126.07* (1.77)
零售状况	7671.30 (0.55)	4056.38 (0.30)	3858.70 (0.29)	−3614.92** (−2.06)	−3812.60** (−2.15)
工业状况	−53761.51*** (−3.76)	−52202.89*** (−3.71)	−50827.98*** (−3.64)	1558.61 (0.86)	2933.52 (1.61)
街道设计和常规公交状况	23014.99* (1.66)	19616.09 (1.43)	19113.94 (1.41)	−3398.90* (−1.93)	−3901.05** (−2.19)
政府状况	31233.13** (2.16)	29739.70** (2.09)	30113.91** (2.13)	−1493.43 (−0.81)	−1119.23 (−0.61)
距离基础设施距离	−23067.86* (−1.66)	−20148.29 (−1.47)	−19811.34 (−1.46)	2919.56* (1.66)	3256.51* (1.83)
位于道路收费区域内	101307.30** (2.52)	115465.40*** (2.92)	115936.30*** (2.95)	14158.18*** (2.77)	14629.06*** (2.84)

注：第二至第四列的因变量，单位面积的平均尾气排放量；第五列和第六列的因变量，10元和20元道路收费方案下汽车尾气排放量与趋势发展方案下尾气排放量的差值。括号中为 t 统计值

*为达到90%显著水平，**为达到95%显著水平，***为达到99%显著水平

7.5.1 建成环境独立要素的分析（回归分析结果）

7.5.1.1 不同区域发展方案下单位面积平均尾气排放量分析

表7-8中的第二至第四列给出了不同发展方案下汽车尾气排放与建成环境之间的关系，我们可以看出：

1）区域每平方千米汽车尾气排放量（一氧化碳）与距离轨道交通（CBD）距离、工业状况、政府状况、是否在收费区域内几个因素密切相关。一般而言，工业岗位越多，每平方千米汽车尾气排放量越低，且该影响随着收费额度的增加而逐渐降低。可能的原因是，工业岗位丰富的地区人们的通勤距离相对较短，尾气排放量也相对较小。

2）同等情况下，政府岗位越多（行政中心）的区域尾气排放量越大，我们将

在 7.5.2.1 节解释该现象产生的原因；收费区域内的尾气排放量也显著提高，因为该区域是城市中心，人口活动强度最大。此外，"政府岗位数"和"收费区域内"这两个变量的影响随着收费额度的增加而提高。

3）我们发现一个很有意思的现象，即距离轨道交通越近，单位面积尾气排放量越大。这可能是因为轨道交通线路主要分布在市中心，市中心的交通需求比郊区大得多。因此，尽管人均汽车排放量在市中心区下降（Barla et al., 2011；Waygood et al., 2014；Song et al., 2016），市中心区域单位面积尾气排放量还是比郊区大。其结果是，距离轨道交通越近，单位面积尾气排放量也越高。

7.5.1.2　不同区域发展方案下单位面积平均尾气排放变化量分析

对比收费前后机动车尾气排放的变化与区域建成环境间的关系，我们发现（见表 7-8 中第 5 列 25P10-25T 和第 6 列 25P20-25T）：

1）收费后尾气排放变化情况与距离轨道交通距离、零售状况、人口状况、街道设计与常规公交状况、距离基础设施距离及是否在收费区域内密切相关，且随着收费额度的提高，显著性水平越高。

2）距离轨道交通（CBD）和基础设施越远、人口越多的区域，收费后单位面积尾气排放量降低较小。这可能是由于距离轨道交通（CBD）和基础设施越远，周边的生活越不便利，单位活动的平均出行距离也越长，不利于单位面积尾气排放的降低。同样，人口越多，小汽车的使用率也相对较多，也不利于单位面积尾气排放量的降低。

3）相比而言，零售业越发达、街道设计和常规公交状况越好的区域，收费后尾气排放量下降越明显。这是因为，零售业越发达，人们可以就近出行，满足日常的生活需要，相对而言平均出行距离较短，有利于降低尾气排放量。街道设计和常规公交状况越好也有利于降低尾气排放量。

7.5.2　建成环境各要素组合分析（聚类分析结果）

实际上，建成环境中的不同要素相互作用，共同影响道路收费的尾气排放效应。而回归分析法仅能反映建成环境各要素对道路收费尾气排放效应的独立影响。

第 7 章 城市建成环境与道路拥挤收费的汽车尾气排放效应分析

为此,我们将使用因子分析和聚类分析法对 TAZ 进行分类,进一步分析建成环境的不同组合要素对道路收费尾气排放效应的共同影响。

7.5.2.1 各 TAZ 类型单位面积平均尾气排放量分析

根据表 7-7,图 7-8 给出了各 TAZ 类型的建成环境特征。关于各 TAZ 类型的建成环境信息,详见 7.4.4 节。图 7-9 给出了各 TAZ 类型单位面积一氧化碳排放情况(毫克/平方千米)。由表 7-7、图 7-8 和图 7-9 可以看出:

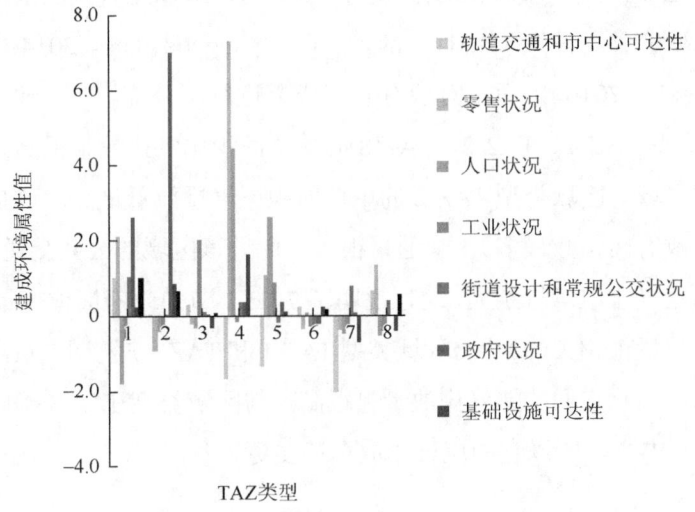

图 7-8 不同类型 TAZ 的特征属性

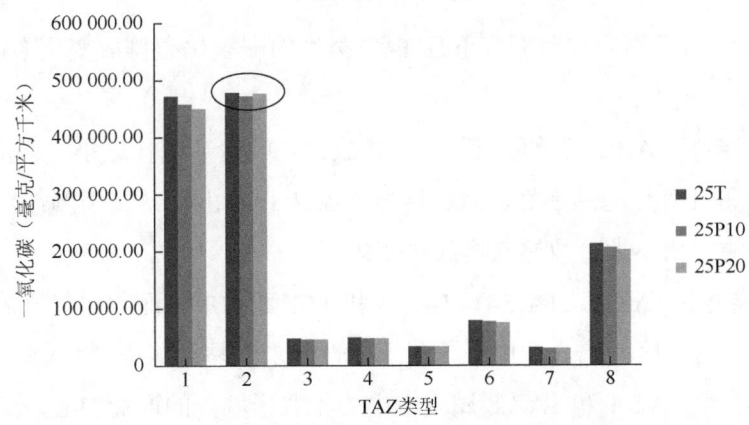

图 7-9 不同方案下各 TAZ 类型单位面积一氧化碳排放量

1）总体而言，除了区域类型 TAZ 2，其他 TAZ 类型区域单位面积尾气排放量随收费额度的提高而降低。这也证实了虽然道路收费可以使区域整体的单位面积尾气排放量下降，但是对于某些小区而言，道路收费还可能使区域单位面积尾气排放量上升。

2）区域类型 TAZ 5、TAZ 7 的单位面积尾气排放量最小。这两个区域距离市中心都很远。区域类型 TAZ 7 属于郊区，各种建成环境指标都很低，故尾气排放量非常低。与区域类型 TAZ 7 不同，区域类型 TAZ 5 的人口很多，但是由于该区域的工作岗位也非常多，人口和工作岗位趋于平衡，所以尾气排放量也非常低。上述结果与已有研究并不冲突（Barla et al., 2011；Waygood et al., 2014；Huang et al., 2016；Song et al., 2016），而是对现有研究成果进行了补充。

3）区域类型 TAZ 1、TAZ 2、TAZ 8 的单位面积尾气排放量很高。这 3 个区域大都属于收费区域。区域类型 TAZ 2 的单位面积尾气排放量最高。这是因为该区域是行政中心（政府岗位数最多），交通量很大，此外该区域的公共交通水平非常差，导致该区域的尾气排放量特别大，这也说明了 7.5.1.1 节中政府岗位变量（行政中心）与区域尾气排放量正相关的原因。区域类型 TAZ 1 和 TAZ 8 属于市中心的商业中心，商业活动频繁，因此它们的尾气排放量也很高。与区域类型 TAZ 8 不同，区域类型 TAZ 1 还是行政中心，所以它的尾气排放量还要更大些。

7.5.2.2 各 TAZ 类型尾气排放变化率分析

图 7-10 给出了不同收费额度下各 TAZ 类型的一氧化碳排放变化率情况，我们可以看出：

1）区域类型 TAZ 2 的单位面积尾气排放量在收费后变化最小。这是因为，该区域的公交和轨道交通都不好，且该区域大都为行政出行，属于刚性需求，收费对交通需求的影响不大，故尾气排放量变化不大。

2）区域类型 TAZ 1、TAZ 4、TAZ 5 和 TAZ 8 的单位面积尾气排放量在收费后大幅下降。这些区域属商业中心，属于弹性需求。与区域类型 TAZ 4 和 TAZ 5 不同，区域类型 TAZ 1 和 TAZ 8 属于市中心收费区域内的商业中心，这些区域的轨道交通和公交非常发达，收费以后人们会倾向于选择公共交通方式来此地购物，在不影响区域购物出行总量的情况下,使尾气排放量大幅下降。与区域类型 TAZ 1 和 TAZ 8 的尾气排放量降低的本质不同,区域类型 TAZ 4 和 TAZ 5 属于收费区域外的商业中心,由于该区域的轨道交通和常规公共交通不是很发达,受收费的影响,原本居住在收费区域内来此区域购物的人,在收费后会选择在收费区域内购物,降低出行成本,使该区域的尾气排放量下降。

3)此外,区域类型 TAZ 3 在收费后单位面积尾气排放量也显著下降。该区域靠近收费区域,且该区域工作岗位非常多,但是人口非常少,此外公共交通也很差。原本居住在收费区域内,在该区域上班的人,在收费后会选择就近工作,使该区域的就业人数下降,尾气排放量显著下降。

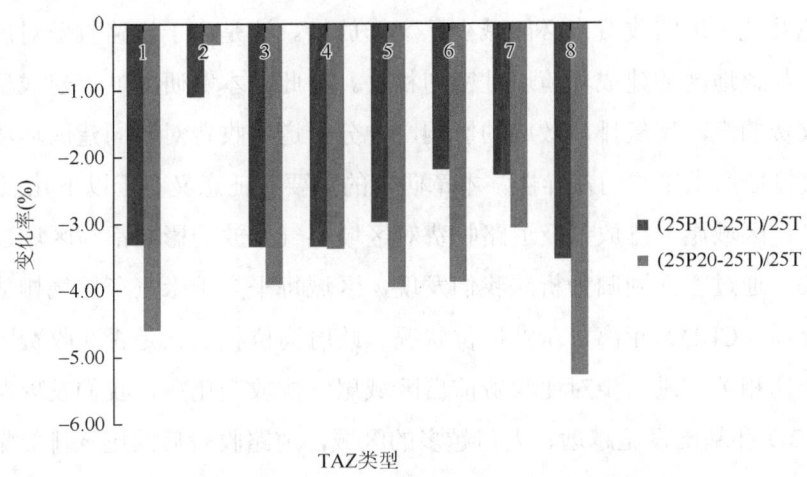

图 7-10 不同收费额度下各 TAZ 类型的一氧化碳排放变化率

7.6 结 论

虽然道路拥挤收费实施的初衷是为了降低收费区域内的小汽车交通需求量,缓解交通拥堵,然而由其产生的附加效应也越来越引起人们的关注,明确这些效应是道路拥挤收费政策能否成功实施的关键。伦敦每年都会发布道路收费影响评估报告,检测和评估道路收费对区域内的居民出行行为、道路、商业、交通安全、环境等产生的影响。其中道路收费对区域环境的影响也越来越引起人们的重视,并逐渐成为治理环境污染的一个有力手段。米兰的低排放区收费证明了使用该手段降低尾气排放的有效性。我国的很多大城市也在酝酿使用道路收费降低区域尾气排放量，如北京市、上海市等。

本章研究了建成环境属性与道路收费的机动车排放效应之间的关系，分析了由于区域建成环境属性的不同引起的道路收费机动车尾气排放效应的不同。本章的主要结论是道路收费对不同区域机动车尾气排放的影响并不相同。对于整个区域，道路收费可以抑制小汽车的使用，从而降低收费区域的总体尾气排放量。这个结论与伦敦、斯德哥尔摩和米兰的实证研究结论一致（Eliasson, 2009; Burt et al., 2010; Rotaris et al., 2010; Gibson and Carnovale, 2015）。对于局部区域，本研究创新性地发现，道路收费未必能减少尾气排放量。这是由于道路收费对尾气排放量的影响与该地区的建成环境属性密切相关。为此，本章研究城市建成环境属性对道路收费的汽车尾气排放效应的影响，并分析道路收费对不同建成环境属性区域的尾气排放产生影响的差异性。本章研究的重要实证意义在于以下几点：

首先，区域尾气排放量及道路收费对区域尾气排放的影响都与区域建成环境密切相关。通过多元回归分析法我们发现，区域每平方千米汽车尾气排放量与距离轨道交通（CBD）距离、工业岗位状况、政府岗位状况、是否在收费区域内几个因素密切相关。进一步对比收费前后区域尾气排放变化量，我们发现距离轨道交通、CBD 和基础设施越远、人口越多的区域，道路收费后的尾气排放量降低越小。相比而言，零售业越发达，街道设计和常规公交状况越好的区域，收费后尾气排放量下降越明显。

其次，在本章的研究中还发现，单纯使用多元回归分析的方法分析建成环境对道路收费的尾气排放效应的影响存在一定的局限性。它无法针对某一特定区域，分析该区域内建成环境的组合要素对道路收费尾气排放效应的共同影响。为此，我们采用因子分析和聚类分析相结合的方法对研究区的 265 个 TAZ 进行定量化的分类。通过研究我们发现，对于市中心的行政办公地点，应该配套良好的公共交通设施，因为这部分出行属于刚性需求，若是仅仅依靠道路收费，但是公交不好，那么该区域的尾气排放量不会降低。政策制定者明白这一点非常重要，这一结果

第 7 章　城市建成环境与道路拥挤收费的汽车尾气排放效应分析

对仅仅通过道路收费政策期望减少机动车尾气排放量的城市有很好的借鉴意义。此外，工作岗位和人口数趋于平衡的区域，有利于区域尾气排放量的下降。

再次，以往的研究发现居住在市中心或接近公共交通工具的人倾向于少开车，从而减少尾气排放量，而居住在郊区的居民往往会更多的选择小汽车出行，从而产生更多的尾气排放量（Barla et al.，2011；Waygood et al.，2014；Huang et al.，2016；Song et al.，2016）。使用江阴市的数据，我们进一步研究发现，离市中心较远的地区，单位面积机动车尾气排放量较低。而越靠近轨道交通的区域单位面积的尾气排放量反而越大。这项研究结论与现有研究并不相冲突，而是补充了已有研究成果。这是因为本研究的研究对象是单位面积机动车尾气排放量，这与以往研究的对象不同。具体而言，尽管高密度开发区有利于公共交通出行，但交通需求和拥堵水平也远比低密度开发区要高（Schwanen et al.，2004）。在本研究中，轨道交通线路主要分布在市中心交通拥挤的地区，那里的交通需求远远大于郊区。因此，尽管市中心单位面积机动车尾气排放量低于郊区，但是市中心机动车总尾气排放量仍然大于郊区。

最后，虽然本章仅仅以境界线收费为例，研究了建成环境对道路收费的尾气排放效应产生的影响，但是本章提出的方法对其他土地利用和交通政策同样适用。例如，可以使用本章提出的方法评估精明增长或停车政策对区域尾气排放产生的影响，而且可以分析不同建成环境属性区域对这些政策的敏感性，以此做出更有利于环境的土地利用或交通政策。

参 考 文 献

江苏省城市规划设计研究院. 2011. 江阴市总体规划（2011～2030 年）[R]. http://www.jiangyin.gov.cn: 88/websites/_ext/wzjq/xxgk/detail_xxgk.jsp? id = lnubkqnyldrao[2016-12-9].

Abraham J E, Hunt, J D. 2000. Parameter estimation strategies for large-scale urban models[J]. Transportation Research Record: Journal of the Transportation Research Board, 1722: 9-16.

Aditjandra P T, Cao X J, Mulley C. 2012. Understanding neighbourhood design impact on travel behaviour: An application of structural equations model to a British metropolitan data[J]. Transportation Research Part A: Policy and Practice, 46 (1): 22-32.

Aguiléra A, Voisin M, Voisin M. 2014. Urban form, commuting patterns and CO2, emissions: What differences between the municipality's residents and its jobs？[J]. Transportation Research Part A: Policy and Practice, 69: 243-251.

Aziz H M, Ukkusuri S V. 2012. Integration of environmental objectives in a system optimal dynamic traffic assignment model[J]. Computer-Aided Civil and Infrastructure Engineering, 27 (7): 494-511.

Barla P, Miranda-Moreno L F, Lee-Gosselin M. 2011. Urban travel CO_2 emissions and land use: A case study for Quebec City[J]. Transportation Research Part D: Transport and Environment, 16 (6): 423-428.

Beevers S D, Carslaw D C. 2005. The impact of congestion charging on vehicle emissions in London[J]. Atmospheric Environment, 39 (1): 1-5.

Burt M, Sowell G, Crawford J, et al. 2010. Synthesis of congestion pricing-related environmental impact analyses-final report[R]. Report No. FHWA-HOP-11-008. US Department of Transportation Washington, DC.

Cao X, Mokhtarian P L, Handy S L. 2007. Do changes in neighborhood characteristics lead to changes in travel behavior? A structural equations modeling approach[J]. Transportation, 34 (5): 535-556.

Cervero R, Kockelman K. 1997. Travel demand and the 3Ds: Density, diversity, and design[J]. Transportation Research Part D: Transport and Environment, 2 (3): 199-219.

Daniel J I, Bekka K. 2000. The environmental impact of highway congestion pricing[J]. Journal of Urban Economics, 47 (2): 180-215.

de la Barra T, Pérez B, Vera N. 1984. TRANUS-J: Putting large models into small computers[J]. Environment and Planning B: Planning and Design, 11 (1): 87-101.

de la Barra T. 1989. Integrated Land Use and Transport Modelling: Decision Chains and Hierarchies[M]. Cambridge: Cambridge University Press.

de Palma A, Lindsey R. 2011. Traffic congestion pricing methodologies and technologies[J]. Transportation Research Part C: Emerging Technologies, 19 (6): 1377-1399.

Eliasson J. 2009. A cost-benefit analysis of the Stockholm congestion charging system[J]. Transportation Research Part A: Policy and Practice, 43 (4): 468-480.

Ewing R, Cervero R. 2010. Travel and the built environment: A meta-analysis[J]. Journal of the American Planning Association, 76 (3): 265-294.

Gibson M, Carnovale M. 2015. The effects of road pricing on driver behavior and air pollution[J]. Journal of Urban Economics, 89: 62-73.

Handy S, Cao X, Mokhtarian P. 2005. Correlation or causality between the built environment and travel behavior? Evidence from Northern California[J]. Transportation Research Part D: Transport and Environment, 10 (6): 427-444.

Huang X, Cao X, Cao J. 2016. The association between transit access and auto ownership: Evidence from Guangzhou, China[J]. Transportation Planning and Technology, 39 (3): 269-283.

Johansson O. 1997. Optimal road-pricing: Simultaneous treatment of time losses, increased fuel consumption, and emissions[J]. Transportation Research Part D: Transport and Environment, 2 (2): 77-87.

Johansson-Stenman O. 2006. Optimal environmental road pricing[J]. Economics Letters, 90 (2): 225-229.

Liu C, Shen Q. 2011. An empirical analysis of the influence of urban form on household travel and energy consumption[J]. Computers, Environment and Urban Systems, 35 (5): 347-357.

Ma J, Liu Z, Chai Y. 2015. The impact of urban form on CO_2 emission from work and non-work trips: The case of Beijing, China[J]. Habitat International, 47: 1-10.

Mitchell G, Namdeo A, Milne D. 2005. The air quality impact of cordon and distance based road user charging: An empirical study of Leeds, UK[J]. Atmospheric Environment, 39 (33): 6231-6242.

Percoco M. 2013. Is road pricing effective in abating pollution？Evidence from Milan[J]. Transportation Research Part D: Transport and Environment, 25: 112-118.

Rotaris L, Danielis R, Marcucci E, et al. 2010. The urban road pricing scheme to curb pollution in Milan, Italy: Description, impacts and preliminary cost-benefit analysis assessment[J]. Transportation Research Part A: Policy and Practice, 44 (5): 359-375.

Schwanen T, Dieleman F M, Dijst M. 2004. The impact of metropolitan structure on commute behavior in the Netherlands: A multilevel approach[J]. Growth and Change, 35 (3): 304-333.

Song S, Diao M, Feng C C. 2016. Individual transport emissions and the built environment: A structural equation modelling approach[J]. Transportation Research Part A: Policy and Practice, 92: 206-219.

Tillema T, van Wee B, Ettema D. 2010. The influence of (toll-related) travel costs in residential location decisions of households: A stated choice approach[J]. Transportation Research Part A: Policy and Practice, 44 (10): 785-796.

Tsekeris T, Voß S. 2009. Design and evaluation of road pricing: State-of-the-art and methodological advances[J]. Economic Research and Electronic Networking, 10 (1): 5-52.

Waygood E O D, Sun Y, Susilo Y O. 2014. Transportation carbon dioxide emissions by built environment and family lifecycle: Case study of the Osaka metropolitan area[J]. Transportation Research Part D Transport and Environment, 31: 176-188.

Whitehead T. 2005. Transport charging interventions and economic activity[J]. Transport Policy, 12 (5): 451-463.

Yin Y, Lawphongpanich S. 2006. Internalizing emission externality on road networks[J]. Transportation Research Part D: Transport and Environment, 11 (4): 292-301.

Zahabi S A H, Miranda-Moreno L, Patterson Z, et al. 2015. Spatio-temporal analysis of car distance, greenhouse gases and the effect of built environment: A latent class regression analysis[J]. Transportation Research Part A: Policy and Practice, 77: 1-13.

Zhong S, Bushell M. 2017a. Built environment and potential job accessibility effects of road pricing: A spatial econometric perspective[J]. Journal of Transport Geography, 60: 98-109.

Zhong S, Bushell M. 2017b. Impact of the built environment on the vehicle emission effects of road pricing policies: A simulation case study [J]. Transportation Research Part A: Policy and Practice, 103: 235-249.

Zhong S, Wang S, Jiang Y, et al. 2015. Distinguishing the land use effects of road pricing based on the urban form attributes[J]. Transportation Research Part A: Policy and Practice, 74: 44-58.

Zhong S, Xiao X, Bushell M, et al. 2017. Optimal road congestion pricing for both traffic efficiency and safety under demand uncertainty[J]. Journal of Transportation Engineering, Part A: Systems, 143 (4): 1-10.

第8章　道路收费对潜在工作岗位可达性的影响——基于空间经济学视角

本章将在第 7 章研究的基础上，结合土地利用与交通整合模型和空间计量经济学模型，进一步分析道路收费对区域潜在工作岗位可达性（potential job accessibility，PJA）产生的影响。

8.1　问题的提出

为降低道路拥挤水平，提升交通系统运行效率，越来越多的国家正酝酿征收道路收费。在实施道路收费前，我们需要全面地评估其对城市系统产生的影响，以制定更为合理的道路收费政策。根据道路收费对城市（交通）系统提升作用的不同，可以分为基于机动性的道路收费和基于可达性的道路收费两种类型。机动性是指移动的难易，而可达性是指到达活动的难易（Levine and Garb，2002）。两者的区别在于，通过道路收费，使出行者每千米的（一般）出行成本下降还是使出行者到达每个活动的（一般）成本下降。现代交通规划领域普遍认为交通运输实际上是一种"派生需求"。也就是说本质上人们很少是为休闲而出行，更多的是为参加分布在城市各地点的活动而被动地出行（Levine and Garb，2002）。因此，在派生交通需求的框架下，成功的道路收费政策应该是以提升区域的可达性为主，而不仅仅是为提升机动性。在这个理念影响下，近年来，关于道路收费对区域可达性的影响，特别是对工作岗位可达性的影响，引起越来越多学者的兴趣（Levine and Garb，2002；Condeço-Melhorado et al.，2011；di Ciommo and Lucas，2014；Wang et al.，2015）。

可达性通常定义为某一地点使用某一种交通系统可以接近土地利用活动的难

易程度（Dalvi and Martin，1976）。因此，由可达性的定义可以看出，可达性实际上是城市土地利用系统和交通系统共同作用的产物。一般来说，同等条件下，某区域周边工作岗位越多，交通系统越便利，那么该区域的 PJA 就越高。因此，通过提升区域的交通基础设施，如修建道路，会提升区域的 PJA。这是因为区域交通基础设施改善后，会降低区域到达各种工作岗位的出行时间，在工作岗位分布情况不变的前提下，提高区域的 PJA。然而，道路收费对区域的 PJA 的影响却没有那么简单。这是因为，道路收费实施后不仅会对出行者的出行路径、出发时间、出行方式、出行频率等短期出行行为产生影响，改变交通网络上的拥挤水平和出行时间。更重要的，长期而言它还会影响住宅和工业的空间位置及居民的空间位置决策，如居住或工作地点（Tillema et al.，2010a）。由此可知，道路收费实施后会对区域 PJA 产生显著影响，且这种影响与工作岗位分布和交通系统的变化都有关系（Condeço-Melhorado et al.，2011）。到目前为止，道路收费对不同建成环境区域的 PJA 的影响还不明确。为避免或降低道路收费对区域 PJA 产生的长期负面影响，有必要对该问题进行深入研究。

在第 7 章的研究基础上，本章进一步分析道路收费政策对江阴市区域水平不同空间类型下 PJA 产生的影响。本章的研究目标主要有两点：第一点是要分析在现有的建成环境下，道路收费政策对区域未来 PJA 产生的影响，并重点分析建成环境各要素对道路收费的 PJA 效应的独立影响；第二点是在第一点的基础上，进一步分析不同建成环境要素组合以后对道路收费的 PJA 产生的影响。为实现上述目标，本章采用了一系列模型与技术，包括土地利用与交通整合模型——TRANUS、数据压缩技术、空间滞后模型（spatial lag model）及数据分类技术，如图 8-1 所示。

上述模型和技术是彼此关联、循序渐进的关系。前一个模型或技术将作为下一步模型或技术的研究依据和基础。具体来说，为反映道路收费影响下土地利用和交通之间的互动反馈关系，我们首先使用土地利用与交通整合模型模拟道路收费政策对区域未来土地利用和交通产生的影响，得到不同方案下的 PJA 和其他土地利用和交通指标，为后续步骤提供基础数据；随后，为降低原始数据的冗余与

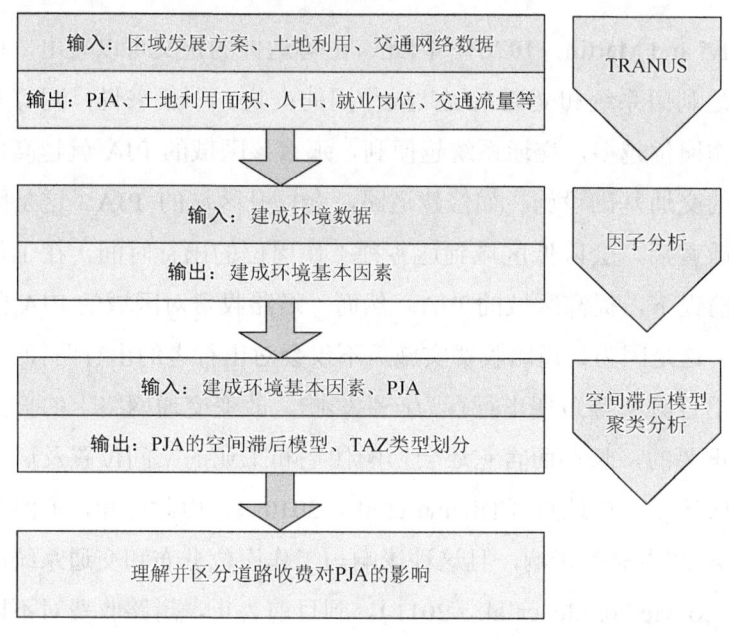

图 8-1 研究流程图

相关性,我们使用因子分析法对原始变量进行压缩,以提取描述建成环境的基本要素;在此基础上,使用空间经济学方法,结合土地利用与交通整合模型得到的结果,建立道路收费下区域建成环境与 PJA 及与可达性变化之间的空间滞后模型,分析道路收费对工作可达性影响的空间效应;最后,根据各 TAZ 建成环境的不同,使用聚类分析法,对 TAZ 进行分类,进一步分析和解释由空间滞后模型得到的结果。

通过模拟分析,我们发现道路收费对区域 PJA 的影响与该区域建成环境要素密切相关,是区域建成环境各要素共同作用的结果。工作岗位数、街道设计及常规公交状况均发达的区域受道路收费的负面影响小,反之亦然。为避免或降低道路收费对区域 PJA 产生的负面影响,可以预见政策制定者在制定未来的道路收费政策时将会参考本章得到的研究结果。

本章的结构如下:在 8.2 节,将对已有研究进行回顾;在 8.3 节,介绍本章选取的案例分析区域;在 8.4 节,重点介绍本章的研究所采用的方法;在 8.5 节,我们将分析道路收费对 PJA 产生的影响;在 8.6 节,将给出本章的结论。

8.2 已有研究的回顾与总结

8.2.1 城市建成环境与出行行为

理解城市建成环境与出行行为之间的关系是探索建成环境如何影响道路收费 PJA 效应的基础。随着小汽车为导向的城市蔓延发展所带来的交通拥挤、环境污染、基础设施浪费等问题日益严重，越来越多的学者关注建成环境（城市形态或邻里类型）与交通出行行为之间的关系，这方面的研究也由来已久。以往的研究发现，城市建成环境中的 5D 指标，即密度、土地利用多样性、街道设计、目的地可达性和距离公交站点的距离与出行行为密切相关（Cervero and Kockelman，1997；Ewing and Cervero，2010，2001）。一般而言，其他要素相同的情况下，具有较高的密度、土地混合程度、目的地可达性、公交可达性，以及较好的街道设计的区域，相比于这些指标较低的区域，人们更倾向于较少开车出行（Cervero and Kockelman，1997；Bhat and Guo，2007；Ewing and Cervero，2001，2010；Lamíquiz and López-Domínguez，2015）。

需要强调的是使用实际的调查数据，采用回归分析的方法分析建成环境对出行行为的影响，存在不可避免的居住区的自我选择问题，即那些不喜欢开车的居民会倾向于选择便于他们减少开车的区域居住（Handy et al.，2005；Cao et al.，2009；Næss，2009）。因此，由于居住区自我选择的影响，我们无法区分到底是由于建成环境促使居民减少开车，还是由于居民倾向于少开车而去自主地选择相应的建成环境区域。为了克服居住区的自我选择，学者使用结构方程或动态（准纵向）结构方程来解决该问题，并且发现即使排除了居住区自我选择的影响后，城市建成环境对出行行为的影响依然存在（Lamíquiz and López-Domínguez，2015；Næss，2009）。需要指出的是，本章采用土地利用与交通整合模型——TRANUS，研究建成环境对道路收费 PJA 的影响。与基于实证数据的回归分析方法不同，TRANUS 模型采用期望效用理论模拟居民的居住地和工作地选择及交通出行行为，可以排除居住区的自我选择的干扰。

8.2.2 道路收费对工作岗位分布的影响

由前述分析可知，道路收费对区域 PJA 的影响受两方面因素的影响，即区域工作岗位分布和区域间的出行时间。为此，我们首先讨论道路收费对工作岗位分布的影响。现有文献中关于道路收费模型、方法、技术及短期影响（对交通系统的影响）的研究相对比较丰富，这方面的研究也较系统，最新的文献综述可以参阅 Tsekeris 和 Voß（2009）、de Palma 和 Lindsey（2011）的研究。近年来，一些学者逐渐开始关注道路收费对城市系统的长期影响，如道路收费对工作岗位和人口分布的影响（Anas and Xu，1999；Tillema et al.，2010a，2010b；McArthur et al.，2012）。理论上讲，征收市中心境界线收费后，会提高个人或企业进入市中心收费区域的交通成本。为吸引工人，企业需要承担更高的运营成本，导致部分企业特别是那些以边际收益状态运营的企业选择搬出收费区域（Whitehead，2002），使收费区域的工作岗位数降低。许多学者使用不同的土地利用与交通整合模型，结合不同的研究区域分别证实境界线收费确实会降低收费区域内的工作岗位数（Still et al.，1999；Gupta et al.，2006；Zhong et al.，2015）。这些研究大都基于期望效用理论，假设个人和企业均是理性的，根据期望效用最大原则作出空间位置决策。需要说明的是，上述研究无法回答道路收费对区域 PJA 有何影响。

当阻抗函数采用一般交通成本时，境界线收费会降低收费区域内的 PJA。因为，对收费区域而言，征收道路收费后工作岗位数降低，交通成本提高，收费区域内 PJA 无疑有降低的趋势。当阻抗函数采用出行时间时，境界线收费对收费区域内 PJA 的影响则不容易分析。因为，虽然征收道路收费后工作岗位数降低，收费区域内 PJA 有降低的趋势。但是，收费区域内的交通拥堵状况有所缓解，出行时间变短，使 PJA 有升高的趋势。这两种因素组合以后究竟哪种因素起主导作用成为一个急需解决的问题。为避免道路收费对工作岗位可达产生负面影响，有必要对道路收费的 PJA 效应进行深入研究。

| 第 8 章　道路收费对潜在工作岗位可达性的影响——基于空间经济学视角 |

8.2.3　道路收费对 PJA 的影响

现有的文献中关于可达性的研究成果很丰富（Geurs and van Eck，2001；van Wee et al.，2001；Geurs and van Wee，2004；Páez et al.，2012；Karou and Hull，2014；Sánchez-Mateos et al.，2014；Zondag et al.，2015），同时，学者对工作岗位可达性也做了大量研究（Muhammad et al.，2008；Grengs，2010；Zhao and Lu，2010；Reggiani et al.，2011；Cheng and Bertolini，2013；Tilahun and Fan，2014）。尽管如此，由于模拟的关系特别复杂，使用经济学原理研究道路收费对 PJA 的长期影响的研究，尤其是对不同建成环境区域的影响程度差异性方面的研究相对较少，现有研究大都采用模拟的方法。已有的研究成果主要集中在道路收费对区域整体（工作岗位）可达性产生的影响（Tillema，2007；Levinson，2010；Condeço-Melhorado et al.，2011；Wang et al.，2015），这些研究可以归纳为以下两种方法：独立模型法和整合模型法。

独立模型法是指单独使用土地利用模型或交通模型，或是相继使用这两种模型而没有反馈，估计道路收费对区域可达性的影响（Geurs et al.，2010；Geurs and van Wee，2004）。Tillema（2007）使用动态分配模型与 GIS 技术相结合，研究了基于距离的道路收费引起的 PJA 变化敏感性问题，他们发现不同区域受道路收费的影响可达性的变化并不相同。基于随机用户平衡交通分配模型并使用可达性指标和 GIS 技术，Condeço-Melhorado 等（2011）评估了道路收费的一系列空间效应，包括可达性、区域溢出效应及凝聚力。溢出效应是指由于其他区域实施道路收费引起的本区域可达性的变化情况。区域凝聚力是指区域的平衡发展，或是避免区域不平衡发展（Camagni，2009）。Condeço-Melhorado 等（2011）的研究指出，从一般的交通成本角度，西班牙高速公路网和国道实施基于距离的收费后，将对区域的可达性和凝聚力产生负面影响。di Ciommo 和 Lucas（2014）采用定量的调查数据结合定性的焦点小组讨论的方法，以马德里标准出行需求模型为研究平台，评估了道路收费政策对马德里都市区潜在的可达性和社会影响。他们发现道路收费对低技能、低收入个体的影响非常显著。为避免道路收费政策对社会低收入群体的排他性，他们建议要进一步全面地研究道路收费对社会公平性的影响。需要说明的是，总体来说，独立模型法具有数据需求量小、计算简便等优点。但是这种方法存在理论上的缺陷，它没有考虑土地利用和交通之间的互动反馈关系（Wang et al.，2015）。整合模型法可以很好地解决上述问题。整合模型法是指应用土地利用与交通整合模型（或整合模型）模拟道路收费对区域可达性的影响。Wang 等（2015）使用土地利用与交通整合模型——MARS，研究了道路收费和常规公交频率对潜在型（potential）和适应型（adaptive）两种 PJA 产生的影响。他们发现这两种交通政策都会降低区域的拥挤程度，提高可达性水平。然而，与单一政策相比，当两种政策结合使用时，社会福利要更高些。

　　本章研究道路收费的 PJA 效应。与已有研究相比，本章有以下特色：

　　首先，除了 Wang 等（2015），现有的研究大都采用独立模型法研究道路收费引起的可达性变化情况（Tillema，2007；Condeço-Melhorado et al.，2011；di Ciommo and Lucas，2014）。然而，当考虑短期、中期乃至长期效应时，道路收费的可达性效应将会有所不同（Condeço-Melhorado et al.，2011）。同时，可达性指标的计算需要同时考虑土地利用系统与交通系统。因此，对道路收费政策的 PJA 影响评价应当纳入到土地利用与交通整合模型的框架中，由此得到的结果将更有说服力。为此，本章将使用土地利用与交通整合模型——TRANUS 作为分析平台。

　　其次，众所周知，某区域的 PJA 与区域工作岗位分布及交通系统运行状况有关。而这两者均与区域的建成环境密切相关，如城市用地或工作岗位的分布、密度、多样性、街道设计及公交系统的服务水平等。遗憾的是，现有的研究很少有分析道路收费对 PJA 的影响与区域建成环境之间的关系。实际上，明确两者之间的关系可以帮助我们回答交通小区层面到底是什么因素影响道路收费的（工作岗位）可达性效应。在派生交通需求框架下，这一点非常重要，明确这些影响因素使我们可以制定有利于区域 PJA 的交通政策，避免或尽量降低收费后对区域 PJA 的负面影响。否则，若是实施后的道路收费政策只是提高了机动性而非可达性，那么这样的政策注定是失败的（Levine and Garb，2002）。

　　最后，现有的研究仅是从整体上说明道路收费对（工作岗位）可达性产生的影响（Tillema，2007；Condeço-Melhorado et al.，2011；di Ciommo and Lucas，2014；Wang et al.，2015）。因此，现有研究无法区分道路收费对不同建成环境属性区域工作岗位产生影响的差异性，也无法分析差异性产生的原因，使道路收费政策对部分收费敏感区域 PJA 的负面影响被弱化和忽视。与以往研究不同，本章将重点关注道路收费对不同城市建成环境区域的 PJA 影响的差异性。

8.3 案例分析区域——江阴市

8.3.1 区域发展方案

本章以江阴市作为研究区。江阴市是一个很好的研究对象，不仅因为它提供了丰富的数据支持，更重要的是江阴市是一个快速发展的城市，城市中心城区面临严重的交通拥堵问题。江阴市位于我国江苏省的东南部，全市面积约为 988 平方千米，2010 年年底的人口总数约为 160 万。

在本研究中共设计三种区域发展方案，各方案的特征见表 8-1。模拟方案从 2010 年开始，每 5 年运行一次，直到 2025 年。一种方案为趋势发展，强调城市按照当前的状态继续发展，该方案强调城市的照常发展（business as usual），本章接下来称其为趋势发展（A 方案）；另两种方案是在 A 方案的基础上增加道路收费政策，本章称其为道路收费方案（C 方案）。

表 8-1　各情景方案属性列表

方案	政策描述	基础年	终止年
A	趋势发展	2010	2025
C10	征收 10 元的道路收费	2020	2025
C20	征收 20 元的道路收费	2020	2025

8.3.2 道路收费方案

本章重点考察国际上应用较广的境界线收费。收费区域为江阴市的市中心区域，大概为 13 平方千米，如图 7-2 所示。为研究不同额度的道路收费对区域 PJA 产生的影响，本章制定两种不同的收费额度方案，分为 10 元/次和 20 元/次。由表 8-1 可以看出，从 2020 年开始实施道路收费政策。

本章使用 TAZ 作为基本的分析单元，因为 TAZ 的数据最为丰富且便于获得。考虑到研究区的大小，将研究区划分为 265 个 TAZ，其中道路收费区域内共有 56 个小区，其余为道路收费区域外小区。

8.3.3 数据来源

江阴市土地利用与交通数据的来源主要有以下三种。第一种数据来源是江阴市城市总体规划，提供土地使用类型、面积、价格、数量及各 TAZ 类型的工作岗位数量。第二种数据来源是江阴市交通运输局提供的交通信息数据，包括道路特征数据，如道路名称、类型、通行能力、长度、速度限制和高峰期主要路段的流量。第三种数据来源是江阴市公共交通公司提供的公共交通数据，包括运行时间、成本、速度、票价、平均等候时间、运载能力和平均载客数。

8.4 研究方法

首先，使用土地利用与交通整合模型模拟道路收费政策对区域未来土地利用和交通产生的影响，得到不同方案下的 PJA。其次，使用因子分析法提取描述建成环境的基本要素；在此基础上，使用空间经济学方法，建立道路收费下区域建成环境与 PJA 及与可达性变化之间的空间滞后模型。最后，根据各 TAZ 建成环境的不同，使用聚类分析法，对 TAZ 进行分类，进一步分析和解释由空间滞后模型得到的结果。

8.4.1 TRANUS 模型

本章采用 TRANUS 模型作为研究平台。作为一个土地利用与交通整合软件，TRANUS 模型集合了微观经济学、重力和熵模型、随机效用理论及投入-产出分析。TRANUS 模型的独特之处在于它使用相同的离散选择模型（包括方式划分和交通分析），使上述所有的理论在决策链中保持一致（de la Barra et al., 1984; de la Barra, 1989）。值得说明的是上述理论或模型在我国同样适用，只要使用我国的数据对模型进行校正。

江阴市土地利用与交通整合模型主要由三部分组成，见表8-2。不同土地利用部门之间的经济和空间交互活动产生了交通需求。而交通系统将交通需求分配到道路物理供给和运营供给（如公共交通、小汽车等），并通过改变可达性来影响不同活动的发生和吸引位置。

表8-2　江阴市土地利用与交通整合模型的构成

类别	主要组成
土地利用部门	工业岗位、零售业岗位、政府岗位、娱乐岗位、医疗岗位、教育岗位、人口、工业用地、商业用地、办公用地、娱乐用地、医疗用地、教育用地和居住用地
道路物理供给	道路网络、常规公交网络、自行车和步行网络
道路运营供给	公共交通、小汽车、步行和自行车

如8.3.1节所述，本研究考虑三种不同的发展方案，即趋势发展方案A、征收10元的道路收费方案C10和征收20元的道路收费方案C20。在TRANUS模型中，使用方案树来表示不同方案之间的逻辑关系。江阴市土地利用与交通整合模型的基础年为2010年。结合上述三种方案，模型从2010年开始，每5年运行一次，直到2025年。道路收费政策是在2020年开始实施的。考虑到交通政策（道路收费）对土地利用的影响需要一段时间才能体现出来（Whitehead, 2005; Tillema et al., 2010a; Zhong et al., 2015），我们使用2025年的PJA模拟结果分析道路收费对PJA产生的影响。具体而言，我们使用2020年区域建成环境数据作为自变量（解释变量），使用2025年的工作岗位数和道路网络运行时间计算得到的PJA指标作为因变量。此外，鉴于江阴市的工作岗位主要分布在工业、零售和政府部门。因此，本研究使用这三个行业的岗位数计算PJA指标。

模型的校正对土地利用与交通整合模型而言至关重要。基于2010年的调查数据，我们利用分段估计法（Abraham and Hunt, 2000）对江阴市土地利用与交通整合模型进行了校正。具体的模型校正过程请参考本书7.4.1节的内容。

8.4.2　PJA 指标

本章主要研究建成环境与道路收费对 PJA 产生的影响之间的关系。因此，本章使用广泛应用的潜在可达性指标衡量 PJA 的集聚水平（Cervero and Kockelman，1997；Geurs and van Wee，2004；Wang et al.，2015）。工作岗位可达性是指某一地点使用一系列交通方式到达工作岗位的难易程度（Geurs and van Wee，2004）。该指标由两部分组成，包括描述某一地区工作岗位数的权重变量和衡量从某一地点到达工作岗位地点难易程度（出行时间）的阻抗变量（Páez，2004）。一般来说，距离大规模工作岗位集聚地越近的区域 PJA 越大；反之，距离工作岗位数较少，且距离较远的区域，其 PJA 就越差。本章中，PJA 计算公式如式（8-1）所示：

$$\mathrm{PJA}_i = \sum\nolimits_j J_j * F(t_{ij}) \qquad (8\text{-}1)$$

式中，PJA_i 为区域 i 和区域 j 之间的 PJA；J_j 为区域 j 的工作岗位总数；$F(t_{ij})$ 为区域 i 和区域 j 之间与出行时间 t_{ij} 相关的阻抗函数，满足式（8-2）的形式（Cervero and Kockelman，1997）：

$$F(t_{ij}) = \alpha \times \exp[\beta + \gamma \times t_{ij}] \qquad (8\text{-}2)$$

式中，t_{ij} 为区域 i 和 j 之间的最短出行时间，即通过不同交通方式组合所能得到的最短出行时间；α、β、γ 为校正参数，本研究中 $\alpha=0.001$，$\beta=-0.4$，$\gamma=-0.15$（Cervero and Kockelman，1997）。需要强调的是，本章中 PJA 计算指标使用的是两地点之间的出行时间，而非出行成本。这是因为，若是以出行成本作为衡量可达性的指标，则需要知道出行者的时间价值信息。时间价值往往随出行者的不同而不同，这个信息很难准确获得。以往的研究中有使用所有人群的平均时间价值计算出行成本（Wang et al.，2015），但是这种方法无法反映不同时间价值的用户对出行方式的选择的不同，如时间价值高的用户往往选择小汽车出行，而低时间价值的用户大多选择公交出行。因此，考虑到时间价值数据的可获取性，在本章中还是使用出行时间计算 PJA。

8.4.3 基础数据与建成环境基本因素的提取

人们通常使用 5D 指标来描述城市建成环境（Cervero and Kockelman，1997；Ewing and Cervero，2001，2010）。5D 指标包括密度、土地利用多样性、街道设计、目的地可达性及距离公交站点的距离五种类型。受数据来源的限制，同时结合本章的研究目的，本章使用以下变量描述城市建成环境：密度（人口密度、工业岗位密度、政府岗位密度、零售岗位密度、人口、工业岗位数、政府岗位数、零售岗位数、区域面积）；多样性（零售用地面积、居住用地面积、工业工地面积）；街道设计（交叉口个数、路段长度、路段密度）；目的地可达性（到 CBD 距离、到商业距离、到学校距离、到医疗距离）；公交可达性（公交站点数量），共计五大类 20 项指标。

对研究区域内 2020 年 265 个 TAZ 各项指标的统计结果见表 8-3。与第 7 章类似，我们通过以下方法获得不同情境和年代的数据：在不同情境下，学校、医院、轨道交通和物理交通网络是相同的，由江阴市城市总体规划确定。使用土地利用与交通整合模型预测不同情境和年份（2015 年、2020 年、2025 年）下土地利用数据（土地利用面积、人口和就业的密度及分布等）和交通数据（交通流量、行驶速度等）。我们将使用 2020 年预测的城市建成环境属性数据作为后续空间计量经济学模型中的解释变量。

表 8-3 2020 年各 TAZ 指标统计值

5D 指标	变量	单位	平均值	标准差
密度	人口密度	个/平方千米	6890.76	8403.46
	工业岗位密度	个/平方千米	1426.26	1700.62
	政府岗位密度	个/平方千米	192.58	554.71
	零售岗位密度	个/平方千米	3770.75	7032.23
	人口	人	8787.57	15757.70
	工业岗位数	个	3536.99	5808.75
	政府岗位数	个	197.36	414.31
	零售岗位数	个	3190.39	5418.49
	区域面积	平方千米	3.05	4.93

续表

5D 指标	变量	单位	平均值	标准差
多样性	**工业用地面积**	平方千米	**0.39**	**0.76**
	零售用地面积	平方千米	**0.07**	**0.14**
	居住用地面积	平方千米	**0.27**	**0.56**
街道设计	交叉口个数	个	5.68	3.39
	路段长度	千米	6.41	6.62
	路段密度	千米/平方千米	5.01	2.88
目的地可达性	到CBD距离	千米	15.90	13.72
	到商业距离	千米	19.21	15.26
	到学校距离	千米	19.86	14.42
	到医疗距离	千米	29.27	18.41
距离公交距离	公交站点数量	个	1.99	2.01

注：粗体显示的变量是通过土地利用与交通整合模型得到的预测值

需要指出的是，表 8-3 所列的某些变量是高度相关的。例如，路段密度与交叉口数量密切相关。因此，有必要将表 8-3 所列的原始变量进行压缩，以降低原始数据的冗余与相关性。运用因子分析法，我们可以方便地找出影响城市建成环境的主要因素。因子分析的目的是用少数几个因子去描述许多指标或因素之间的联系，即将相关比较密切的几个变量归在同一类中，每一类变量就成为一个因子，以较少的几个因子反映原资料的大部分信息。同时，使用因子分析可以使用观测到的变量去测量未观测到的变量（Child, 2006）。更重要的是，因子分析法可以丰富分析，因为多变量共线性会隐藏各变量的独立作用效果。

采用 SPSS 软件对原始数据进行因子分析，通过最大方差法（varimax with Kaiser normalization）进行数据旋转，采用主成分法（principal component analysis）抽取因子，并取特征值大于 1 的因子作为本研究的有效因子。以研究区的 265 个 TAZ 为研究对象，从 20 个原始统计指标中最终确定出 7 个基本因子，分别为距 CBD 距离、人口状况、零售岗位状况、工业岗位状况、政府岗位状况、街道设计与常规公交状况、距离基础设施距离（见 8.5.2 节表 8-6，注意不包括"收费区域内"变量）。该结果将作为 8.4.4 节 PJA 空间经济学模型的基本输入数据。类似的，针对 56 个收费小区和 209 个非收费小区，我们使用因子分析法，也分别确定了 7 个基本因子（见 8.4.5 节表 8-4 和表 8-5），这两个结果将作为 8.4.5 节聚类分析的基础。

8.4.4 PJA 的空间经济学模型

道路收费对 PJA 的影响往往具有空间效应。空间效应是指空间依赖性（空间自相关）或空间异方差性，或是两者都包含。空间依赖性或空间自相关是指不同观测数据之间的空间相关性，空间异方差性是指观测数据误差项的空间相关性（Anselin and Bera，1998；Seo et al.，2014）。由于决定 PJA 的两个要素，即各区域的工作岗位数及不同区域之间的出行时间均具有显著的空间效应（Anselin and Bera，1998；LeSage and Pace，2009），PJA 本身也具有空间效应。

为解决 PJA 的空间效应，本研究使用空间经济学方法（Anselin and Bera，1998；LeSage and Pace，2009）。由本研究的数据发现，道路收费对 PJA 的影响具有空间自相关性。也就是说，研究区域内各 TAZ 的 PJA 及其在收费前后的变化情况既受区域自身的独立变量影响，还与邻近区域的 PJA 密切相关。因此，本研究使用空间滞后模型建立道路收费下，区域建成环境与 PJA 及与可达性变化之间的关系（Anselin and Bera，1998）。使用极大似然方法估计空间滞后模型，并使用 GeoDa 软件加以实现（Anselin et al.，2006）。研究区域的空间权重矩阵共包含 265 个 TAZ，本章使用不同 TAZ 质心的距离，生成基于距离的空间权重矩阵。式（8-3）给出了本章采用的空间滞后模型的一般形式：

$$P = \omega + \phi WP + \tau E + \varepsilon \tag{8-3}$$

式中，P 为各 TAZ 的 PJA 或其变化的向量；ω 为固定项；ϕ 为空间自回归系数；W 为空间权重矩阵；WP 为与空间权重矩阵 W 对应的空间滞后依赖变量；E 为解释变量的观测值；τ 为解释变量的系数；ε 为空间自回归误差项。

8.4.5 区分道路收费对 PJA 的影响

如 8.4.4 节所述，本章使用 TAZ 作为基本的分析单元。需要说明的是道路收费对各 TAZ 的 PJA 的影响既与道路收费的方案（收费范围、额度等）有关，同时还与该 TAZ 自身的建成环境有关。TAZ 的划分一般应遵循不打破行政区划，交通区的用地性质、交通特性应尽量一致等原则。由此可知，这样的划分方法并不能区分各 TAZ 自身的建成环境特征，因此无法区分道路收费对不同建成环境特征属性 TAZ 的影响。为进一步解释由空间经济模型得到的结果，并分析道路收费对不同建成环境属性区域 PJA 产生影响的差异性，本章以 8.4.3 节得到的 7 种基本因素作为输入，使用 K-means 聚类分析法分别对收费区域内、外的 TAZ 进行定量化分类。进行这样分类的目的是使我们更加精确地衡量和区别不同的 TAZ，并能够定量地描述道路收费如何影响不同建成环境 TAZ 的 PJA 的变化。

8.4.5.1 收费区域内 TAZ 的聚类分析结果

综合考虑聚类分析的统计结果，并保证聚类方案的可解释性，本章最终确定收费区域内 TAZ 的聚类数为 8。每一个类型的聚类中心值见表 8-4。表 8-4 中最后两行表示每种 TAZ 类型的分布情况。例如，有 15 个 TAZ 属于 TAZ 6。聚类中心值反映了每种 TAZ 类型的特征，从区域面积、工业岗位状况、零售岗位状况与公交、人口状况、政府岗位状况、街道设计、基础设施可达性这 7 个基本因素的角度，揭示了收费区域内每种 TAZ 类型与其他 TAZ 类型的区别。例如，TAZ 5 为工业和零售业聚集区，拥有大量的工业和零售业岗位，同时具有较多的公交站点，常规公交可达性良好。

表 8-4 收费区域内 TAZ 8 种聚类中心值

变量	聚类种类							
	TAZ 1	TAZ 2	TAZ 3	TAZ 4	TAZ 5	TAZ 6	TAZ 7	TAZ 8
区域面积	0.766	−0.262	−0.381	−0.568	−0.513	0.557	−0.184	3.274
工业岗位状况	−0.559	−0.231	−0.167	0.030	4.034	−0.143	4.709	0.623
零售岗位状况与公交	−0.534	−0.586	0.809	0.524	1.862	−0.095	−1.130	2.241
人口状况	−0.875	−0.608	0.210	−0.548	−0.498	1.153	0.216	−1.903
政府岗位状况	4.100	−0.409	0.161	0.218	−0.614	−0.149	0.874	−0.964
街道设计	−0.534	−0.264	1.007	−0.002	−0.740	−0.163	0.746	−1.278
基础设施可达性	0.356	0.341	0.867	−1.821	0.409	−0.318	−0.709	−0.193
数量	2	20	10	6	1	15	1	1
所占比例（%）	4	36	18	11	2	27	2	2

8.4.5.2 收费区域外 TAZ 的聚类分析结果

同样的，综合考虑聚类分析的统计结果，并保证聚类方案的可解释性，本章最终确定收费区域外 TAZ 的聚类数为 8。每一个类型的聚类中心值见表 8-5。聚类中心值反映了每种 TAZ 类型的特征，从 CBD 可达性、零售岗位状况、工业岗位状况、人口状况、街道设计与常规公交状况、政府岗位状况、基础设施可达性这 7 个基本因素的角度，揭示了收费区域外每种 TAZ 类型与其他 TAZ 类型的区别。以 TAZ 4 为例，该区域具有最好的工业岗位状况和最好的街道设计与常规公交状况，且距离基础设施很近，但是距离收费区域或 CBD 很远。

表 8-5 收费区域外 TAZ 8 种聚类中心值

变量	聚类种类							
	TAZ 1	TAZ 2	TAZ 3	TAZ 4	TAZ 5	TAZ 6	TAZ 7	TAZ 8
CBD 可达性	0.926	0.971	−1.569	−1.201	−1.358	0.880	0.444	0.108
零售岗位状况	4.702	−0.458	−0.215	0.009	1.166	−0.830	−0.131	−0.124
工业岗位状况	−0.614	−0.608	−0.547	1.475	0.617	−0.530	1.129	−0.468
人口状况	−1.049	1.417	−0.379	0.286	2.408	−1.316	−0.399	−0.421
街道设计与常规公交状况	0.256	0.284	0.249	2.143	−0.749	0.953	−0.369	−0.208
政府岗位状况	−0.308	−0.112	0.058	−0.612	0.798	10.476	0.191	−0.186
基础设施可达性	−0.615	−0.493	−1.277	0.876	0.911	1.094	−0.424	0.505
数量	5	29	22	12	10	1	44	86
所占比例（%）	2	14	11	6	5	0	21	41

8.5 结果和分析

8.5.1 PJA 分析

8.5.1.1 出行时间和工作岗位重新分布的联合影响

当征收 20 元道路收费时，PJA 的变化情况（即方案 25C20 与方案 25A 相比在 PJA 方面的变化情况）如图 8-2 所示。"25C20" 是指 2025 年收费 20 元的方案；"25A" 是指 2025 年趋势发展方案。由图 8-2 可以看出，当我们考虑出行时间和工作岗位重新分布的联合影响时，道路收费不仅会显著增加收费区域内的 PJA，它还会大幅降低靠近收费区域，但是在收费区域外的 PJA，这个现象被称为边界效应（Banister，2003）。为避免支付道路收费，过境的出行者通常不会穿过收费区域，而是选择在收费区域外围绕行通过，不仅会造成这些区域的交通拥堵，还会降低这些地区的 PJA。

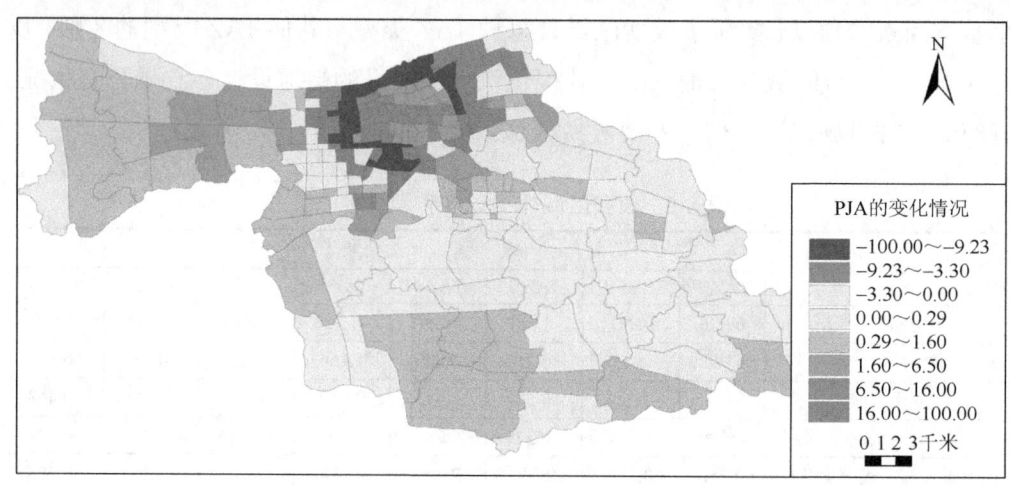

图 8-2　2025 年收费 20 元时 PJA 的变化情况

8.5.1.2　出行时间和工作岗位重新分布的独立影响

图 8-3 描述了固定工作岗位分布方案和 25A 方案之间的 PJA 变化情况。为计算固定工作岗位分布方案的 PJA，我们使用 25A 方案下的工作岗位分布，以此描述固定工作岗位分布状态。而出行时间则取自 25C20 方案。由此可以看出，该方案可以描述出行时间的变化对 PJA 的独立影响。由图 8-3 可知，当我们仅考虑出行时间变化的影响时（固定工作岗位分布），除南部和西北部区域外，PJA 的变化情况与图 8-2 类似。这说明，与工作岗位重新分布的影响相比，出行时间的变化对 PJA 的影响更大。我们仅在南部和西北部区域发现图 8-2 和图 8-3 有少许不同，这可能是由于收费的市中心区域具有最高的 PJA，由工作岗位重新分布引起的 PJA 变化并没有在图 8-3 中体现出来。相反地，由于城市边缘区域的 PJA 相对较低，工作岗位重新分布的少许变化也会在 PJA 指标中体现出来，如图 8-3 的南部和西北部区域所示。

第8章 道路收费对潜在工作岗位可达性的影响——基于空间经济学视角

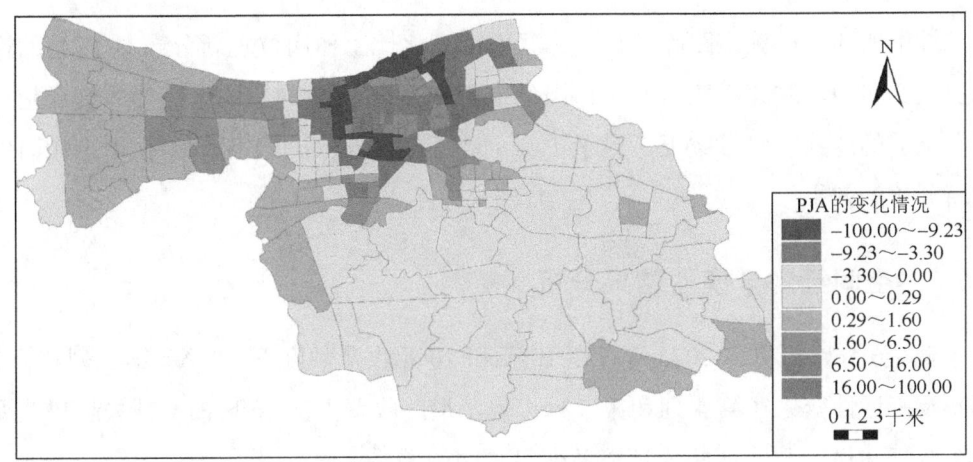

图 8-3　当工作岗位固定时 PJA 的变化情况

图 8-4 给出了固定出行时间方案与 25A 方案之间的 PJA 变化情况。为反映工作岗位重新分布的变化对 PJA 的独立影响，我们使用 25A 方案中的出行时间和 25C20 方案中的工作岗位分布情况计算固定时间方案下的 PJA。由图 8-4 可以看出，当出行时间固定时，道路收费区域的 PJA 有所下降，而城市外围区域的 PJA 却略有增加。这可能是由于境界线收费可能会导致市中心收费区域内的工作岗位分散到收费区域外围（Zhong et al.，2015）。当出行时间固定时，道路收费会增加城市外围区域的 PJA，而使市中心区域的 PJA 下降。

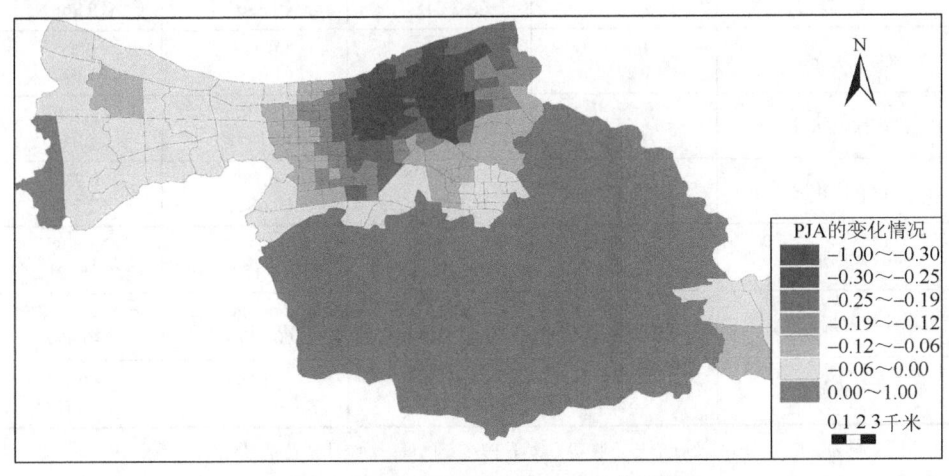

图 8-4　当出行时间固定时 PJA 的变化情况

综上所述，实施道路收费后，出行时间变化比工作岗位重新分布对 PJA 的影响更大。然而，这并不意味着工作岗位重新分布对 PJA 的影响不重要。这只是说明在当前的道路收费方案下，对于 PJA 而言，出行时间的作用效果强于工作岗位重新分布的效果。

8.5.2 空间经济学模型结果分析

表 8-6 分别给出了 2025 年，在 10 元和 20 元收费额度下，PJA（第 2 列和第 3 列）及可达性变化（第 4 列和第 5 列，表示道路收费方案 C 下 PJA 减去趋势发展方案 A 下 PJA）与区域建成环境各变量之间的关系。

表 8-6　不同道路收费额度下 PJA 与可达性变化的空间滞后模型回归结果

解释变量	空间滞后模型			
	C10	C20	C10-A	C20-A
phi（ϕ）	0.651*** (12.162)	0.517*** (9.643)	−0.540*** (−4.562)	−0.321*** (−2.818)
固定项	8.396*** (4.297)	11.478*** (5.984)	−2.689*** (−8.648)	−5.351*** (−12.258)
收费区域内	16.918*** (12.333)	24.414*** (18.056)	9.614*** (12.160)	16.930*** (16.316)
距 CBD 距离	−1.614*** (−2.618)	−1.189** (−2.045)	1.856*** (6.396)	3.768*** (9.968)
人口状况	0.551 (1.271)	0.345 (0.831)	0.314 (1.224)	0.555* (1.672)
零售岗位状况	1.732*** (4.078)	2.050*** (5.019)	0.291 (1.145)	0.730** (2.244)
工业岗位状况	1.961*** (4.440)	2.312*** (5.442)	0.180 (0.682)	0.735** (2.175)
政府岗位状况	1.049** (2.332)	0.699 (1.607)	−0.838*** (−3.152)	−1.408*** (−4.121)
街道设计与常规公交状况	1.887*** (4.410)	1.578*** (3.833)	0.056 (0.217)	−0.223 (−0.680)
距离基础设施距离	0.165 (0.383)	0.230 (0.552)	−0.149 (−0.575)	−0.207 (−0.625)

注：因变量为 2025 年 PJA 及收费与不收费方案下 PJA 变化量；z-统计量在括号中
*显著性水平为 90%，**显著性水平为 95%，***显著性水平为 99%

第 8 章 道路收费对潜在工作岗位可达性的影响——基于空间经济学视角

从 2025 年 PJA 与区域现状（2020 年）建成环境之间的关系（第 2 列和第 3 列）可以看出：

1）在所有方案下，空间自回归系数 phi（ϕ）都是显著的，说明了考虑空间效应及 PJA 之间相互影响关系的重要性。C10 和 C20 方案下 phi（ϕ）的符号为正符合我们的预期。如果一个区域具有较高的 PJA，那么临近它的区域也往往有较高的 PJA。

2）总体而言，除人口和距离基础设施距离外，大多数的解释变量都很重要，显著性水平达到 0.001 和 0.005。某个区域的 PJA 除与该区域内的工作岗位数正相关，还与街道设计和常规公交状况有关，这两个解释变量对 PJA 都有积极的影响。

3）收费区域内变量系数为正值，而距 CBD 距离变量系数为负值。说明从出行时间的角度，分布在收费区域内的各小区 PJA 显著高于收费区域外的小区。此外，距离市中心越远，PJA 呈现出下降的趋势。

从 A 方案和 C 方案 PJA 变化与区域现状建成环境之间的关系（第 4 列和第 5 列）可以看出：

1）在 C10-A 和 C20-A 下 phi（ϕ）的符号为负，这说明实施道路收费后，一个区域的 PJA 升高可能伴随着周边区域 PJA 的降低。可能的原因是道路收费会引起工作岗位及道路拥挤的重新分布（Anas and Xu，1999；Still et al.，1999；Tillema et al.，2010a；McArthur et al.，2012；Zhong et al.，2015），导致 PJA 在不同区域之间的转移。

2）有意思的是，当我们关注 C 方案和 A 方案的 PJA 变化情况时，收费区域内变量系数为正值，而距 CBD 距离变量系数也为正值（与表 8-6 第 2 列和第 3 列不同）。这说明虽然道路收费对收费区域内的 PJA 的变化有正面的影响，但是一旦超出收费区域，特别是在收费区域外围附近的区域（距离收费区域或 CBD 很近，但是又不在收费区域内的区域），随着距离收费区域或 CBD 越近，PJA 在收费后反而显著下降。这一点在图 8-2 中也可以看出，收费以后，收费区域内的 PJA 大幅度提高；收费区域外围越靠近市中心的区域 PJA 下降越大。究其原因是因为收费的边界效应（Banister，2003）。出行者为避开付费但又想在收费时段内出行，他们便绕着收费区域行驶，往往造成收费区域外围区域交通拥堵加剧，出行时间提高，PJA 下降。

3）最后，政府岗位系数为负值。说明政府岗位变量对收费后 PJA 的变化具有显著负面影响。本研究将通过聚类分析的方法解释该现象的原因。

8.5.3 聚类分析结果分析

接下来，使用聚类分析法对 TAZ 进行分类，分析道路收费对不同城市建成环境各交通小区 PJA 产生影响的差异性，并确定所产生的差异与城市建成环境各要素之间的联系，解释由空间滞后模型得到的结果。为更好地区别收费区域内外的差异，本章从收费区域内交通小区和收费区域外交通小区两种情况分别进行讨论。

根据表 8-4 的信息，图 8-5 给出了收费区域内各 TAZ 的聚类情况。表 8-7 是在图 8-5 的基础上进一步给出了收费区域内，A 和 C 方案各类 TAZ 在收费后 PJA 的变化情况。结合图 8-5 和表 8-7 的信息，我们可以看出：

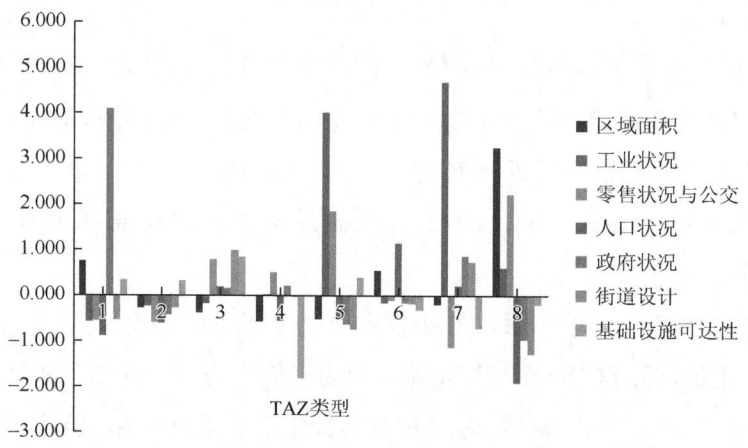

图 8-5 收费区域内 TAZ 聚类结果

表 8-7 不同收费方案下收费区域内不同 TAZ 类型的 PJA 变化情况（%）

TAZ 类型	征收 10 元的道路收费	征收 20 元的道路收费
1	3.78	6.29
2	10.07	15.25
3	12.01	16.54

续表

TAZ 类型	征收 10 元的道路收费	征收 20 元的道路收费
4	8.43	13.97
5	**15.08**	**22.48**
6	7.86	12.40
7	7.07	13.02
8	**1.63**	**10.54**

1）总体而言，收费区域内所有 TAZ 的 PJA 在收费后都有所提高，且 PJA 随着收费水平的提高显著升高。此外，这些 TAZ 的 PJA 变化情况（C10-A 和 C20-A）与工业岗位数、零售岗位数、公交状况、街道设计和距离基础设施距离密切相关。

2）具体而言，工业岗位数多，零售岗位数多，公交状况良好，距离基础设施较近的地区，PJA 指标在收费后提升是最高的，如 TAZ 5。这可能是与其他 TAZ 相比，TAZ 5 具有良好的交通和基础设施条件。当实施道路收费政策后，TAZ 5 的工作岗位数提升最多（Zhong et al., 2015）。因此，这些区域的 PJA 也提升最多。

3）虽然工业岗位数不是很好，但是街道设计较好，零售岗位数和公交好，且距离基础设施较近的区域，PJA 在收费后提升也非常高，如 TAZ 3。对于那些自身工业岗位数最多，但是零售岗位数和公交不好的区域，在收费后 PJA 提升并不高，如 TAZ 7。

4）对于 TAZ 8 而言，虽然零售岗位数和公交最好，且工业岗位数也较高，但是它的人口状况和街道设计是最差的，因此该类型区域在收费后的 PJA 的提升水平并不高。TAZ 1 的 PJA 在收费 20 元后提升最小，因为该区域虽然政府岗位最多，但是工业岗位数、零售岗位数、街道设计及公交等条件都很差。

根据表 8-5 的信息，图 8-6 给出了收费区域外各 TAZ 的聚类情况。表 8-8 给出了 A 方案和 C 方案各类 TAZ 在收费后 PJA 的变化情况。结合图 8-6 和表 8-8 的信息，我们可以发现：

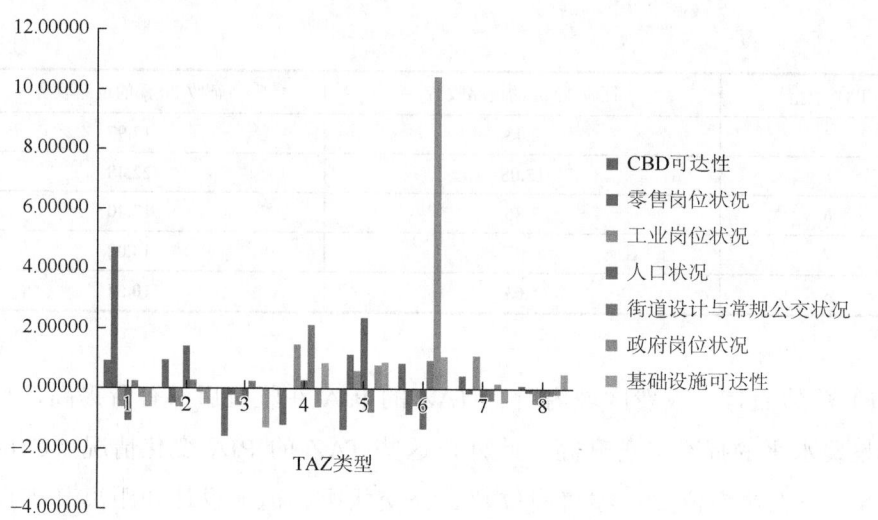

图 8-6 收费区域外 TAZ 聚类结果

表 8-8 不同收费方案下收费区域外不同 TAZ 类型的 PJA 变化情况（%）

TAZ 类型	征收 10 元的道路收费	征收 20 元的道路收费
1	−0.08	**2.81**
2	**−10.94**	**−21.41**
3	**1.06**	0.33
4	**1.31**	**1.43**
5	0.65	0.76
6	**−23.27**	**−44.16**
7	−6.03	−10.49
8	−7.04	−13.74

1）总体而言，收费区域外各 TAZ 的 PJA 也与工作岗位状况、街道设计与常规公交状况密切相关。但是与收费区内的交通小区情况不同，除 TAZ 1、TAZ 4、TAZ 5 以外，收费区域外其他交通小区随着收费额度的增高，PJA 显著下降。

2）TAZ 1 具有最好的零售岗位状况，且街道设计和常规公交状况也不差，收费后可达性增长最大。合理的解释是，收费以后原本在收费区域内购物的人群会选择在收费区域外围购物,使收费区域外围的零售岗位数增加,PJA 提高。

3) TAZ 4 具有最好的工业岗位状况和最好的街道设计与常规公交状况,且距离基础设施很近,因此收费后可达性反而增长;相比而言,TAZ 7(原本的工作岗位集聚地)虽然也有较高的工业岗位,但是它的街道设计和常规公交很差,距离基础设施非常远,因此,收费后该区域的 PJA 会下降,导致它的 PJA 变化情况与 TAZ 4 截然相反。这说明了工业岗位数是决定 PJA 的一个因素,可达性还与其他的区域建成环境要素相关,如街道设计、公交状况等。

4) TAZ 5 的零售、工业和政府岗位状况都很好,是工作岗位集聚区,该区域的 PJA 也随着收费增长。但是由于 TAZ 5 的街道设计和常规公交状况并不是很好,PJA 增长并不是很显著(这一点与收费区域内 TAZ 结论类似)。

5) TAZ 2 距离收费区域很近(CBD 可达性最高),且该区域内工作岗位缺乏,收费后 PJA 变得更差;TAZ 6 虽然政府岗位数很多,但是其他工作岗位数是最差的,且距离收费区域很近,虽然街道设计较好,但是道路比较拥堵(道路收费的边界效应),因此收费后工作可达性大幅下降。这也解释了为什么由空间经济模型得到的政府岗位变量的系数为负值(8.5.2 节表 8-6 的第 4 列和第 5 列),且街道设计和常规公交状况解释变量的显著性水平不高(8.5.2 节表 8-6 的第 4 列和第 5 列)。

8.6 结　论

现有的研究通常是选取某区域为例,从整体上评估道路收费对某特定区域 PJA 产生的影响。但是这些研究并未回答道路收费的 PJA 效应的影响因素。因此,这些研究往往具有区域局限性,所得的结果往往随着收费方案、区域社会经济水平及建成环境的变化而变化。与以往研究不同,本章重点关注道路收费的 PJA 效应的影响因素。这一点至关重要,明确这些影响因素使我们可以制定有利于区域 PJA 的交通政策,避免或尽量降低收费后对区域 PJA 产生的负面影响。

本章使用土地利用与交通整合模型——TRANUS 与空间经济模型相结合的方法，建立了不同道路收费方案下，区域建成环境要素与 PJA 及可达性变化之间的空间滞后模型，分析了建成环境各要素对道路收费 PJA 效应的影响。此外，为进一步分析不同建成环境要素组合作用下，道路收费对 PJA 产生影响的差异性，本研究采用因子分析与聚类分析相结合的方法对收费区域内、外的 TAZ 分别进行定量化分类。通过分析道路收费对不同建成环境类型各交通小区 PJA 产生影响的差异性，理解所产生的差异与城市建成环境各要素组合之间的联系。

本章研究的重要实际意义在于以下四个方面：

第一，以往的研究发现道路收费政策会影响区域工作岗位的（重新）分布（Still et al.，1999；Gupta et al.，2006；Tillema et al.，2010a；Zhong et al.，2015）。但是究竟什么因素会影响道路收费的 PJA 效应却很少有人研究。本研究发现道路收费对某区域 PJA 及其变化的影响与该区域建成环境各要素密切相关。建立建成环境与道路收费的 PJA 效应之间的联系可以帮助政策制定者理解影响道路收费的 PJA 效应的因素。具体而言，在道路收费政策下，区域 PJA 与区域工作岗位数量，道路设计与常规公交状况正向相关，与距离 CBD 的距离负相关。此外，位于收费区域内也有利于 PJA 的提高，这意味着，从出行时间的角度而言，收费区域内各 TAZ 的 PJA 显著高于收费区域外小区，且距离市中心越远，PJA 呈现出下降的趋势。政策制定者在设计道路收费方案时应特别注意建成环境要素对不同区域 PJA 的影响。

第二，8.2.2 节的研究发现，当出行阻抗函数以出行成本衡量时，境界线收费可能会降低收费区域内的 PJA（di Ciommo and Lucas，2014；Wang et al.，2015）。本章的研究结果进一步发现，当出行阻抗函数以时间衡量时，境界线收费可以提升收费区域的 PJA。更重要的是，虽然境界线收费可以提高收费区域内的 PJA，但是它还会降低靠近收费区域外围附近区域的 PJA。这个结果证实 Banister 在 2003 年提出的道路收费的边界效应。为降低道路收费实施后对这些区域的负面影响，本研究建议在制定道路收费方案时，应该对收费区域外围附近区域做重点分析。

第8章 道路收费对潜在工作岗位可达性的影响——基于空间经济学视角

例如，我们可以通过时变收费、差异化收费区域、P&R、土地利用规划和公共交通等措施和方法提高这些收费敏感区域的 PJA。

第三，本章的研究结果证实道路收费对 PJA 的影响具有显著的空间效应，即道路收费对某区域 PJA 的影响受到该区域周边地区 PJA 的影响。为此，本章采用空间计量经济学模型研究道路收费对 PJA 影响的空间效应，并发现了一些有价值的信息。主要的发现是道路收费对 PJA 及其变化影响的空间效应截然不同。当研究道路收费与 PJA 之间的关系时，空间自回归系数为正。这说明一个具有较高 PJA 的区域，其周边区域的 PJA 也往往较高，这与已有研究结果一致（Wang et al., 2015）。不同的是，当研究道路收费与 PJA 变化之间的关系时，我们发现空间自回归系数为负。这说明实施道路收费政策后，一个区域的 PJA 的提高往往伴随着它周边区域的 PJA 的下降。一个可能的原因是道路收费引起的工作岗位和交通拥堵区域的重新分布（Anas and Xu, 1999; Still et al., 1999; Tillema et al., 2010a; McArthur et al., 2012; Zhong et al., 2015）。因此，道路收费会导致 PJA 在不同区域之间的重新分布。这个现象的实证意义是，通过道路收费我们不能使所有区域的 PJA 都提高。理解这一点非常重要，我们在制定道路收费政策时，应该特别关注那些收费敏感区域。

第四，现有的研究仅仅关注道路收费对区域整体工作岗位分布和可达性产生的影响，反映的是平均意义下的影响效果（di Ciommo and Lucas, 2014; Gupta et al., 2006; Still et al., 1999）。这些已有研究无法区分道路收费政策对不同区域 PJA 产生影响的差异性，使道路收费对某些收费敏感区域的负面影响被弱化或忽略。虽然有些研究发现道路收费的 PJA 效应的空间异质性（Condeço-Melhorado et al., 2011; Wang et al., 2015），但是却鲜有探究该现象发生原因的研究。我们的研究发现道路收费对区域 PJA 的影响是区域不同建成环境属性共同作用的结果。工作岗位数、街道设计及公交均发达的区域受道路收费的负面影响小，反之亦然。对那些工作岗位数量很大，但是街道设计和常规公交状况较差的原本的工作岗位集聚区，受道路收费的影响，区域 PJA 会显著降低。因此，为避免道路收费的实施对区域 PJA 产生的负面影响，在实施道路收费前，应改善收费敏感区域的公共交通和街道设计，特别是收费区域外围附近区域。

参 考 文 献

Abraham J, Hunt J. 2000. Parameter estimation strategies for large-scale urban models[J]. Transportation Research Record: Journal of the Transportation Research Board, 1722: 9-16.

Anas A, Xu R. 1999. Congestion, land use, and job dispersion: A general equilibrium model[J]. Journal of Urban Economics, 45 (3): 451-473.

Anselin L, Bera A K. 1998. Spatial dependence in linear regression models with an introduction to spatial econometrics[J]. Statistics Textbooks and Monographs, 155: 237-290.

Anselin L, Syabri I, Kho Y. 2006. GeoDa: An introduction to spatial data analysis[J]. Geographical analysis, 38 (1): 5-22.

Banister D. 2003. Critical pragmatism and congestion charging in London[J]. International Social Science Journal, 55 (176): 249-264.

Bhat C R, Guo J Y. 2007. A comprehensive analysis of built environment characteristics on household residential choice and auto ownership levels[J]. Transportation Research Part B: Methodological, 41 (5): 506-526.

Camagni R. 2009. Territorial Impact Assessment for European regions: A methodological proposal and an application to EU transport policy[J]. Evaluation and Program Planning, 32 (4): 342-350.

Cao X, Mokhtarian P L, Handy S L. 2009. The relationship between the built environment and nonwork travel: A case study of Northern California[J]. Transportation Research Part A Policy and Practice, 43 (5): 548-559.

Cervero R, Kockelman K. 1997. Travel demand and the 3Ds: Density, diversity, and design[J]. Transportation Research Part D Transport and Environment, 2 (3): 199-219.

Cheng J, Bertolini L. 2013. Measuring urban job accessibility with distance decay, competition and diversity[J]. Journal of Transport Geography, 30: 100-109.

Child D. 2006. The Essentials of Factor Analysis[M]. London: A&C Black.

Condeço-Melhorado A, Gutiérrez J, García-Palomares J C. 2011. Spatial impacts of road pricing: Accessibility, regional spillovers and territorial cohesion[J]. Transportation Research Part A: Policy and Practice, 45 (3): 185-203.

Dalvi M Q, Martin K M. 1976. The measurement of accessibility: Some preliminary results[J]. Transportation, 5 (1): 17-42.

de la Barra T, Pérez B, Vera N. 1984. TRANUS-J: Putting large models into small computers[J]. Environment and Planning B: Planning and Design, 11 (1): 87-101.

de la Barra T, 1989. Integrated Land Use and Transport Modelling: Decision Chains and Hierarchies[M]. Cambridge: Cambridge University Press.

de Palma A, Lindsey R. 2011. Traffic congestion pricing methodologies and technologies[J]. Transportation Research Part C: Emerging Technologies, 19 (6): 1377-1399.

di Ciommo F, Lucas K. 2014. Evaluating the equity effects of road-pricing in the European urban context-The Madrid Metropolitan Area[J]. Applied Geography, 54: 74-82.

Ewing R, Cervero R. 2001. Travel and the built environment: A synthesis[J]. Transportation Research Record: Journal of the Transportation Research Board, (1780): 87-114.

Ewing R, Cervero R. 2010. Travel and the built environment: A meta-analysis[J]. Journal of the American planning association, 76 (3): 265-294.

Geurs K T, Ritsema van Eck J R. 2001. Accessibility measures: Review and applications. Evaluation of accessibility impacts of land-use transportation scenarios, and related social and economic impact[R]. National Institute for Public Health and the Environment, Bilthoven, RIVM rapport 408505006.

Geurs K T, van Wee B. 2004. Accessibility evaluation of land-use and transport strategies: Review and research directions[J]. Journal of Transport Geography, 12 (2): 127-140.

Geurs K, Zondag B, de Jong G, et al. 2010. Accessibility appraisal of land-use/transport policy strategies: More than just adding up travel-time savings[J]. Transportation Research Part D: Transport and Environment, 15 (7): 382-393.

Grengs J. 2010. Job accessibility and the modal mismatch in Detroit[J]. Journal of Transport Geography, 18 (1): 42-54.

Gupta S, Kalmanje S, Kockelman K M. 2006. Road pricing simulations: Traffic, land use and welfare impacts for Austin, Texas[J]. Transportation Planning and Technology, 29 (1): 1-23.

Handy S, Cao X, Mokhtarian P. 2005. Correlation or causality between the built environment and travel behavior? Evidence from Northern California[J]. Transportation Research Part D: Transport and Environment, 10 (6): 427-444.

Karou S, Hull A. 2014. Accessibility modelling: Predicting the impact of planned transport infrastructure on accessibility patterns in Edinburgh, UK[J]. Journal of Transport Geography, 35: 1-11.

Lamíquiz P J, López-Domínguez J. 2015. Effects of built environment on walking at the neighbourhood scale. A new role for street networks by modelling their configurational accessibility? [J]. Transportation Research Part A: Policy and Practice, 74: 148-163.

LeSage J P, Pace R K. 2009. Introduction to Spatial Econometrics (Statistics, Textbooks and Monographs) [M]. Boca Raton: CRC Press.

Levine J, Garb Y. 2002. Congestion pricing's conditional promise: Promotion of accessibility or mobility? [J]. Transport Policy, 9 (3): 179-188.

Levinson D. 2010. Equity effects of road pricing: A review[J]. Transport Reviews, 30 (1): 33-57.

McArthur D P, Thorsen I, Ubøe J. 2012. Labour market effects in assessing the costs and benefits of road pricing[J]. Transportation Research Part A: Policy and Practice, 46 (2): 310-321.

Muhammad S, de Jong T, Ottens H F L. 2008. Job accessibility under the influence of information and communication technologies, in the Netherlands[J]. Journal of Transport Geography, 16 (3): 203-216.

Næss Petter. 2009. Residential self-selection and appropriate control variables in land use: Travel studies[J]. Transport Reviews, 29 (3): 293-324.

Páez A. 2004. Network accessibility and the spatial distribution of economic activity in Eastern Asia[J]. Urban Studies, 41 (11): 2211-2230.

Páez A, Scott D M, Morency C. 2012. Measuring accessibility: Positive and normative implementations of various accessibility indicators[J]. Journal of Transport Geography, 25: 141-153.

Reggiani A, Bucci P, Russo G, et al. 2011. Regional labour markets and job accessibility in city network systems in Germany[J]. Journal of Transport Geography, 19 (4): 528-536.

Sánchez-Mateos H S M, Sanz I M, Francés J M U, et al. 2014. Road accessibility and articulation of metropolitan spatial structures: The case of Madrid (Spain) [J]. Journal of Transport Geography, 37: 61-73.

Seo K, Golub A, Kuby M. 2014. Combined impacts of highways and light rail transit on residential property values: A spatial hedonic price model for Phoenix, Arizona[J]. Journal of Transport Geography, 41: 53-62.

Still B G, May A D, Bristow A L. 1999. The assessment of transport impacts on land use: Practical uses in strategic planning[J]. Transport Policy, 6 (2): 83-98.

Tilahun N, Fan Y. 2014. Transit and job accessibility: An empirical study of access to competitive clusters and regional growth strategies for enhancing transit accessibility[J]. Transport Policy, 33: 17-25.

Tillema T. 2007. Road pricing: A Transport Geographical Perspective. Geographical Accessibility and Short and Long-term Behavioural Effects[M]. Utrecht: Utrecht University.

Tillema T, van Wee B, Ettema D. 2010a. The influence of (toll-related) travel costs in residential location decisions of households: A stated choice approach[J]. Transportation Research Part A: Policy and Practice, 44 (10): 785-796.

Tillema T, van Wee B, Ettema D. 2010b. Road pricing and relocation decisions of Dutch households[J]. Urban studies, 47 (14): 3013-3033.

Tsekeris T, Voß S. 2009. Design and evaluation of road pricing: State-of-the-art and methodological advances[J]. Economic Research and Electronic Networking, 10 (1): 5-52.

van Wee B, Hagoort M, Annema J A. 2001. Accessibility measures with competition[J]. Journal of Transport geography, 9 (3): 199-208.

Wang Y, Monzon A, di Ciommo F. 2015. Assessing the accessibility impact of transport policy by a land-use and transport interaction model-The case of Madrid[J]. Computers, Environment and Urban Systems, 49: 126-135.

Whitehead T. 2002. Road user charging and business performance: Identifying the processes of economic change[J]. Transport Policy, 9 (3): 221-240.

Whitehead T. 2005. Transport charging interventions and economic activity[J]. Transport Policy, 12 (5): 451-463.

Zhao P, Lu B. 2010. Exploring job accessibility in the transformation context: An institutionalist approach and its application in Beijing[J]. Journal of Transport Geography, 18 (3): 393-401.

Zhong S, Wang S, Jiang Y, et al. 2015. Distinguishing the land use effects of road pricing based on the urban form attributes[J]. Transportation Research Part A: Policy and Practice, 74: 44-58.

Zondag B, de Bok M, Geurs K T, et al. 2015. Accessibility modeling and evaluation: The TIGRIS XL land-use and transport interaction model for the Netherlands[J]. Computers, Environment and Urban Systems, 49: 115-125.